电商与物流
创新创业教育导学

主　编　王凤羽　刘立民　付启敏
副主编　赵　丹　郑　君　李芳芳
　　　　田家辉　赵　敏

重庆大学出版社

内容提要

本书根据教育部《普通本科学校创业教育教学基本要求(试行)》,基于科学的认知学习理论,围绕大学生创新创业所需的基础知识、基本理论、基本方法和基本流程,强调知识、理论和能力三位一体的创新创业系统建构。全书共 9 章,包括创新与创业、市场认知、创业团队建设、物流仓储创新创业、物流中心创新创业、C2C 创新创业、B2C 创新创业、B2B 创新创业、创新创业案例赏析。本书还涵盖了行业前沿和初创实践等大量案例,可以帮助读者巩固相关理论知识,提升创新创业能力。

本书可作为高等院校市场营销、电子商务、物流管理、物流工程等相关专业创新创业类课程的核心教材,也可作为开展各类创新创业培训的教材和相关人员自主学习的参考书。

图书在版编目(CIP)数据

电商与物流创新创业教育导学 / 王凤羽,刘立民,
付启敏主编. --重庆:重庆大学出版社,2023.8
ISBN 978-7-5689-2747-5

Ⅰ.①电… Ⅱ.①王… ②刘… ③付… Ⅲ.①电子商务—物流管理 Ⅳ.①F713.365.1

中国版本图书馆 CIP 数据核字(2021)第 116436 号

电商与物流创新创业教育导学

主　编　王凤羽　刘立民　付启敏
副主编　赵　丹　郑　君　李芳芳
　　　　田家辉　赵　敏
策划编辑:沈　静

责任编辑:杨育彪　版式设计:沈　静
责任校对:邹　忌　责任印制:张　策

*

重庆大学出版社出版发行
出版人:陈晓阳
社址:重庆市沙坪坝区大学城西路 21 号
邮编:401331
电话:(023) 88617190　88617185(中小学)
传真:(023) 88617186　88617166
网址:http://www.cqup.com.cn
邮箱:fxk@cqup.com.cn(营销中心)
全国新华书店经销
重庆市联谊印务有限公司印刷

*

开本:787mm×1092mm　1/16　印张:20　字数:478 千
2023 年 8 月第 1 版　　2023 年 8 月第 1 次印刷
印数:1—1 000
ISBN 978-7-5689-2747-5　定价:59.00 元

》》前 言

当今世界,科学技术突飞猛进,知识更新日益加快,产业周期越来越短。社会经济领域快速发展的背后,都有一个共同的因素——创新在起着重要的推动作用。创新是推动科技进步和社会发展的不竭动力,是知识经济时代的主旋律,是当代大学生必备的素质。一个国家、一个民族要赢得发展、造福人类,必须注重自主创新,必须进行科技创新。创新已经成为社会进步和经济增长的重要引擎,科技创新已经成为支撑和引领经济发展和社会进步的决定性因素。建设创新型国家需要培养创新创业人才,要培养具有创新创业能力的人才就离不开创新创业教育。中共中央、国务院在《关于深化教育改革全面推进素质教育的决定》中强调:"高等教育要重视培养大学生的创新能力、实践能力和创业精神,普遍提高大学生的人文素养和科学素养。"同时,大学生还要面对就业难的形势和创业与生俱来的风险性,高等学校加强大学生的创新创业教育势在必行。

在世界经济增速放缓,国际市场竞争日趋激烈的大背景下,中国的"人口红利"逐渐消失,经济正处于结构调整阵痛期、增长速度换挡期,进入了经济发展"新常态"。为了提升国际竞争力,形成中国经济新的增长点,必须实现由"中国制造"到"中国创造",这也是向国际产业链的高端跃升,推动供给侧改革,突破中国经济发展瓶颈,因此推动"大众创业,万众创新"已然成为共识。自2014年中国进入双创时代以来,一直将创新放在国家发展全局的核心位置,并且转变经济发展方式,从粗放型转向节约型,从外向型转向内涵型。2015年,"大众创业、万众创新"出现在《政府工作报告》中,《国务院关于进一步做好新形势下就业创业工作的意见》(国发〔2015〕23号)和《国务院关于大力推进大众创业万众创新若干政策措施的意见》(国发〔2015〕32号)出台,从而正式掀起了大众创业、草根创业的新浪潮。随后2017年的《政府工作报告》中提出在经济建设中不断提升科技创新能力,要紧紧围绕"以创新引领实体经济转型升级",持续推进"大众创业、万众创新"。

每个人都具有创新能力,创新能力是可以通过学习和训练而得到提升的。高等学校是知识创新的主体,是技术创新的生力军,是创新创业人才培养的主战场,是创新创业人才的主要培养基地,是培养高层次创新创业人才的"大本营"。创新创业人才培养是高校的核心使命,高校作为创新创业人才培养的主要承担者,应全面加强对大学生进行创新创业教育工作,提高创新创业人才培养水平,努力培养造就大批大学生成为创新创业人才,为我国早日实现由教育大国向教育强国转变、由人力资源大国向人力资源强国转变,为中国梦的实现贡献一份力量。创新创业教育不是对传统教育的否定,而是在遵循人才成长规律、教育教学规律和市场经济规律的前提下,将创新创业教育融入第一课堂和第二课堂,渗透到人才培养的全过程和教育教学的各个环节,将创新创业教育与通识教育、素质教育、专业教育结合起来,以培养学生创新创业精神和创新创业意识为核心,以创新创业项目为载体开展创新创业实践活动,提高学生的创新创业能力。

近年来,电子商务发展迅猛,物流业作为支撑国民经济发展的基础性、战略性、先导性产业,与电商融合发展,电商—物流一体化趋势愈加明显。在双创背景下,《电商物流创新创业教育导学》教材项目组(徐州工程学院王凤羽教授、辽宁省农业经济学校刘立民高级讲师、长江师范学院付启敏教授、辽宁省农业经济学校赵丹高级讲师、重庆经贸职业学院郑君会计师、长江师范学院李芳芳讲师、重庆木兮君兮电子商务有限公司田家辉总经理、辽宁省农业经济学校赵敏高级讲师),经过多次讨论、修改,在有限的时间内,编写了本书。本书主要针对市场营销、电子商务、物流工程、物流管理等相关专业的创新创业教育,紧密联系高校教学实际,围绕创新导论等展开论述,并注重创新理论与创新实践的结合、突出创新思维与创业素质的培养。本书以实例、实用、实务为编写特色,通过解析知名企业创新创业典型案例,教会学生举一反三,实现创新创业原理运用和实践实战的有机结合,追求创新创业理论与实操的完美结合。

本书由长期从事创新创业理论研究和创新创业实践指导的专家教授编写而成,在编写的过程中参阅了大量国内有关创新创业方面的文献资料,还吸收了部分专家、学者在创新创业方面的研究成果,也得到了同行和相关人士的热情鼓励和大力支持,在此一并表示感谢!由于编者水平有限,书中难免存在不足和疏漏,敬请同行专家和广大读者批评指正。

第1章 创新与创业

1.1 新时期的创新与创业

1.1.1 创业环境的概念与特征

1)创业环境的概念

国内对创业环境大体上持3种观点:一是平台论,有些学者认为创业环境其实就是创业活动的舞台,即创业环境的内涵是指政府为创业者所搭建的一个创业公众平台。二是因素论,有的学者认为创业环境是随企业的成长而变化的,是影响企业生长的一系列外部因素的总和,即是各种因素综合的结果。三是两者论,包含平台论和因素论,两种观点互相融合并影响企业的生长与发展。

首先,我们要界定创业环境,有的学者认为,环境资源的可获得性、周边的大学及科研机构、政府的干预及创业者对创业的态度等因素组成了新企业创建构架。环境是一个很抽象、很大的概念,例如政府部门、中介机构等。科研机构有提供技术成果研发及技术成果转移扩散的功能,对新创企业有着深远的影响。GEM报告中创业环境要素有9个方面:金融支持、政府政策、政府项目支持、教育与培训、研究开发转移、商业和专业基础设施、进入壁垒、有形基础设施与社会规范,由此可体现出创业要素对创业环境的影响,大学和科研机构是技术环境要素的主体。

2)创业环境的特征

(1)平民化趋势的发展

创业门槛低,适宜平民进入;创业主体来自社会基层,具有平民色彩;创业营销活动定位平民化;平民化创业企业显示平民聚财旺盛生机。

（2）创业教育蓬勃开展

联合国教科文组织指出："创业教育从广义来说是指培养具有开创性的个人。"实施基础教育时，创业教育的主要着眼点是培养全体教育者的就业意识、创业精神和社会责任感，另外，为受教育者提供终身受益的培训，只有这样，教育才能真正承担起立德树人的艰巨任务。

（3）创业孵化器的迅速扩展

创业孵化器又名企业孵化器，是一种新型的创业经济组织，通过提供低成本的研发、生产、经营用地，通信、网络办公室等共享设施，系统培训和咨询、融资、法律和市场推广等方面的支持，使创业企业的创业成本得以降低，创业风险得以规避，从而提高创业成功率。这种孵化器模式适于中小企业生存和成长的发展环境与发展空间，其推动了高新技术产业的发展，并在孵化和培育中小型科技企业、振兴区域经济、培育新的经济增长点等方面发挥了重要作用。

（4）创业扶持力度不断加大

扶持创业企业崛起的政策，开展加速群体性创业的活动，缓解了就业压力。

（5）创业协会的普遍建立

我国 100 多所院校建立了创业者协会，该协会进行了横向扩张和纵向延伸，发展了青年创业者学会、中关村创业者学会、外出务工创业者学会等众多创业协会组织。协会将与国内各省市合作，举办高新技术项目的洽谈会，形式多样的协会帮助和指导了创业者创业活动，对企业的成长起了至关重要的作用。

1.1.2　创业的定义与功能

1）创业的定义

创业是创业者对自己的现有资源或者通过一番努力可以获得的资源进行优化配置并整合加工成自己所需，创造出更多的经济和社会价值的一个过程。创业并不是容易的，它还具有创新性、艰难复杂性、高风险性、不稳定收益性和社会性等特征。创新性是创业活动的关键和核心，没有创新意味着你的创业活动承担着高风险，甚至没有收益，而创新主要在于创业者要突破传统思维的限制并消除其影响，主动适应新的创业环境，整合自己的资源，对内实施技术创新、管理模式创新、体制创新、品牌创新，对外实行市场创新、营销模式创新。

2）创业的功能

（1）促进就业功能

党的十七大报告就明确提出，"实施扩大就业的发展战略，促进以创业带动就业"，"完善支持自主创业、自谋职业政策，加强就业观念教育，使更多劳动者成为创业者"。《中华人民共和国就业促进法》明确创业带动就业,加强职业技能培训的法理地位,反映了积极就业政策的新动向。进入"十三五"以来,国内生产总值每增长一个点,城镇新增就业 190 万人次,这比"十二五"时期平均增加了 30 万人次。

(2)创造价值功能

一个国家或地区的经济活跃程度与创业活动有关。创业型经济的特点是以创业精神和创业活动作为经济增长的关键驱动因素。高水平的创业活动多、创新发明与专利多、为顾客乃至整个社会带来的创造性价值多、创造的就业机会多等是创业型经济的具体表现形式。

(3)促进创新并解决社会问题

创业可从一定程度上解决社会问题,满足人的安全需要与社交需要,因为创业成功可以获得财富,提供充足的物质基础,改善个人和家庭的生活质量。有了雄厚的物质基础,人们才能追求更高远的精神世界。此外,创业在某一方面还是为了满足尊重的需要与自我实现的需要,其中包括根本性的个人独立与自由、极大的自我满足感、社会对自己的尊重和个人素质与能力的提升。

1.1.3　创业精神的定义

对于创业精神最简洁的定义:在没有资源的时候创造资源,没有条件的情况下创造条件,用有限的资源去创造出更大的资源。如今大多数经济学家都认为,各类社会中刺激经济增长和创造就业机会的必要因素就是创业精神。在当今社会中,小企业创造了就业机会,增加了人们的收入并减少了一部分的贫困。政府应该加大力度实施创业策略,一定程度上促进经济发展。创业精神的具体表现形式是勇于创新、敢担风险、团结协作和坚持不懈等。有了创新精神,经济发展方式才会加快转变,经济社会才会发展得又快又好。

1.2　创新精神与创新能力

"唯改革者进,唯创新者强,唯改革创新者胜。"这句话就充分诠释了创新精神对于创业活动的重要性。在个人层面,创新首先要有的是创新思维,有与时俱进、知难而进、突破上限、不断前进的科学思维。在国家层面,如果一个民族和一个国家要想走在时代的前列成为时代的引领者,就必须做到打破禁锢和摆脱束缚,用新的理念、方法和路径来解决问题,打开发展的局面。

创新精神是指要具有综合运用已有的知识、信息、技能和方法,提出新方法、新观点的思维能力和进行发明创造、改革、革新的意志、信心、勇气和智慧。创新精神还是科学精神的一方面,与科学精神的其他方面不矛盾,是统一的。提倡独立思考,锻炼自己独立思考的能力,并不是一味地特立独行,而是要团结合作、相互交流。

在学生时代如何培养创新精神?笔者认为应该从以下两个方面进行培养:一是课堂教学要营造宽松环境,激发学生的创新意识,实施民主教学。二是优化教学方法,使其艺术化。如设置具有挑战性问题的情境,将开放题引入教学课堂,进行头脑风暴,更能激发学生的创新意识。创新型人才要具有创新能力和素质,创新型人才具有以下4个特征:

①有强烈的好奇心和求知欲。有理想和有抱负的人才适合做创新型人才,有强烈的事业心和责任感、献身精神和进取意识,才能为求真知去打拼,才能有闯的勇气,才能成为强大的创新型人才。

②有敏锐的观察能力。善于观察,将观察能力、洞察能力和直觉能力转化成创新的灵感和顿悟,观察到别人察觉不到的东西,然后通过构思和计划进行事物的创新。

③有时空的创新思维。思维是一切的开端,没有思维就像断线的提线木偶。创新型人才要具有前瞻性、独创性和灵活性才能对事物进行分析、综合和判断。

④具有创新知识。活到老,学到老。这句话在学习各个领域都行之有效,创新型人才必须具有广博和精深的文化内涵,只有学到了扎实的基础知识,了解了相邻学科间的交叉和差异,精通了自己的专业知识,了解了最新的科技和学术,才具有创新研究的必要条件,才有助于增强自己的思维能力和创新能力。

在国内,创新能力大概分为3种观点:第一种认为创新能力是个体运用一切已知信息,包括知识和经验,创造独特、有价值且新颖产品的能力。第二种观点认为创新能力表现在两个部分,一部分是已有知识的运用,另一部分是对新思想、新技术和新产品的研究。第三种观点则认为,创新应有结构化的理论知识,应包括基础知识、专业知识、工具性知识和方法论知识。

1.3 微创新与逆向思维

1.3.1 微创新

1)微创新的提出背景

360安全卫士董事长周鸿祎在2010年中国互联网大会"网络草根创业与就业论坛"上指出一个方向:"用户体验的创新是决定互联网应用能否受欢迎的关键因素,这种创新叫'微创新','微创新'引领互联网新的趋势和浪潮。"微创新是面向知识社会的下一代创新,也是在互联网创新创业领域的生动阐释和实践,即创新2.0。

创新2.0时代,以用户为中心,以社会实践为舞台,以协同创新、开放创新为特点的用户参与的创新成为适应知识社会的新的创新形态,用户体验被称为"创新2.0的灵魂"。正是在面向知识社会的创新 2.0 逐步取代传统工业时代创新的大背景下,周鸿祎提出了微创新,并强调:"你的产品可以不完美,但是只要能打动用户心里最甜的那个点,把一个问题解决好,有时候就是四两拨千斤,这种单点突破就叫'微创新'。尤其是对于小公司,因为大公司拷贝有优势。对于这一点,创业者没有什么可抱怨的,这就是现状,唯一要抱怨的就是自己没有创新。要做出'微创新',就要像钻进用户的心里,把自己当成像一个老大妈、大婶那样的普通用户去体验产品。模仿可以照猫画虎,但肯定抓不住用户体验的精髓。"

2)微创新的含义

基层员工在进行基础工作时,运用丰富的实操经验,发挥群众的聪明才智,提出微小的改善、创意和发明,并运用到实际工作中,给企业带来良好效益。

3)微创新的特征

从群众中来,到群众中去,即从小做起,贴近客户的真实需求,提高管理效率;时效要快;不断尝试,要有错了再来的决心和勇气。

4)如何做微创新

思考:用户是谁? 用户有什么需求? 用户的特征有哪些? 用户能得到什么? 购买价值最大的用户的特点是什么? 根据这些针对性问题制作一张表格,并提出想法,然后与大家一起讨论交流并汇报至上级进行审批,施展于工作中。

5)微创新的方法

①元素改造,包括减法策略、除法策略和乘法策略。
②给元素找到新用途,对应的是系统任务统筹策略。
③在各个元素间建立新联系,对应的是属性依存策略。

6)微创新的注意事项

①企业在对产品和技术进行微创新改进中应注意自己的微创新理念和技术难以复制,具有核心竞争力。
②应做到此次微创新对使用用户有价值,能给用户带来生活上的便捷,提高用户的使用体验。
③微创新还要足够的独特和稀缺,这样才能让用户没有可选择的替代产品,才能保持企业的核心竞争力。

1.3.2　逆向思维

1)逆向思维的定义

逆向思维也称求异思维,是指对司空见惯的似乎已成定论的事物或观点反过来思考的一种思维方式。

2）逆向思维的特点

（1）普遍性

逆向思维适用于各种领域和活动。由于对立统一规律是普遍适用的且形式多样，有一种对立统一形式的存在，相应地就有一种逆向思维的角度，所以形式多样也是逆向思维的重要特征。

（2）批判性

逆向的反面是正向，而正向又是指常规尝试且大家公认的想法与做法。逆向思维则是对常规、惯例的反叛与挑战，是克服思维定式，破除由经验和习惯造成的僵化的认识模式。

（3）新颖性

任何事物都有多面属性，人们最熟悉的往往是由传统形成的，这样容易使思路僵化且得不到发展。逆向思维往往出人意料，让人耳目一新。

3）逆向思维的运用场景

时间上的逆向思维，如做计划，买东西；空间上的逆向思维，如司马光砸缸；角色位置的逆向思维，如打官司。

1.4 创新与创业的关系

创新与创业是经济发展的动力。全世界竞争的战略趋向于创新与创业，所以出现了大量的创新与创业的相关理论。

1.4.1 创新相关理论

1）熊彼特的创新理论

熊彼特书中所说的创新理论，包括 5 种情况：开发新产品或者改良原有产品、使用新的生产方法、发现新的市场、发现新的原料或半成品、创建新的产业组织。熊彼特创新理论有以下 6 个基本观点。

①创新是生产过程中内生的。资本和劳动数量的变化并不是唯一的经济变化，另一种经济变化是从体系内部发生的，并不能用外部加于数据的影响来说明的。

②创新是一种"革命性"变化。熊彼特曾比喻："你不管把多大数量的驿站马车或邮车连续相加,也决不能得到一条铁路。"这种"革命性"变化的发生,才是我们要涉及的问题,也就是在一种非常狭窄和正式的意义上的经济发展的问题,这就充分强调创新的突发性和间断性的特点,主张对经济发展进行"动态"性分析研究。

③创新同时意味着毁灭。新组合并不一定要由控制创新过程所代替的生产或商业过程的同一批人去执行,即并不是驿路马车的所有者去建筑铁路,而恰恰相反,铁路的建筑意味着对驿路马车的否定。

④创新必须能够创造出新的价值。熊彼特认为,先有发明,后有创新;发明是新工具或新方法的发现,而创新是新工具或新方法的应用。只要发明还没得到实际运用,那么在经济上是不起作用的,新方法的使用在经济发展中起的最重要的作用是能够创造出新的价值。把发明与创新割裂开来,有其理论自身的缺陷;但强调创新是新工具或新方法的应用,必须产生出新的经济价值,这对于创新理论的研究有重要的意义。

⑤创新是经济发展的本质规定。熊彼特引入创新概念以便从机制上解释经济的发展,也就是说发展是循环流转过程中的中断,也就是实现了创新。

⑥创新的主体是"企业家"。熊彼特把"新组合"的实现称为"企业",那么以实现这种"新组合"为职业的人们便是企业家。

2)德鲁克的创新理论

德鲁克在《创新与创新精神》中对企业如何进行创新活动作了一个精辟的论述,他从三个主题讨论了创新理论与企业家精神:创新实践、企业家精神实践以及企业家的战略。每个主题都是企业家的一个精神层面,德鲁克认为创新是企业家特有的工具。创新是一门学问,不局限于科技创新,还包含社会创新和市场创新。德鲁克强调,没有科技含量的社会创新和市场创新比科技创新更容易发现机会,而且工作周期更短、效益更高,基于新知识,尤其是高科技方面的创新时间跨度大、风险高、成功概率小。成功的企业家不会坐等"缪斯垂青"并赐予他们一个好主意;相反,他们努力实干。如果创新只停留在观念,没有转化为行动和结果,就没有任何意义和价值。德鲁克告诉我们创新的机遇共有 7 个来源,其中前 4 个来源存在于企业内部,后 3 个来源存在于企业外部:意料之外的事件,包括意料之外的成功、意料之外的失败、意料之外的其他事件;不协调的事件,包括现实状况与设想或推测的状况不一致的事件;基于程序需要的创新;每个人都没有注意到产业结构或市场结构的变化;人口统计数据;认知、意义及情绪上的变化;新知识,包括科学和非科学的新知识。

3)新古典经济增长理论

1976 年的诺贝尔经济学奖获得者罗伯特·索罗于 1956 年提出了新古典经济增长模型:该经济使用两类投入(资本和劳动)生产一种均质产品,首先假定技术保持不变,集中考察资本在经济增长中所起的作用(资本累计模型)。

新增长理论的贡献在于改变了我们关于增长途径的思维方式。如果技术水平的不同是导致各国生活水平的差异的主要原因,并且假定技术知识是一个可以生产出来的要素,那么需要着重研究的方面就有:国家怎样才能提高技术水平,怎样有效地进行技术的转移、扩散和增值等。这就引发了有关国家创新系统的探索。

4)内生经济增长理论

1986年罗默在《收益增长和长期增长》中,提出了一个与收益递减的传统模型不同的收益递增的增长模型。他把技术进步视为经济的内生变量和知识积累的结果,他认为知识积累才是经济增长的原动力。

在罗默的模型里,知识被分解为一般知识和专业知识。一般知识产生经济外部性,使所有企业都能获得规模收益;专业知识则产生经济内部效应,给个别企业带来垄断利润,从而为这些企业提供了研究与开发的基金和内在的动力。因此,知识作为一种内生的独立因素不仅可以使知识本身产生递增收益,而且使资本、劳动等其他投入要素的收益递增。这就为经济的长期增长提供了条件。技术与众不同的一个特点在于它是公共品,产出这种技术发明的费用昂贵,但复制它很廉价。

1.4.2 创业相关理论

1)定位理论

定位理论最初是由美国著名营销专家艾·里斯与杰克·特劳特于20世纪70年代早期提出来的。1972年,他们在美国《广告时代》杂志上撰写的文章《定位新纪元》中首次提到了"定位"这个概念。里斯和特劳特认为,"定位是你对未来的潜在顾客的心智所下的功夫,也就是把产品定位在你未来潜在顾客的心中"。由此可以看出,市场定位就是对现有产品进行的一种创造性试验。

在今天,"定位"已是营销学者和营销人员在制定营销战略规划时的专业词汇。定位法则带给营销者们的是一次观念上的革新,如果结合职业生涯,同样也会给我们带来许多启示。随着市场营销理论的发展,人们对市场定位理论有了更深的认识。菲利普·科特勒认为市场定位的定义是:对公司的产品进行设计,从而使其能在目标顾客心目中占有一个独特的、有价值的位置的行动。市场定位的实质是使本企业和其他企业严格区分开来,并且通过市场定位使顾客明显地感觉和认知到这种差别,从而在顾客心目中留下特殊的印象。定位是对产品在未来的潜在顾客的脑海里确定一个合理的位置。定位的基本原则不是去创造某种新奇的或与众不同的东西,而是去操纵人们心中原本的想法。消费者有以下五大思考模式:消费者只能接收有限的信息;消费者喜欢简单,讨厌复杂;消费者缺乏安全感;消费者对品牌的印象不会轻易改变;消费者的想法容易失去焦点。这些特点有利于帮助企业占领消费者心目中的位置。

2)孵化器理论

孵化器理论是由美国的约瑟夫·曼库索提出的,他于1959年在美国纽约贝特维亚创建的"贝特维亚工业中心",是全球企业孵化器事业的开端。企业孵化器的成立,给社会经济发展带来了积极影响。企业孵化器通过政策引导和资金的导入帮助新成立的相对弱小的企业和公司成长,增强了小企业的生存发展能力,通过渠道沟通平台的构架为风险资金提供优质的投资项目和初创企业,同时解决了部分社会就业问题。企业孵化器在实践中取得了卓越成果。企业孵化器的主要形式有高技术创业服务中心、大学科技创业园、留学人员创业园、国际企业孵化器等。在众多一线城市都设有留学人员创业园办公大楼。

3)催化器理论

"催化器模式"是清华科技园对目前采用的科技孵化器概念提出的一个新模型。催化器是孵化器的高端孵化部分,它可以推进企业高速成长。普通孵化器是将蛋变成丑小鸭,催化剂的功能是将丑小鸭变成白天鹅。由于资金管理方面的束缚,大部分企业难以实现他们的理想。而高科技企业聚集在中关村,一直维持着"吃不饱,饿不死"的状态。

4)二次创业理论

陈世清认为人类经济发展的过程是人类创业的过程,人类创业过程有两大阶段:生存创业与生态创业。人类第一次创业是生存创业。生存创业是以实物能源为生产的主要要素,人类生活水平只求生存。而第二次创业是生态创业,是对自然资源做内涵的有效开发,解决的是人类可持续发展问题。生态创业可持续发展是二次创业的出发点和落脚点。二次创业是以知识产业为龙头,以对人类第一次创业成果—传统产业—按生态原则重塑改造为途径,以人与环境协同为基础,以人类可持续发展为目标,以人的全面发展为归宿。

5)核心竞争力理论

1990年,普拉哈拉德和哈默尔在哈佛商业评论上发表的《企业核心竞争力》中最早提出了核心竞争力理论,从此核心竞争力的概念迅速被商业界和学术界所接受。他们认为企业核心竞争力是企业内部集体学习的能力,是如何协调不同生产技能,整合多种技术的能力。核心竞争力与物质资本不同,企业的核心竞争力不会在使用和共享中丧失,反而会在这一过程中不断提高。核心竞争力的基本特征有3个方面:首先,核心竞争力反映客户长期看重的价值,要对客户核心利益有关键性的贡献;其次,核心竞争力有独树一帜的能力,难以被竞争对手模仿和代替;最后,核心竞争力应具有延展更广泛市场领域的能力。由于核心竞争力比较稀缺且难以模仿,所以核心竞争力的重视和研究实际上也是对企业竞争优势转化为保持企业竞争优势的问题。赋予企业可持续发展的基础就是国外对核心竞争力理论的研究,国内对核心竞争力理论的研究是在20世纪90年代中期,体现在对核心竞争力构成要素的分析,构成核心竞争力的要素有人力资源、企业文化、市场创新、经营决策、品牌战略等。企业核心竞争力中人力资源是核心竞争力的基础,而核心技术是核心竞争力的关键因素,核心竞争力的前提是管理体系是否完善。完善的管理体系可以激励企业对信息系统的完善,是企业核心竞争力的重要保障。

6) 要素理论

蒂蒙斯认为,创业过程中由于机会的模糊性、市场的不确定性、资本市场的风险以及环境的变化因素,影响着创业活动,使创业充满了风险,所以必须依靠创业者的创造力和沟通能力来发现并解决问题。而维克哈姆以创业者为核心,提出了创业过程模型,在模型中,创业者处于创业过程的中心。萨尔曼认为,创业过程中为了更好地创造商业机会和创建新企业,创业者应该把握4个关键要素:人、机会、外部环境以及创业者的交易行为。

>>> 第2章 市场认知

2.1 市场调查

2.1.1 市场调查的含义

市场调查是指运用科学的方法,有目的地、系统地搜集、记录、整理有关市场营销的信息和资料,分析市场情况,了解市场现状以及发展趋势,为企业决策者制定政策、进行市场预测、作出经营决策、制订计划提供客观、正确的依据。更科学的解释是:市场调查是指以科学的方法搜集市场资料,并运用统计分析的方法对所搜集的资料进行分析研究,发现市场机会,为企业管理者提供科学决策所必需的信息依据的一系列过程。

2.1.2 市场调查的内容

市场调查分为前期开发的市场调查、制造并试销阶段的市场调查和销售阶段的市场调查。前期开发的市场调查一般包括市场环境调查和市场需求调查。市场现状、国内外竞争对手的产品现状、目标市场基本情况等属于市场环境调查;市场需求量、需求结构、需求动机以及预期利润分析等属于市场需求调查。制造并试销阶段的市场调查一般包括:搜集市场反映和试销实验。销售阶段的市场调查包括:竞争者产品特点、宣传促销手段、产品在市场上的具体反映和各种传媒特点等。

2.1.3 市场调查的程序

1)明确调查对象

明确需要调查的总体范围,在确定调查对象的同时,要明确总体的界线,划清调查范围,以防在实际工作中重复或遗漏,浪费成本。

2)制作调查方案

完整的调查方案包括7个主要组成部分,第一,调查目的和要求。根据调查目标列出市场调查的具体目的和要求。第二,调查内容和调查工具。调查指标反映调查内容,调查指标的物质载体和物质手段是调查工具。物质载体如调查问卷、调查提纲、调查卡片等,物质手段如录音机、摄影机等。第三,确定调查范围和调查对象。应根据具体课题选择具体对象和范围,在特定的环境调查特定的群体。第四,注意工作进度。将整个市场调查项目分为若干个阶段,然后明确各阶段应该做什么事情,列出各阶段所需时间,调查的范围应该适当,包括事前准备阶段、实地调查阶段、处理问卷并撰写调查分析报告。第五,使用恰当的调查方法。调查方法分为搜集资料的方法和研究资料的方法,根据市场调查项目的客观需要来使用恰当、适宜的调查方法。第六,组织调查人员。调查人员应该分工明确,应在自己的岗位上有序做好分配工作,并完成调查报告。第七,调查经费的预算。调查经费主要包括调查报告的打印费、调查材料费、调查人员的培训费、利用市场资源的费用、访问礼品费和调查人员的劳务费等。在进行调查经费的预算时,应核定发生的各项支出费用,并制订出合理的调查经费预算表。

3)组织实地调查

组织实地调查是在前期的调查准备工作基础之上,进行实地调查任务,并且在实地调查中,应注意以下两个方面:一是做好调查小组组织领导工作。确定样本数量、访问人数以及访问时的细节,每个调查区域都应该有一个负责人,以及确定调查人员的工作任务和工作时间,分工应明确。在调查时应对当地的现象进行分析,具体事情具体分析。二是做好实地调查协调和控制工作。每个调查区域的负责人应注意调查人员的工作进度,合理安排工作任务,并监督完成调查任务。调查过程中出现的问题,调查人员应及时向区域负责人反映,负责人根据具体问题想出解决办法,汲取教训,在后面的调查工作中注意该问题并及时改进。

4)整理并分析得到的调查资料

应注意秉持真实性原则、准确性原则、科学性原则和一致性原则,首先我们应审核数据,然后汇总数据,最后整理、分析数据。我们应按程序和相关要求对市场调查资料进行整理,用 Excel 图表展示数据信息,最后用 Excel 对数据进行描述性分析和相关性分析。

5)撰写市场调查报告

市场调查报告应包括的内容有题目、目录、摘要、正文、结论、建议、附件等。市场调查报告作为市场调查的最后一项内容,关键且核心,撰写的市场调查报告将传送给企业决策者,企业决策者将根据市场调查报告决策出适合本企业的营销方案,可见市场调查报告对企业的影响之大且深远。

2.1.4 市场调查的注意事项

市场调查分为网上市场调查和实地市场调查。网上市场调查的注意事项：需要考虑调研市场环境，包括宏观政治经济环境、语言文化风俗差异、消费习惯和购买特征、市场容量、竞争状况、所处行业的发展趋势、技术动态等信息。应该将市场调查与营销区别开来，如果涉及个人信息，开展所谓数据库营销，或者个性化营销，不仅损害企业在消费者群体中的声誉，也损害合法市场的调查秩序。个人信息保护方面，避免人们最敏感的信息资料，这样才能做好市场调查资料的收集，比如家庭地址、家庭电话、身份证信息等。遵循网上行为规范和文化准则，不能用轰炸式邮件的调查方式，如果不经过别人同意发调查问卷是一种侵犯隐私的冒犯行为。参与调查群体应具有代表性，网络群体不能代表真正的群体，具有一定的局限性。被调查者的参与性，好的预测模型应该有一定的学习能力，根据大量原始数据进行预算，不断预测增长数据、不断学习，得出预测结果，从而得到一个更为科学的结论。实地市场调查的注意事项：每个市场调查阶段都有不同的注意事项，在明确调查对象时、做调查方案时、组织实地调查时、整理调查资料时、撰写市场调查报告时，应分别在不同阶段用不同的方法来应对和解决问题。

2.1.5 市场调查的方法

通过市场调查，能够让产品生产或提供服务的企业，了解消费者对产品和服务的评价，了解消费者的期望与想法。常用的市场调查方法如下。

1）电话访问

通过内部销售人员或者第三方公司通过电话进行访问。

2）入户访问

调查人员到被调查者的住址或工作单位，进行面对面的直接调查。

3）拦截访问

在一个特定场所对路人进行拦截，然后面访调查。

2.1.6 市场调查的意义

市场调查有利于对企业决策层提供重要依据；有利于企业判断市场趋势，开拓更广阔的市场资源；有利于企业的产品市场定位，满足客户的需求，增强企业核心竞争力；有利于建立和完善企业营销系统，提高企业的经营效率。

2.2　市场划分

1）市场划分的含义

市场划分就是根据消费者需求的不同,把整个市场划分为不同消费者群的一个过程。

2）市场的分类

①按市场主体不同进行分类:购买者的目的和身份;企业角色;市场上的竞争状况。

②按交易对象的不同进行分类:交易对象的最终用途;交易对象是否具有实物来垄断竞争市场;交易对象的具体内容;人文标准。

市场划分暂且可以表述为:商品市场(细分为传统产品市场和高新科技产品市场),劳务市场(细分为社会公用及基础性服务市场和娱乐性高消费服务市场),信息市场(细分为信息咨询与传播市场和知识产权市场),劳动力市场(细分为一般劳动力市场,高、中级专业人才市场),金融市场(细分为融资租赁信托保险市场、证券市场、货币市场)。这种市场划分反映了现代市场结构与其运行机制之间的内在联系(结构决定功能),说明现代市场机制对社会经济生活中的人、财、物、信息(包括科技与文化等精神产品),劳务或服务的直接经济行为产品均具有统一的产权交易的调节和整合作用。推动经济增长方式根本转变的具体构想为:将市场上的企业划分为传统企业和高新技术企业,根据自己的经营特点、规模和发展目标,在国家政策的引导之下,重新定位产业的市场。构成市场第二产业的劳务市场被划分为两大类,一类是社会公用及基础性服务市场:海陆空的运输、通信、公交、物业管理和环境卫生等;另一类是娱乐性高消费服务市场:酒店、娱乐城、商贸城和健身俱乐部等。

3）市场划分的意义

①有利于企业发现最好的市场机会,提高市场占有率。

②可以使企业用最少的经营费用取得最大的经营效益。

③有利于企业改善营销策略,提高企业的竞争能力。

2.3　商业模式

2.3.1　商业模式的定义、本质和结构

1）商业模式的定义

商业模式是指企业与企业之间、企业中各部门之间、企业与顾客之间、企业与渠道之间存在的各种各样的交易关系和连接方式。商业模式是一种概念型工具，包含商业之间的要素和关系，用以阐明其中的商业逻辑，描述了企业可以为客户提供的价值、内部结构、合作伙伴网络和关系资本等用以实现该价值产生收入的要素。

2）商业模式概念的新解

企业满足消费者需求的系统，该系统包含了企业的各种资源（资金、原材料、人力资源、销售方式、品牌和知识产权等），形成消费者无法自力而必须购买的产品和服务，只能自用而无法他用，市场上占有绝无仅有的优势和较高的地位。

3）商业模式概念的形成

创业者根据丰富的机会和逻辑，形成自己的创意，而机会是市场需求的可能性，是不明确的市场需求，或者是未被利用的资源或能力。尽管商业模式第一次出现在 20 世纪 50 年代，但直到 20 世纪 90 年代才被广泛地使用和传播，现已成为创业者和风险投资者常用的词语。

4）商业模式的本质

商业模式的本质就是一群利益相关者把自己的资源投进来，形成一个交易结构。经过交易结构的持续交易，会创造出新的价值，每一方会按一定盈利方式分配交易价值，如果每一方分配得到的价值超过了它投入资源能力的机会成本，则这个交易结构就会越来越稳固。在商业活动中，创造价值、传递价值、收获价值是商业模式的本质，创造价值是基于客户的需求提出解决方法，传递价值是通过资源的配置和活动的安排来交付价值，收获价值是通过一定的盈利模式来获取利润。完整的商业模式就需要这三个环节，并形成了一个完整的闭环，缺一不可，互相依赖。

5）商业模式的结构

客户细分，用来描绘一个企业想要接触和服务的不同人群或组织；客户关系，用来描绘

公司与特定客户细分群体建立的关系类型;核心资源,用来让商业模式有效运转所必需的最重要因素;重要合作,用来描述让商业模式有效运作所需的供应商与合作伙伴的网络;价值主张,用来描绘为特定客户细分创造价值的系列产品和服务;渠道通路,用来描绘公司如何接触、沟通客户而传递价值主张;收入来源,用来描绘公司从每个客户群体中获取的现金收入;关键业务,用来确保其商业模式可行,是企业必须做的事;成本结构,用来描述运营一个商业模式所引发的所有成本。

2.3.2　商业模式与战略的区别和联系

1)商业模式与战略的区别

(1)理论研究重点不同

商业模式研究的是战略措施体系,新观念、新技术的不断出现。企业制订战略措施体系可以有很多选择,所以很多具有特色的战略措施体系就出现了,并引起了人们对战略措施体系所涉及的商业模式研究的兴趣。

(2)表达概念不同

由于商业模式与战略的研究重点不同,造成了它们在表达概念上不同。商业模式是从战略措施层面着手研究,所以在概念表达上,除了战略方向,还包括从战略体系中得到的经济逻辑,这与战略的概念表达区别很大,特别是经济层面或运营层面的商业模式定义,不包括战略方向,让人觉得商业模式无任何战略意图。

2)商业模式与战略的联系

(1)商业模式与战略在层次上高度一致

通过对中外企业商业模式创新与路径的选择,我们可以看出商业模式是战略的具体化,两者具有高度的一致性,都是企业经营的整体性行为。设计商业模式,是注重与某个具体战略制订具有操作性的盈利计划,有部分企业只基于战略选择的角度进行商业模式的设计。

(2)商业模式与战略相近且互补

商业模式与战略非常接近,战略的很多内容是商业模式所缺少的,所以它们两个必须结合使用。商业模式描写价值创造逻辑,而战略内容中也包含了对价值创造的策略,同时,战略资源基础观点非常接近于商业模式的概念,资源基础观点认为,企业通过内部资源和能力创造价值并获得竞争优势,在简单的竞争环境中,战略和商业模式是难以区分的。战略是可变更的,而商业模式不能随时变更。

（3）商业模式是对已实施战略的一个描述

我们在对商业模式和战略的内容进行比较分析时，价值活动作为一个中间变量，包含了价值创造过程中所有的价值活动结构及价值链中的伙伴关系。经济逻辑和运营逻辑是对战略措施体系的一个描述，他们之间是等价的。价值链各环节由企业的各职能构成，职能战略是对价值链上所有价值活动的具体规划，实施后的战略措施体系直接表现为价值链上的价值活动方式。根据商业模式的定义，运营逻辑和经济逻辑是对价值活动方式的描述，实际上就是对已实施战略措施体系的一个描述。运营逻辑和经济逻辑是从已实施的战略体系中归纳而来，是战略体系本身所具有的。需要说明的是，经济逻辑描述了企业在价值链环节上的盈利方式，而盈利实际上是对企业价值的体现或回报。因此，经济逻辑可以看作对企业价值的创造过程。

此外，战略原则是由战略方向指引的，因为商业模式来自价值活动。商业模式的战略方向从价值活动方式中得到，而价值链活动方式又是战略措施体系的直接体现，企业战略、业务战略和核心竞争力体现在战略措施体系上，因此，可以通过可视的价值链活动来察觉这些战略原则。对价值活动的分析可能无法察觉所有战略原则，但这并不影响战略方向与战略原则高度一致。

（4）商业模式和战略在内容上高度一致

商业模式是对战略的描述，两者在内容上必然一致，"产品和服务内容、目标顾客、基本市场竞争战略、资源和能力"等要素可以在战略内容中完全体现，而"收入来源、企业经济"是企业在财务上的收入和运作方式。

（5）商业模式理论属于战略理论的范畴

商业模式与战略在本质和内容上一致，商业模式理论必然属于战略理论范畴。明茨伯格等将战略论归为十大学派，其中学习学派将战略视为一种模式，模式是对已实施的战略的描述。学习学派认为战略无法提前设计，只能根据变化的环境及不断地试错，即经历持续的学习过程，才能得到一个有效的模式。这些观点将商业模式理论与学习学派联系了起来。由于竞争的强化和新技术的不断涌现，新的商业模式层出不穷，为了建立有效和更好的商业模式，不断地试错或学习也是不可避免的。然而，随着商业模式理论的发展，更多的战略理论，如核心竞争力、市场定位等被其吸纳进来，这些都是为了设计具有竞争优势的商业模式的需要，在直观的经济逻辑、运营逻辑基础上增加的。这使得商业模式理论与设计和定位学派等更多的学派产生了联系，并逐渐显示出与这些学派理论的趋同。总之，所有商业模式理论内容均可从战略理论中寻踪溯源。

（6）商业模式是一种新的思维方式

商业模式不再是单纯的利润制造者，而是通过一个结构制造利润，但其战略本身没有变，是路径变得更加网络化、无边界化。路径本身就是支持总体战略实现的一个手段，而商业模式是路径的一个支撑点,我们可以说商业模式这个思维使实现战略的手段更加丰富多样了,思考空间更大了,差异更大了,组织得好,获利空间更大,组织不好,崩溃越快,它使战略的时空分布发生了变化,甚至你可以说,商业模式改变了传统战略内部的空间分布和时间分布。商业模式本身就是一种战略创新或变革,是使组织能够获得长期优势的制度结构的连续体。

(7)商业模式异化了战略路径

在以前的交易中,客户、产品和服务相对是确定的。商业模式这个思想的引入,使产品、客户和服务所提供的价值需要再界定,甚至不断再界定。商业模式是在战略路径里发育出来的一个新结构,这种发育其实是时代和企业运作的产物。它从外面借来很多价值,借来很多功能,但没有增加企业实际的投入,简单地说,商业模式是一种体外融资、融产、融智、融市场、融很多东西的现象,一种体外获得能力的现象,但又不需要企业实际的投入。

(8)商业模式改变了企业思考模式

商业模式的作用是改变了传统企业"我想做什么"的单向思考。过去的所有企业都是平等的,都在为生产利润和商业价值而活,而现在有了商业模式的存在,即是把若干企业构成的平等世界政治化、社会化、生态链化了,其中有人是领袖,有人是管理者,有人是产业个人,有人是智力工作者,有人是进行交易撮合的,等等。一个生态链角色越丰富,其功能往往越强大。每个人都在企业中扮演着不同的角色,只有相互配合、互相团结一致,才能创造出一个功能强大的企业。

(9)商业模式是战略的一个横向切面和组成部分

商业模式必须相对清晰地描述整个企业在做什么,它是引导整个企业各个子集团在商业模式层面上,乃至在彼此的生态链上发生的各种反应,所以企业在设计产业组合时,应考虑在各个产业之间、多个企业之间以及产品和服务之间这三个层面上如何形成有效的关系。

(10)商业模式是网络式超边界整合思维

商业模式只是战略里面的一个构件,但因商业模式这种网络式超边界整合思维的引入,作为一个强大的反作用力,大大强化和深化了企业战略的内宇宙、内空间,使其内部出现很多小层次,甚至像千层饼一样内部空间多层次化,因此,新型企业在考虑商业战略时,思维度、空间就变得非常广大、新鲜和高自由度。

2.3.3 商业模式的要素和特征

1)商业模式的要素

商业模式的八大要素:客户价值最大化、整合、高效率、系统、盈利、实现形式、核心竞争力、整体解决,其中先决条件是整合、高效率、系统,手段是核心竞争力,主观追求目标是客户价值最大化,客观结果是持续盈利。

2)商业模式的特征

商业模式的特征:商业模式是一个整体概念,不是单一的要素,其中包括收入模式、向客户提供的价值、组织架构等。商业模式各组成部分之间有一定的内在联系,把各组成部分联合起来,互相支持、共同作用,形成一个良性循环。

2.3.4　商业模式创新的方法

（1）客户洞察

好的商业模式需要依靠对客户的理解,包括环境、日常事务、客户关心的焦点和客户的期望。更为挑战的内容是客户的哪些意见需要听取,哪些意见需要忽略,应避免聚焦现有客户,应该着眼于新的和未满足客户的细分群体,大部分成功的商业模式就是满足了新的和未满足客户群体。

（2）创意构思

在设计新的商业模式时,我们应忽略现状,暂停关注运营,那才会有精力去思考全新的商业模式,创意构思主要有两个阶段:创意生成和创意合成。我们可以把现有的商业模式进行扩展,以增强企业产品竞争力的创新。

（3）可视思考的价值

可视思考的价值是指用图片、表格等视觉化工具来构建事物和讨论事情。我们可通过可视化的商业模式,把其中的隐形假设转变为明确的信息,使商业模式明确而有形,能够更加清晰和明确地讨论。

（4）原型制作

在全新的商业模式下,原型制作和可视思考的价值是同等重要的,可以让概念变得更具体形象,从而更加激发创新想法的产生和商业模式的讨论。

2.4 案例:经典商业模式赏析

2.4.1 麦当劳的商业模式

1)赚小钱:主打产品吸引消费,附属产品增加盈利

麦当劳靠汉堡来吸引客户,但真的靠汉堡包赚钱吗? 这么大的汉堡,要用最好的牛肉、最好的面包,面包里的气泡在 4 毫米时口感最佳,用最好的油,而且 10 分钟以后不卖出,只能扔掉。这么高的成本,加上房租、人员费用、推广费用,汉堡其实利润非常少,甚至不赚钱。那它到底靠什么赚钱? 是那些小小的不被人注意的可乐、薯条等小产品,这就是它赚小钱的方法。

2)赚中钱:运用供应链

①通过集中采购获取稳定的利润。当麦当劳把全球几万家门店所用的牛肉、面粉、土豆集中采购时,利润就出来了。

②积极而深入地参与供应链的改造中。通过改造来降低供应链的成本,并与合作者分享,使得整个价值链的整体收益大幅度增加,继而成为最大的受益者。

例如:假设过去 1 kg 土豆卖 10 元,亩(1 亩 = 666.7 m²)产 3 000 kg。改造开始:麦当劳为农场免费提供土豆种植改良技术。技术成功,农场亩产从 3 000 kg 涨到 1 万 kg。过去单价 10 元、亩产 3 000 kg 土豆,每亩收入 3 万元;现在亩产达到 1 万 kg 以后,可以让农民把价格降到每千克 4 元,这样每亩总收入达到了 4 万元,增长了 1 万元。这样一来,农场企业很开心。而单价从 10 元变成 4 元,单位成本大幅度降低,麦当劳成了最大的受益者。

3)赚大钱:房地产

麦当劳的总裁克罗克到哈佛商学院讲课,问同学们:"同学们,我是做什么的?"大家冲他笑说:"你不就是做快餐的吗?"他说:"错了,我是做房地产的。如果我不做房地产,仅仅做快餐,麦当劳早就关门倒闭了。"

麦当劳在西方是采取特许经营的方式,首先把一个精心考察过的店铺租下来,租期 20 年,跟房东谈好了 20 年租金不变,然后吸引加盟商,把这个店铺再租给加盟商,并向每个加盟商加收 20% 的租金,以后根据这个地产升值的情况,进行相应的递增。麦当劳采取的是以快餐吃喝,以地产盈利的商业模式,真正的盈利来源是房地产的增值带来的租金差!(麦当劳 1/3 收入来自直营,2/3 的收入来自加盟。在加盟费里收取的重要收入就是房

产增值的收益)

麦当劳的高明之处,不只体现在其专业的选址能力,还通过辛辛苦苦地卖汉堡,通过辛辛苦苦建立麦当劳的餐饮文化,建立起麦当劳商圈,通过麦当劳商圈不断拉动海量的人流量来到麦当劳以及附近的商圈。这种做法就会主动、直接地推动房产价格的提高,这就是麦当劳之所以成为"史上最牛的房地产公司"的秘密所在,它不是被动地等待房产升值,也不是单纯依靠所谓的专业选址能力,而是积极主动地长期拉动房产价格的增长。

2.4.2 "快时尚"模式

ZARA 是西班牙的品牌,它的口号是"快时尚",有多快呢?中国的服装从设计到打板再上市需要 3~6 个月,但 ZARA 最快可以 7 天完成,一般情况下,平均 12 天完成。它是怎么做到的呢?它自己不做设计,而是派员工到世界各地去观看时装表演,然后用相机把时装拍下,再将相片发回到公司的设计中心,便可以开始生产,最后上市。ZARA 的店从来不补货,在店里放了五百件,卖完就没货了。ZARA 也从来不做广告,因为它在最好的商店开很大的店。此外,ZARA 会在西班牙本地厂生产,虽然在西班牙生产服装的人工费很高,但是生产效率高,可以实现企业的高速周转。

2.4.3 "共享"模式

Net Jets 是做私人飞机的,你想坐飞机时,飞机就马上飞过来,很方便。一个人可能会没有实力拥有和养护一架私人飞机,但是 Net Jets 允许几个人共享一架私人飞机,叫作私人飞机共享产权,让个人和企业只需付飞机的部分价款,就可享受拥有整架飞机的种种好处。用户如果要从某地飞到另一地方,只要提前三四个小时向 Net Jets 预订即可。现在 Net Jets 已经拥有几百架飞机。

2.4.4 "标准化"模式

很多餐饮企业都会遇到这样的问题:因为厨师不同,每个分店的菜式味道不一致,而且对厨师依赖性强。而真功夫就很好地解决了这个问题。关键就是他们将菜式标准化、模范化。真功夫在一开始扩张店时就开发了蒸炉,将餐具标准化,随后蒸出若干道味道不错的菜再用以标准化、模范化。真功夫有个中央厨房,专门研究新的菜谱,这样就能摆脱对厨师的依赖,就能扩张,但厨师还是有存在的价值。真功夫可以研究怎么脱离厨师以及推出受大众欢迎的有特色不容易被模仿的菜式。

2.4.5 "大规模定制"模式

青岛红领集团是一家做西服的企业,是国内大规模定制的典范,其基本运作模式是与海外西服定做店合作。客户到西服店后,店员只需量 22 个重要尺寸,定义身体轮廓,然后店员与客户共同设计西服,比如说扣子、开衩、面料。衣服的面料被裁剪下来会挂无线识别卡,会包含衣服加工所需要的相关信息。面料加无线识别卡,随着制造流水线流转,客户可以知道流转的内容,最后在一个工位上进行组装和熨烫,完成和打印客户的地址,快递派送给客户。整个过程只需要 6~7 天。

>>> 第3章 创业团队建设

3.1 认知创业团队

3.1.1 创业团队的含义

创业团队是指为实现特定目标而共同合作、共同努力的人的一个共同体。创业团队特征如下：团队有共同任务和目标；团队成员团结协作，共同承担风险与责任；团队成员之间技能互补；团队成员之间信息共享，彼此尊重、诚信；各个团队成员对事务全力奉献，尽心竭力。

3.1.2 创业团队四大要素

①目标。目标是个人、部门或整个组织所期望的一个成果，是人们努力的重要因素，本质上来说对团队根本目标在于创造新的价值。

②人员。计划的实施要落实在人的身上，人作为知识的载体，对创业团队的贡献基于拥有的知识，对团队的贡献程度决定企业在市场中的价值。

③团队成员角色分配。各个团队成员应明确自己在新的企业中担任的职务和承担的责任。

④创业计划。决定成员在不同阶段做的不同工作以及怎样做这些工作。

3.1.3 创业团队的重要性

有一个效率高的创业团队是新企业通向成功的桥梁。好的创业团队能够吸引风险资金的投入，创业企业生存率会大大提高。要想吸引风险资金的投入，我们应该有一个好的创业团队。对于风险投资家来说，创业团队的作用十分强大，应该注重培养团队成员的素质，培养团队的团结力量。快速成长的创业企业中都是有好的创业团队作为基础，好的创业团队能够实现收益并创造价值。创业团队的重要性有如下3点。

①创业团队识别机会能力较强。识别机会时需要借助相关的知识和信息,以及科学的评价标准。创业团队是由不同知识和能力的成员组成的,他们识别机会的能力和处理收集信息的能力优于单个创业者的标准和能力。因此,创业者团队比个体具有更大可能认识某一创业机会的信息,更好地把握和识别创业的机会。

②创业团队有较强的机会开发能力。除了要发现机会还要学会开发机会。创业团队应借助团队的力量更为全面、准确地比较不同的开发方案,避免决策的失误。创业团队相对于单个创业者更拥有更广泛的社会资源,能够有效地利用资源来决策。

③创业团队有较强利用机会的能力。除了发现机会和开发机会,最重要也是最后一步就是利用好这次机会。一个好的团队是能够利用机会来获得胜利的。随着市场的不断成熟,市场进入门槛越来越高,创业者所要掌握的技能也越来越多。创业一次性行为的完成,单靠个人是不能解决的。

3.1.4 创业团队的优势与劣势

现代商业企业讲究的是高效率,从创业初期就应该有规范化管理模式来管理团队,因此创业者应该在公司注册前期就建立好创业团队。有一个好的创业团队才能对新企业的成功起重要作用,所以组建一个优秀的创业团队比创业者个人奋斗更有优势。

1)创业团队的优势

(1)保证创业企业连续管理

创业团队需要的是不同类型的知识人才、技术人才和管理人才,所以要讲究多方面的人才培养。一支创业团队的存在能够保证企业管理的连续性,如果一个创业企业只有一位创业者,那么他的离开将会对整个创业团队产生影响,但是如果一个创业企业有一个创业团队,那么某一位创业成员的离开,并不会对创业企业产生大的影响。

(2)促进创业企业发展问题的思考

在创业企业发展的过程中,难免会遇到一些选择。创业者面临各种压力,会感到一些孤独,会产生紧张情绪,找不到合适的人商量。创业企业的团队成员在创业企业刚起步的过程中能够起到积极的推动作用,可以减轻团队成员之间的压力,而且有助于创业企业在发展过程中解决更深层次问题。

(3)降低创业管理风险

创业团队里有多个创业领导人,他们能够给企业提供指导和帮助。由于团队成员之间能力互补,可以有更好的工作效率,因此弥补了各自的缺点,实现了"1+1>2"的效果。同样地,一个团队如果每个人都为各自而战,便会受各种因素的限制。人都不可能是全能的,实际工作中人力资源十分紧缺,一个有机的组合能够实现人力资源的充分利用,这样才能够对新创业企业起到降低管理风险、提高管理水平的作用。

（4）充分发挥企业核心理念

好的创业团队能够使创业企业理念得到充分发挥,好的创业团队成员会从各个不同的角度诠释企业的理念,让企业的员工、顾客、潜在投资者和银行能够更好地去理解企业发展理念,从而把大家的力量聚集起来,共同为企业的发展做出贡献,为企业的发展服务。

（5）创业团队使企业拥有创新意识和创新能力

创业企业需要注入不断的生命力,而人才是决定企业创新的能力和水平,优秀的创业团队组合能够成为企业创新的条件和动力。创新是持续创造力的体现,面对企业的变化,只有广揽人才,然后进行科学不懈地努力才能成就更高的智慧,创造一个又一个奇迹。

（6）团队成员更具有凝聚力

创业企业的凝聚力体现在人力资源的组合,它是一种意识的统一、融合的激情、碰撞的理想。员工与员工、员工与企业之间都有一个共同的信念和一个共同的潜意识。任何一个成功的企业背后都有一个坚不可摧的团队,而且任何企业的成功都体现在团队的卓越和团结之上。

2）创业团队的劣势

（1）团队成员不忠给团队带来的影响

团队成员不忠,拉帮结派,在团队中挑拨各团员之间的关系,将使团队管理者难堪。如果团队倒闭,所有的创业伙伴基本上都是分道扬镳,能够继续共事的很少。因为创业成员合作破裂,导致创业团队集体解散,结果是新企业分拆或由某些团队成员接盘,最糟糕的结果就是破产清算。一般的公司高管团队都由职业经理人构成,因此,除非公司破产,否则不存在团队解体的问题,但团队成员既然是新创企业的经营者和所有者,那么他们对经营不善导致团体解散的威胁性十分强大。

（2）新成员加入对企业的影响

随着创业团队的发展,总有新团队成员要进入创业企业。所以需要在创业企业高管团队加入新成员,新成员的加入会带来新的思想,可能会对整个企业管理带来冲击,如果处理不当,可能造成极大的负面影响。对创业团队,由于创业初期的艰苦打拼,使创业初始的高管团队成员可能形成较强的情感联系,在认知模式可能趋于一致,这样有助于提高企业高管团队决策速度和效率,但后期加入的新成员可能会面临巨大的挑战。新成员和旧成员会产生性质方面的冲突如认知模式、情感经历等。如果处理不好,还会引发团队成员之间冲突和矛盾,从而成为企业发展的隐患。初始团队成员由于心理的排斥加上原有的习惯,有意无意避开新引入的专业管理者,导致双方间产生矛盾。团队的分裂阻碍企业发展,另外新成员的加入对原有的管理团队形成了冲击,团队成员经过中长期形成的默契需要很长时间来适应。

3.2 组建团队的基础原则与类型

3.2.1 组建团队的基础

①有共同的创业愿景:意思是希望看到是一种由组织领导者与组织成员共同形成,具有引导与激励组织成员的未来情景的意象描绘,在不确定、不稳定的环境中,提出方向性的导向,把组织活动聚焦在一个核心点上,使组织及其成员在面对混沌状态或结构惯性抗力过程中能有所坚持,持续依循明确的方向、步骤与路径前进;并且借由愿景,有效培育与鼓舞组织内部所有成员提升职能,挖掘个人潜能,促使成员竭尽全力,增加组织生产力,达到顾客满意度的组织目标。因此,愿景受领导者及组织成员的信念和价值观、组织的宗旨等影响,是一种对组织及个人未来发展预期达成未来意向的想法,它会引导或影响组织及其成员的行动和行为。共同愿景包括:企业的使命、企业成员价值观和企业价值观、企业共同目标。

②一致的创业理念:创业理念就是创业者要创业成功,除天时、地利、人和等背景因素外,还要不断吸取以往成功人的经验,特别要富有自己的创意,理念要相通,朝着同一个目标努力奋斗。创业理念包括团队的凝聚力、团队的合作精神、创业企业的长远发展。

③成员之间的信任:信任就是对他人的语言和行为给予的肯定。一个好的创业团队肯定有好绩效,而影响绩效的因素也有很多,例如:团队学习、团队信任、绩效考核、组织文化和薪酬设计等。信任就是其中一个重要因素,对创业的正常运作和绩效产生直接影响。团队成员之间要互相信任彼此的品格、特点和能力,这样才能使一个团队有一个好的循环运作,不断对创业企业产生正效应。

3.2.2 组建团队的基本原则

①目标合理明确原则:不能过高或过低,要根据创业团队实际情况来确定适合创业团队初期的目标。不同阶段要有不同的团队目标,这样才能促进创业团队的发展。

②高效率原则:创业团队需要的是各方面的知识人才,在创业企业面临抉择和困难时,可以利用各方人才储备来解决这些问题,以促进企业高效率办事,节省时间。

③开放包容原则:创业整个过程充满了不确定性,团队中可能有能力不同、观念不同的创业人员,也有新的创业成员的加入,在创建团队时应该保持团队的开放性。

3.2.3　团队的职业类型

创业团队大体上分为 3 种职业类型:星状创业团队、网状创业团队和虚拟星状创业团队。

①星状创业团队主要是以一个核心领导人为中心,对创业团队所有活动进行指导,领导创业团队如何工作,发挥创业团队的最大效益。

②网状创业团队主要是由有共识之人或熟悉的家人、朋友或者同事组成的,经过团队成员的协商,选出一个团队领导人。这类型的创业团队比新建的创业团队具有更高的合作意识和更好的共识,在处理问题时有更高的效率和更短暂的决策时间,从而有利于企业团队高效办事。

③虚拟星状创业团队介于星状创业团队和网状创业团队之间,由认识的朋友、同事或者家人组成的创业团队,也有可能包含外来的团队成员,经过共同协商选举出创业团队的代表人物,但并非一个领导性核心人物,而是代表创业企业的形象人物。

3.2.4　团队的功能类型

根据职能、目标和任务划分,企业中的团队主要有以下 4 种类型:工作型团队、项目型团队、整合型团队、促进型团队。

①工作型团队。由不同的工作技能者所组成的团体,共同完成相应的目标,常见于流程性组织中。

②项目型团队。共同完成一个项目的合作团体,目标一致,共同探讨一个项目,常见于时间型组织中。

③整合型团队。将各种不同类型的人才进行整合,达到做事效率最高,最有力的团队。

④促进型团队。组内各个成员相互鼓励,共同进步,互相监督,共同完成目标任务。

根据团队成员的来源、拥有自主权的大小以及团队的目的分为 3 种类型:问题解决型团队、自我管理型团队、跨职能型团队。

一是问题解决型团队。指组织成员就如何改进工作程序、方法等问题交换看法,对如何提高生产效率和产品质量等问题提出建议;问题解决型团队的核心点是提高生产质量、生产效率、改善企业工作环境等。在这样的团队中成员就如何改变工作程序和工作方法相互交流,提出一些建议。成员几乎没有什么实际权力来根据建议采取行动。

二是自我管理型团队。自我管理型团队通常由 10 ~ 16 人组成,他们承担着以前自己的上司所承担的一些责任。一般来说,他们的责任范围包括控制工作节奏、决定工作任务的分配、安排工间休息。彻底的自我管理型团队甚至可以挑选自己的成员,并让成员相互进行绩效评估。

三是跨职能型团队,也叫多功能型团队,由来自同一等级、不同工作领域的员工组成,他们走到一起的目的就是完成某项任务。多功能型团队是一种有效的团队管理方式,它能使组织内(甚至组织之间)不同领域员工之间交换信息,激发产生新的观点,解决面临的问题,协调复杂的项目。

3.3　组建团队的主要影响因素、注意要素、技巧及策略

3.3.1　组建团队的主要影响因素

团队组建的主要影响因素有创业者、商机、团队的目标与价值观。

①创业者。作为创业团队的核心要素,其思想和能力决定了创业团队是否要组建。创建团队初期时,各个成员之间的能力必须互补,然后才追求更加完美,创业者应该准确判断自己想要引进哪种类型的人才,才能使团队良好运作,从而解决问题。

②商机。商机的出现决定着创业者是否需要建设团队、何时建设团队以及建设什么样的团队。

③团队的目标与价值观。创业团队的前提是共同的价值观和统一的目标,团队成员只有认可团队的目标才能全心全意为团队效力,才能与其他成员合作,共同奋斗。

3.3.2　组建团队的注意要素

1)角色齐全

角色齐全在一定层面上讲究的是功能齐全。贝尔宾博士说:我用我的理论不能断言某个群体一定会成功,但可以预测某个群体一定会失败。一个成功的团队应该是执行者、协调者、鞭策者、创新者、外交家、审议员、凝聚者、完美者和技术专家这9种角色的综合平衡,只有做到角色平衡才能实现企业团队有更长远的发展,遇到问题才能够高效解决。

2)扬长避短

领导人在组建团队时应充分认识各个角色的基本特征,应扬长避短、用人所长、容人短处。在实践中成功的管理者对下属人员的秉性特征了解得都很透彻,只有在很透彻地了解团队成员的基础上才能实现团队结构上的优化,使之成为高绩效团队。

3)优势互补

没有一个人能够完全适合自己的工作,因为没有一个人能够完美地完成所有的任务要

求,但是一个团队却可以完美无缺地完成任务。团队不是个人的简单组合,而是在团队角色上以及团队能力和气质结构之间的互补,正是在这种系统上的互补、多样性,才能使整个团队充满活力。

4)角色自由切换

组建成功的团队必须在团队成员中形成集体决策和新理念民主管理的氛围之下,是团队区别于传统组织以及一般群体关键所在,从团队角色理论角度出发,应特别注重培养团队成员之间的主动帮忙和主动补位意识,即当一个团队在以上 9 种团队角色出现欠缺时,其成员应该在自身条件许可的情况下能够主动实现团队角色的转换,使团队结构整体上趋于合理,更好地达成团队共同的目标。事实上,由于个人的个性和禀赋存在着双重甚至多重性,因此使团队角色转化成为可能,这一点也是企业团队所证实了的。

3.3.3　组建团队的技巧

团队成员长期实践的经验总结形成了团队的运作模式,团队的发展取决于团队的建设,团队建设应该从以下三个方面进行。

1)组建核心层

团队建设重点应该培养核心团队成员,领导人是团队的建设者,应通过组建智囊团或执行团形成团队的核心层,充分发挥核心成员的作用。团队核心成员应具备领导的基本素质和能力,不仅要知道团队发展的规划,还要参与团队目标的制订与实施,使团队的成员既了解团队的发展方向,又能在行动上与发展方向保持一致,同心同德、承上启下、心往一处想、劲往一处使。

2)制订团队目标

团队的目标来源于公司的发展方向和团队成员的共同追求,是全体成员共同奋斗的方向和动力,它能够感召全体成员精诚合作。核心成员在制订目标时需要明确本团队现在的实际情况。团队的实际情况分为三个阶段,第一个阶段为组建阶段,第二个阶段为上升阶段,第三个阶段为稳固阶段。具体目标应遵循 SMART 原则,S 代表明确性,M 代表可衡量性,A 代表可实现性,R 代表相关性,T 代表时限性。

3)培养团队精神

培养团队精神包括:凝聚力、合作意识及士气。团队精神强调团队成员的密切合作,培养团队精神领导人要以身作则,做团队精神极强的楷模。此外,还应加强团队精神的理念教育,将这种理念落实到团队工作的实践中去,如果没有团队精神,就难以成为真正的领导人。没有团队精神的队伍是经不起考验的队伍。团队精神是团队的灵魂,是团队成功的特质。

3.3.4 组建团队的策略

1)确定创业目标

首先根据团队面临的形势和社会需求确定总目标,总目标确定之后,然后将目标分解成若干可行、阶段性的小目标,最后确定一个能够令所有团队成员为之振奋且又切实可行的目标体系。目标不能以功利主义为目的,可以为团队创始人或团队部分成员的利益,也可以从个人或部门需求的角度来衡量团队的共同目标,应着眼于为顾客提供更多的价值和帮助,能够使企业的供应商获得分享价值,使所有投资者、支持者获得更大的收益。如果团队能够以企业创始人、投资者、顾客、供应商、银行等为共同目标,那么在实现目标过程中就能够得到更多的知识,很多专家学者认为合伙企业在发生问题的时候就是因为没有调整好创业目标。因此,不管以什么形式组建的创业团队,在组建团队以后都要保持团队的稳定性,让每个成员的目标一致,所有团队成员都要为目标而战。

2)制订可行的创业计划

创业计划是创业者计划创立业务的书面摘要,它用以描述与拟办企业相关的内外部环境条件和要素特点,为业务发展提供指示图,是衡量业务进展情况的一个标准。创业计划通常包括市场营销、财务、生产和人力资源等职能计划的综合。在创业计划中应包括:创业种类、资金规划、基金来源、资金总额分配比例、阶段目标和财务预估等结构。在国内,一些学者认为一个好的创业计划应该包括以下几个方面:整体概念的陈述;产品或服务内容;市场;准备工作的进度表;周密的预算。

3)职权的划分

预先在团队内进行职权的划分是为了团队成员能够顺利执行计划、开展各项工作。而对这些职权的划分应根据创业计划的需要,确定团队成员负担的抉择以及所有享有的权限。团队成员职权的划分必须明确,避免重叠和交叉,避免无人承担工作,造成工作上的疏漏。

3.4　高效团队的特征与塑造

3.4.1　高效团队的含义与特征

1) 高效团队的含义

高效团队是发展目标清晰、完成任务效果显著、有效的领导、团队成员相互信任、沟通良好、积极工作的团队。

2) 高效团队的特征

(1) 明确的目标

明确的目标有 4 个特点:团队成员清楚了解目标;目标明确,且具有挑战性;目标策略非常明显;目标分解成为个人目标。

(2) 赋能授权

赋能授权是指团体能够从集权向分权的过渡。团队成员感觉自己拥有了某种能力,整个群体拥有某些能力。赋能授权体现在以下两个方面:一是团队在组织中地位提升,自我决定权提高。二是支配权很大,很多团队成员拥有某方面的支配权。

(3) 关系和沟通

在一个高绩效团队中表现出的特点是成员能够公开且真诚地表达自己的想法。成员能够接受别人,互相间关系更融洽,成员主动积极聆听别人的意见,成员之间的意见和观点都能得到领导的重视。

(4) 弹性

团队成员能够自行调解,适应变化,表现出一种弹性和灵活性。团队成员需要执行不同的角色和功能,当团队成员缺位时,其他人能够主动去补充被分担的团队领导责任。

(5) 最佳生产力

只有拥有很好的生产力产出,产品品质才能够达到卓越,团队的决策效果才会更好。拥有了明确问题的解决程序,团队做任何事情或处理危机才会有科学遵循。

（6）认可和赞美

当个人贡献能够受到领导者或其他成员的认可和赞美时，团队成员会感到很骄傲，会觉得自己得到了尊重。

（7）士气

如果团队成员对自己工作引以为傲，而且很满足时，整个团队的向心力就会很强，士气也会高涨。

3.4.2 塑造高效团队的方法与技巧

1）选配好团队，为团队建设奠定基础

人在团队建设中起决定性作用。系统论认为要素是构成系统的基础，结构决定功能。在团队建设上也是如此，人的要素和队伍的结构是决定团队的物质基础。从构建团队之初，要打好基础，选择适合需要的人，选择高素质的人，才能组建高效团队。团队人数没有一个固定数字，应从实际出发，遵循精简效能原则，根据团队工作任务需要和团队成员素质情况做好以下三方面工作。一是对工作进行分析。员工招募计划以工作分析为基础详细收集工作活动、工作行为等重要信息，明确工作任务有哪些，具备什么样条件人才能完成这些工作任务等。二是根据这些信息编制科学的职位说明书和工作规范。三是动态调整。在团队建设后，人数不是一成不变的，一项工作有 n 个岗位，每个岗位需要 m 个人。工作可能由于人员素质和工作任务的变化需对岗位重新设置和人数进行增减，以保持团队规模弹性，从而提高团队效能。

2）选拔有合作意识的队员

在组建团队时不仅需要个体组织的优秀，还要形成整体的力量。如果没有合作意识，个人就不能融进集体，就会破坏团队的战斗力。在选拔队员时，应注意把德行不好、不服从领导、妄自尊大、破坏团体的队员清除出去。

3）人员搭配实行互补原则

我们都知道人无完人，每个人都有长处和短处，在团队构建时应注意取长补短，各有所用，实现团队成员之间技能、知识、经验和专长的互补。

3.4.3 高效团队的意义

首先是团队精神。所有高速运转的企业都会面临变革和挑战，为了适应迅速变化的市场环境，企业需要有高忠诚度和高责任感的员工，员工也希望企业也能够给予更大的信

任。员工在关注企业发展的同时更关注个人能力和价值的提升。企业可以通过团队建设改变员工的世界观,让员工和企业真正融为一体。团队建设在企业的发展中起着举足轻重的作用,其中最重要的是团队精神,团队精神是高绩效团队的灵魂,是团队成员为了实现团队利益和团队目标相互协作,尽心尽力的意愿和作风。团队精神的重要性表现在团队的凝聚力,针对团队和成员之间的关系而言,团队精神表现为团队成员的强烈归属感和一体性。每位成员都能感受到自己是团队的一分子,把个人工作目标和团队目标联系在一起,对团队忠诚、对团队的成功感到自豪、对团队的困境感到忧虑。团队的负责人要将团队看作一个大家庭,将团队成员当作一个子女,按成员的特性将工作合理分配给成员,制定各种激励政策并在考核中兑现。设立团队中的奖惩,将个人贡献的大小用数字量化,让团队成员清楚自己在工作中实际发挥的作用,享受到荣誉或感到压力,找到差距,这样大家就能够齐心协力地聚集在一起。

其次是团队的合作意识。团队成员应该相互依存、相互尊重、彼此宽容和尊重个性差异,彼此之间形成一种信任关系,待人真诚、尊重承诺、相互帮助、共同提高、共享利益和成就、共担责任。合作意识应在工作过程中培养,每个人的个性有差异,在工作任务分配上要考虑到个性的差异,要让工作能力强的成员多照顾工作能力比较差的成员,在日常生活和工作中多沟通、多交流、多体谅,这样才能有利于工作任务的完成。良好的合作氛围是高效团队的基础,如果没有合作就无法取得优秀的业绩。

最后是团队士气。作为团队负责人和团队领导人应时刻关注员工士气的高低,以便提高工作效率。员工精神状态的培养应该从认同自己的职业和工作开始。如果不热爱自己的工作,就不可能投入过多的热情,就不能把工作做好,所以应该先培养兴趣,从内心深处喜欢自己的职业认可自己的工作。此外,团队成员应制订适合自己的小目标。在目标制订时,要切合实际,要将个人职业生涯规划和公司发展目标结合起来,在工作过程中要与同事互相促进、互相监督、共同进步。而团队负责人需要完成的事是时刻关注员工,让团队成员看到成功的希望,同时在工作过程中根据个性特点和各成员的专业特点,帮助员工设计个人职业生涯规划,在发展过程中随时调整,尽可能让员工时刻感受到自己的进步,这样他们就会对工作充满希望,就会以高涨的士气、饱满的热情努力工作。

3.4.4 高效团队的建设

第一,培养团队成员集体荣誉感。第二,让员工始终记住自己是团队中的一员。第三,懂得分享,不独占团队成果。第四,应该懂得合作才能成功。第五,融入团队中,树立团队合作意识。第六,让员工知道没有完美的个人,只有完美的团队。所以团队建设离不开企业核心的理念,其价值观的塑造,离不开创新力和凝聚力的培养。

3.5 案例：苹果的创业元勋

每一位成功人士都有着非同寻常的人生历程，被誉为"魔鬼精英"的史蒂夫·乔布斯便是如此。一路走来，乔布斯的成功之路犹如好莱坞大片一样精彩。

乔布斯1955年出生于美国旧金山市，他从小就有些孤僻、叛逆，喜欢搞恶作剧，经常对着邻居的摄像头做鬼脸，偶尔还会放掉邻居车胎里的气，当邻居对着半瘪的车胎哭笑不得时，他心里却得意极了。在学校里，乔布斯与同学们也是格格不入，他上课不爱听讲，经常一个人躲在教室角落里发呆，当老师训斥他时，他不但不虚心接受，反而会跟老师顶嘴。

由于乔布斯性格倔强，小朋友们都不喜欢和他玩，这使他在小时候没有多少玩伴。可能正是因为孤独，乔布斯才对各种电子元器件产生了浓厚的兴趣。他经常把家中的收音机、电视机等大卸八块，然后重新组装。乔布斯强烈的好奇心使他对这些能发出各种声音的小玩意儿很好奇，总想探个究竟。

乔布斯的家位于旧金山的山景城，由于正值硅谷形成时期，山景城的各种电子科技公司如雨后春笋般冒了出来，乔布斯经常能在自家附近发现一些被丢弃的电子产品，这些东西给乔布斯的童年带来了很多乐趣。在11岁时，乔布斯一家迁往帕洛阿尔托市。在库比蒂诺中学，乔布斯认识了费尔南德斯。和乔布斯一样，费尔南德斯也是一个电子迷，而且个性鲜明，特立独行。有了共同的爱好，乔布斯和费尔南德斯成了形影不离的好朋友。后来，费尔南德斯认识了一位电子工程师的儿子沃兹尼亚克。沃兹尼亚克比费尔南德斯大5岁，在电子科技领域有着过人的天赋，就连他的父亲都不得不承认这一点。初中的时候，沃兹尼亚克就组装了一台无线电接收设备，高中时则开始研究无线电台和计算器。当乔布斯进入霍姆斯特德高中时，经常能在课堂上听到沃兹尼亚克的名字，在同学和老师的眼中，沃兹尼亚克就是一个电子科技方面的天才，而乔布斯却不这样认为。

后来，经费尔南德斯介绍，乔布斯与沃兹尼亚克逐渐变得熟识起来。乔布斯这才承认，沃兹尼亚克的确比自己更有这方面的天赋，而在沃兹尼亚克眼里，乔布斯只不过是一个略懂电子知识的发烧友。后来，3个人经常一起研究各种电子产品。1972年，17岁的乔布斯进入俄勒冈州波特兰市的里德学院读大学，里德学院在美国以思想氛围自由著称，这正是乔布斯选择这所学校的原因。

在大学期间，乔布斯依然叛逆，对一切事实都不会轻易接受，而是亲自检验过才会服气。在里德学院，乔布斯开始探索东方宗教。他阅读了大量的宗教和哲学书籍，对佛教尤其感兴趣。这对乔布斯的精神世界影响很大，使他能更好地集中注意力，清除精神上的杂念，更好地应对人生中的一个又一个打击，并迅速调整好自己的精神状态，从内心深处汲取强大的精神力量以应对现实中的各种挑战。

乔布斯朋友很少，他常常一个人坐着，像是在思考问题。当他发现自己是父母的养子，而且因为他上大学花光了养父母所有的积蓄时，生性叛逆的乔布斯变得更加孤僻。在上了六个月的大学后,乔布斯决定退学。退学后的乔布斯并没有离开里德学院,对于他喜欢的课程,他还是会去旁听。

乔布斯有着惊人的直觉,他喜爱艺术带来的那种美的享受,后来,他在苹果计算机公司对产品艺术美的追求很执着,这种执着就受益于大学时代对美的理解。和所有20世纪70年代的叛逆青年一样,青年时代的乔布斯思想独特而混乱,崇尚各种奇特的文化,即使这样,乔布斯的脑子里依然充满了各种奇思怪想。

1974年,乔布斯到一家名叫阿塔里的电子公司工作,他认为这份工作正好符合自己的兴趣,但他的心并没有在工作中。一天,他突发奇想,连声招呼都没打,便穿着破烂的衣服去了印度。这次印度之行,当地穷人面对命运的无助情形是最令乔布斯难忘的,他的心灵受到了前所未有的震撼。

从印度回来后,乔布斯变得沉默寡言,像是变了个人,从那时起,乔布斯决定要以一种全新的方式来生活。脱胎换骨的乔布斯改掉过去的不良习气,成为一名自食其力的上班族。空闲时间,他会去参加一些计算机俱乐部的活动。那时他就想:如果千家万户的桌面上都能摆上一台计算机,一台真真正正属于个人的计算机那该多好啊!

也正是这个梦想,让乔布斯的命运发生了翻天覆地的变化。当乔布斯把自己的新奇想法告诉好朋友沃兹尼亚克时,沃兹尼亚克也非常兴奋,就这样,他们开始一起创业。乔布斯天生喜欢挑战、叛逆、固执的个性以及向不可能挑战的冲动促使他和沃兹尼亚克立即着手研究计算机。

既然决定开公司,就要给公司取个名字。他们把一些自己认为不错的名字写在纸上,结果又一一否决。最后,乔布斯提议叫"苹果计算机公司",因为他那段时间总是喜欢吃水果餐。沃兹尼亚克也觉得这个名字听上去很有意思,有活力,"苹果"削弱了"计算机"这个词的锐气,而且,英文字母A打头的这个名字在电话簿上会永远排在前几位。

此后,"苹果"这个名字一直沿用至今。到目前为止,我们不得不承认取名"苹果"是乔布斯非常明智的选择。这个名字简洁好记,标新立异,又不会让人觉得古怪。把"苹果"和"计算机"两个词放在一起制造了一种有趣的分裂感。当时有人说,"苹果"这个名字有点儿无厘头,但却增加了该品牌的知名度。

一般来说,初创公司的联合创始人多是互补型的,苹果公司也不例外:乔布斯有时候像恶魔附身一样,而沃兹尼亚克则像个被天使控制着的孩子,有时甚至有点儿社交障碍。但正是这样两个性格完全不同的人,组建了一个强大的团队,他们紧密合作,创造了奇迹。乔布斯曾说:"我们是最佳拍档。"就这样,两个拥有伟大梦想的年轻人,在异常困难的条件下一路向前。

为了充实力量,乔布斯还说服了自己在阿塔里的同事、首席游戏设计师韦恩与自己一起创业。1976年4月1日,在乔布斯养父母家的车库里,苹果计算机公司成立了。公司成立之初,几乎一无所有,尤其缺少资金,乔布斯不得不卖掉自己心爱的汽车,沃兹尼亚克和韦恩也纷纷变卖东西,这就是苹果公司最初的启动资金。

这期间,几个好朋友纷纷来苹果公司帮忙,其中包括费尔南德斯。不管多么艰难,乔布斯始终相信苹果公司能长成一棵参天大树。乔布斯打定的主意,无论如何都要去实现,不管遇到什么困难,他的眼睛只会盯着自己的目标。经过努力,苹果公司终于制造出了一台完整的计算机,乔布斯将它命名为 Apple(苹果)。

他希望通过这台计算机为自己带来足够发展的利润,于是,他和沃兹尼亚克带着这台令他们无比满意的伟大杰作到惠普公司去推销。令乔布斯和沃兹尼亚克万万没想到的是,惠普公司对这款外表简陋的机器丝毫不感兴趣。无奈之下,乔布斯只好到电子市场去游说。

乔布斯的销售能力是一流的,在他的说服下,终于有一家公司和他们签订了购买50台计算机的合同。几经周折,乔布斯的天才设想和真诚打动了一家电子元件公司的经理,他答应向苹果公司赊欠一批电子元件,这无疑给苹果公司插上了起飞的翅膀,也预示着苹果就要横空出世了。

为了尽快制造出这批计算机,乔布斯和沃兹尼亚克等人没日没夜地工作,但韦恩却选择了中途退出,他认为乔布斯是一个桀骜不驯的年轻人,和这样的人合作是在冒险。在大家的共同努力下,这批计算机如约交货,乔布斯和沃兹尼亚克赚了3 000美元。

尝到了甜头的他们,更坚定了对计算机研究的信心。为了研发出更好、更有魅力的产品,沃兹尼亚克很快又投入新一轮的研究中。不久,沃兹尼亚克的天才灵感再次爆发,Apple Ⅱ的研发工作很快完成了,这是世界上第一台完全由一个人独自设计的商品化计算机。

不得不承认,沃兹尼亚克是一个能够让苹果公司腾飞的天才,而乔布斯则是发现这一天才的伯乐。Apple Ⅱ创造了计算机历史上的多个第一,这些第一无不承载着乔布斯和沃兹尼亚克的野心:第一次有塑料外壳,第一次自带电源装置而无需风扇,第一次可玩彩色游戏,第一次内置扬声器接口,第一次装上游戏控制键,第一次具有高分辨率图形功能等。

从现在苹果的受众来看,当时乔布斯和沃兹尼亚克做的事情确实是伟大的,这是乔布斯和沃兹尼亚克始终对工作充满激情,并不断为此付出努力的结果。

第4章 物流仓储创新创业

4.1 认知仓储业务

仓储作业过程可归纳为订单处理作业、采购作业、入库作业、盘点作业、拣货作业、出货作业和配送作业7个环节。

4.1.1 订单处理作业

仓库的业务归根结底来源于客户的订单,它始于客户的询价、业务部门的报价,然后接收客户订单,业务部门了解库存状况、装卸能力、流通加工能力、包装能力和配送能力等,以满足客户需求。对于具有销售功能的仓库,核对客户的信用状况、未付款信息也是重要的内容之一。对于服务于连锁企业的物流中心,其业务部门也称为客户服务部。每日处理订单和与客户经常沟通是客户服务部的主要功能。

4.1.2 采购作业

采购作业环节一是将仓库的存货控制在一个可接受的水平,二是寻求订货批量、时间和价格的合理关系。采购信息来源于客户订单、历史销售数据和仓库存货量,所以仓库的采购活动不是独立的商品买卖活动。采购作业包括统计商品需求数量、查询供货厂商交易条件,然后根据所需数量及供货商提供的经济订购批量提出采购单。服务于连锁企业的物流中心,此项工作由存货控制部来完成。

4.1.3 入库作业

仓库发出采购订单或订单后,库房管理员即可根据采购单上预定入库日期进行作业安排,在商品入库当日,进行入库商品资料查核、商品检验,当质量或数量与订单不符时,应进行准确的记录,及时向采购部门反馈信息。库房管理员按库房规定的方式安排卸货、托盘码放和货品入位。对于同一张订单分次到货,或不能同时到达的商品要进行认真的记录,并将部分收货记录资料保存到规定的到货期限。

4.1.4 盘点作业

仓储盘点是仓库定期对在库货品实际数量与账面数量进行核查。通过盘点,掌握仓库真实的货品数量,为财务核算、存货控制提供依据。

4.1.5 拣货作业

根据客户订单的品种及数量进行商品的拣选,拣选可以按路线拣选也可以按单一订单拣选。拣选工作包括拣取作业、补充作业的货品移动安排和人员调度。

4.1.6 出货作业

出货作业是完成商品拣选及流通加工作业之后,送货之前的准备工作。出货作业包括准备送货文件、为客户打印出货单据、准备发票、制订出货调度计划、决定货品在车上的摆放方式、打印装车单等工作。

4.1.7 配送作业

配送作业包括送货路线规划、车辆调度、司机安排、与客户及时联系、商品在途的信息跟踪、意外情况处理及文件处理等工作。

4.2 仓储创新创业的业务流程

4.2.1 目的

确保物流畅通、安全、有序,降低库存积压,提高库存周转率,促使销售、生产、采购相协调,加速资金流通。

4.2.2 采购入库

采购物资到厂后,供应商将《送货单》交仓管员,由仓管员引导供方将物资存放在待检区。供应商《送货单》必须注明《物料订购单》单号及订购数量、送货数量等信息。

由仓管员和采购员在一个工作日内依《物料订购单》对检验物资进行验证。验证内容包括：物料名称、型号、规格、颜色、材质，产品包装、标识、数量等，数量按抽样比例进行量测，遵照孰少孰准原则按比例进行扣除。验证合格后在供应商《送货单》上填写实际入库数量并签收，同时开具《送检入库单》在2小时内通知检验人员进行检验。检验合格后由仓管员依照定置管理进行归位摆放，并进行标识，然后在《物料订购单》上注销订购数量，依据《送检入库单》及时填写《存货吊卡》和登记《存货计数账》；检验不合格需退的填报《验退单》办理退货手续。

入库数量与订购数量必须相吻合，严格执行入库数量上浮比率标准，超出部分填写《验退单》并通知采购人员予以退回供应商处理。如供应商确需寄存于仓库等待订单的，由仓管员在《厂商寄存物料登记簿》上登记，并将寄存物料按定置管理摆放，并做好标识；交货数量未达订购数量时，以补足为原则，但不能影响订单生产，有利于降低库存积压的由仓库主管复核，经资材部经理同意后，可免补交，短交如需补足时，仓管员应通知采购员联络供应商处理。

《送检入库单》须依据《物料订购单》《送货单》或发票载明供应商名称，订购单号，制造单号，产品型号，制造数量，物料名称、规格、颜色、材质、单位，订购数量，送检数量，入库数量，单价，金额，备注等，《送检入库单》经仓管员、检验员、仓库主管签字后将结算联、财务联连同《送货单》和发票交采购员。

验收中发现的问题，要及时通知仓库主管和采购员处理。

4.2.3　自制入库

①企业自制的半成品、产成品入库，须有品保部门出具的产品质量检验合格证明，并随同《半成品、成品入库单》由专人送交仓库，仓管员依据实收数量进行签收。

②《半成品、成品入库单》一式三联，一联由仓库作为登记实物账的依据，一联交生产车间作产量统计依据，一联交财务部作为成本核算和半成品、产成品核算的依据。生产部门领用生产性物料时，由领料经办人员依据《生产排程》《生产表》开立《限额领料单》经领料部门主管核签后，向仓库办理领料。超出限额部分由车间开立《超额领料单》，注明超领原因后呈领料部门主管、经理、仓库主管批示意见后向仓库办理领料。

③领用工具类材料时，领用保管人应填写《领料单》经部门主管复核，经理审核，总经理批准后连同《工具保管记录卡》到仓库办理领用保管手续。领用其他非生产性物资时，由领料部门填写《领料单》，预算内用料经部门主管签核后领料，预算外用料须写明用途后呈部门经理审核，总经理批准后方可领料。

④《领料单》一式三联，一联退回车间作为其物资消耗的考核依据，一联交财务部作成本核算依据，一联由仓库作为登记实物账的依据，《领料单》必须写明领用部门及用途，生产性物资领料单还须注明制造单号、产品型号、制造数量、领料日期及物料明细信息。生产性物资发料仓管员依据《生产表》及《生产排程》《限、超领料单》的发料日期进行备料，准确、及时地发料，并填写实发数量由领料车间点交签收。超额领料如有挪单或原料不足要及时通知

采购和相关部门。非生产性物料发料对照各领料部门用量预算执行,预算外按经总经理批准的《领料单》发料。

4.2.4 退料

①使用单位对领用的材料,在使用时遇有材料质量异常,用料变更或用余时,使用单位应注记于《退料单》内经部门主管与主管检验员确认签字后将物料整理、标识后方可连同料品交回仓库。

②对于使用单位退回的料品,仓库人员应依检验退回的原因,研判处理对策,如原因系供应商所造成者,应立即与采购人员协调供应商处理。

4.2.5 库存物资的报废

库存物资因变质、失效等问题而无使用价值的,由仓库主管填报《库存物资报废申请单》,经部门经理、品保部经理和总经理审批后转管理部处理。

4.2.6 成品出货

①成品出库依据业务部的《出货申请单》,经总经理批准后仓库方可办理出库手续,出库时仓管员要认真核对其数量、配色、批次,准确无误后并开出《出库单》,经部门经理批准才可放行。

②《出库单》一式三联,一联仓库作为登记实物账的依据,一联交财务作为结算货款依据,一联业务留存备查。

4.2.7 库存管理

①仓管员每天按照《入库单》《领料单》《退料单》《出库单》上所填写的产品型号,物料名称、数量在相应的账、卡上进行登记,做到日清月结,数字准确、完整,便于抽查库存。

②仓库员必须定期对库存原(物)料进行实物盘点,每月一小盘,每半年一大盘。

财务人员予以抽查或监盘,并由仓管员填制《盘点表》,一式三联,一联仓库留存,一联交财务部,一联交公司资材部主管,并将实物盘点数与《存货计数账》核对,如损耗或溢出应编制《盘盈、亏表》,经财务部门核实,说明盈、亏原因报资材部经理、总经理签署意见后方可作账务调整,以确保财务账、存货计数账、存货吊卡和实物相符合。

4.2.8 报表的填报

仓管员于每月8日前结算出本月物料进出的合计、本年累计与结存数量,并在30日前编制《原材料进出结存表》上报相关部门及人员(资材部经理及对应采购员、财务部、总经办)。

4.2.9 存档

仓管人员应对《物料订购单》《送检入库单》《验退单》《生产表》《生产排程》《限超领料

单》《领料单》《半成品、成品入库单》《出货申请单》《出库单》进行分类整理,按时间顺序装订成册并存档1年。

4.3 仓储出入库区域设计

4.3.1 设计原则

仓库内一般设有出库区、入库区、备货区、存储区、检配区和办公区等区域。企业要根据自身的材料搬运系统以及所需发展的地面计划,以为产品流程提供便利来对仓库布局进行规划和优化,方便产品的出入库操作。在对商品的搬运储存运作之时,要大量使用不同的包装容器如托盘纸箱来承装商品,并且要用到多种搬运工具如叉车、搬运车辆等,而这些包装容器是否对外流通,对外流通后是否收回,在各项搬运装卸作业中,需要用到多少各种包装容器,以及企业仓库如何对这些空包装容器和搬运工具进行保管和运用,如何对托盘装卸、堆栈方式进行规划,如何对仓库内使用的车辆进行作业分配,均需要仓库部门加以规划和管理。

在进行整体布局时,主要遵循以下几项原则。

①适应物流操作流程,有利于作业优化,能够实现一次性作业,减少搬运次数,缩短搬运距离,避免不必要的搬运环节。同时要保证各区域间的信息互通。

②单一的物流流向,避免迂回、交叉、逆向作业;强调唯一的物流入口与出口。

③最大限度地利用平面与空间,节省建设投资。

4.3.2 入库区域设计

设计入库区域时应根据图4-1所示的流程进行设计。

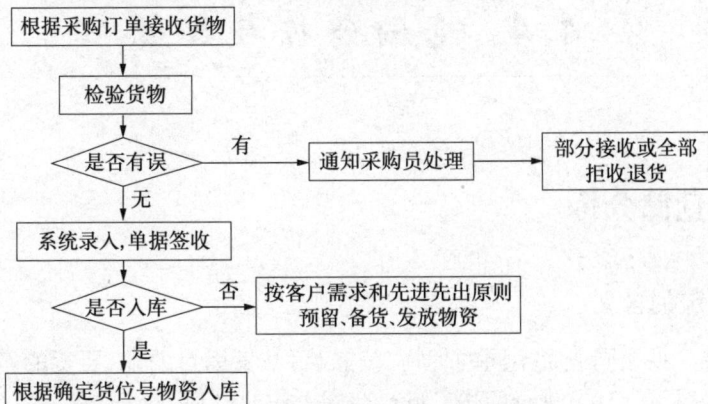

图4-1 仓储入库流程

4.3.3　出库区域设计

设计出库区域时应根据图4-2所示的流程进行设计。

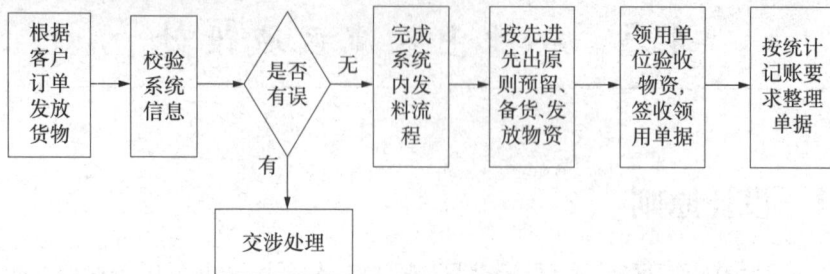

图4-2　仓储出库流程

4.3.4　仓储出入库平面布局

此外,针对出入库区域的设计,应当有收货区、收货缓冲区、拆包区、垃圾回收区、入库登记处、出库登记处、出货区、出货缓冲区等具体的业务区域。仓储出入库平面布局如图4-3所示。

图4-3　仓储出入库平面布局

4.4　仓储分拣与盘点

4.4.1　仓储分拣

1)分拣、分流的含义

分拣是指将一批相同或者不同的货物,按照品种、发运目的地、要货的客户等不同的要求,分别拣开,以供下一环节进行配送、发运、存储等作业过程。

分流是指货物根据不同的运作规则,在各分流点将不同的货物分拨到不同集货场所的作业过程。

2）分拣、分流的流程

分拣作业的流程包括 4 个环节：行走、拣取、搬运和分类。

分拣时应首先确认货物的品名、规格、数量等内容是否与分拣信息传递的指示一致。在拣货信息被确认后，拣取过程由人工或自动化设备完成。在出货频率不是很高且货物的体积小、批量少、搬运的重量在人力范围所及的情况下，可采用人工拣取方式；对体积大、重量也大的货物可以利用叉车等搬运机械辅助作业，对出货频率很高的货物应采用自动分拣系统。

分流则是分拣作业完成以后的下一环节，主要作业流程即为货物在传送带上传送的过程中，在分流点根据不同的作业指示，流向不同的传送带的过程。

3）分拣、分流的（控制）方法

（1）分拣作业方法

①按订单的组合可以分为按单拣选和批量拣选。按单拣选即按订单进行拣选，拣选完一个订单后，再拣选下一个订单。批量拣选是将数张订单加以合并，一次进行拣选，最后根据各个订单的要求再进行分货。

②按照拣选设备组合可以分为单独拣选和接力拣选。单独拣选即一台拣选设备（或人）持一张取货单在拣选区拣选货物，直至将取货单中内容完成为止。接力拣选（也称分区按单拣选）是将拣选区分为若干区，由若干机械（或人）分别操作，每个作业机械只负责本区货物的拣选，携带一张订单的拣选容器依次在各区巡回，各区作业者按订单的要求拣选本区段存放的货物，一个区域拣选完成后移至下一区段，直至将订单中所列货物全部拣选完成为止。

③按运动方式可以分为人至货前拣选和货至人前拣选。人至货前拣选是指拣选作业设备或人移动到货物存储区寻找并取出所需要的货物，如在自动立体存储系统中的整箱拣选，由堆垛机根据计算机控制系统发送的命令自动到指定库位将货物取出。

货至人前拣选是指将货物移动到拣选机旁，由拣选设备拣选出所需的货物放置在自动分拣线上，不同品种的产品通过输送系统移动到分拣机器人面前，根据条码阅读器阅读到的条码信息，得到相应的分拣作业指令，机器人便自动拣出货物。

（2）分流作业方法

这里所说的分流作业方法主要是指货物在分流点处分流的控制方法，本书主要介绍如下 4 种分流作业方法。

①按货物种类分流。将货物按类别进行编号，在不同的分流点设置不同的货物识别规则，当货物经过分流点时，分流点处的识别装置就会按照货物编号自动识别，然后通过导流装置将货物分流到不同的传送带上。

②按线上空缺分流。这种方法对货物不进行区分，在选择流向时只是根据输送线上的空缺情况进行选择不同的流向，即如果第一条传送带上的传送货物已满，则选择下一条传送带进行传输，以此类推。

③按时间间隔分流。这种方法不是对货物不进行区分,而是在分流点按照时间长度来设计的设置规则,即根据不同的时间间隔将货物流向不同的传送带。

④按货物数量分流。这种方法也是对货物不进行区分,在每个分流点设置规则时确定每个固定数量的货物流向相应的传送带。

4.4.2 仓储盘点

1)RFID 技术

RFID 是射频识别技术的英文"Radio Frequency Identification"的缩写,是自动识别技术的一种,其通过无线射频方式进行非接触双向数据通信,利用无线射频方式对记录媒体(电子标签或射频卡)进行读写,从而达到识别目标和数据交换的目的。射频识别技术被认为是21 世纪最具发展潜力的信息技术之一。

射频识别技术通过无线电波不接触快速信息交换和存储技术,以及通过无线通信结合数据访问技术,然后连接数据库系统,加以实现非接触式的双向通信,从而达到识别的目的,并用于数据交换,串联起一个极其复杂的系统。在识别系统中,通过电磁波实现电子标签的读写与通信。根据通信距离,可分为近场和远场,为此,读/写设备和电子标签之间的数据交换方式也对应地被分为负载调制和反向散射调制。

完整的 RFID 系统由阅读器、电子标签和数据管理系统 3 个部分组成。RFID 物流传输系统如图 4-4 所示。

图 4-4 RFID 物流传输系统

(1)阅读器

阅读器是将标签中的信息读出或将标签所需要存储的信息写入标签的装置。根据使用的结构和技术不同,阅读器可以是读/写装置,是 RFID 系统信息控制和处理中心。在 RFID 系统工作时,由阅读器在一个区域内发送射频能量形成电磁场,区域的大小取决于发射功率。在阅读器覆盖区域内的标签被触发,发送存储在其中的数据,或根据阅读器的指令修改存储在其中的数据,并能通过接口与计算机网络进行通信。阅读器的基本构成通常包括:收发天线、频率产生器、锁相环、调制电路、微处理器、存储器、解调电路和外设接口等组成。

①收发天线:发送射频信号给标签,并接收标签返回的响应信号及标签信息。

②频率产生器:产生系统的工作频率。

③锁相环:产生所需的载波信号。

④调制电路:把发送至标签的信号加载到载波并由射频电路送出。

⑤微处理器:产生要发往标签的信号,同时对标签返回的信号进行译码,并把译码所得的数据回传给应用程序,若是加密的系统还需要进行解密操作。

⑥存储器:存储用户程序和数据。

⑦解调电路:解调标签返回的信号,并交给微处理器处理。

⑧外设接口:与计算机进行通信。

（2）电子标签

电子标签由收发天线、AC/DC电路、解调电路、逻辑控制电路、存储器和调制电路等组成。

①收发天线:接收来自阅读器的信号,并把所要求的数据送回给阅读器。

②AC/DC电路:利用阅读器发射的电磁场能量,经稳压电路输出为其他电路提供稳定的电源。

③解调电路:从接收的信号中去除载波,解调出原信号。

④逻辑控制电路:对来自阅读器的信号进行译码,并依阅读器的要求回发信号。

⑤存储器:作为系统运作及存放识别数据的位置。

⑥调制电路:逻辑控制电路所送出的数据经调制电路后加载到天线送给阅读器。

（3）RFID数据管理系统

RFID数据管理系统在传统数据管理系统的基础上,以RFID自动入库记录的方式,取代传统人工录入的方式,大大节省了时间,降低了物流管理的出错率,并结合大数据系统,可精准记录货物的状态、位置以及相应的时间节点,使物流管理变得高效、快捷。

2）现代盘点

现代盘点以RFID电子标签为工具,其作用是对仓库的整合、归纳以及对库存的清点。就像账面库存与现货库存一样,盘点也分为账面盘点和现货盘点。

账面盘点又称为永续盘点,就是把每天入库及出库货品的数量及单价,记录在计算机或账簿上,而后不断地累计加总算出账面上的库存量及库存金额。现货盘点也称实地盘点或实盘,就是实际去清点、调查仓库内的库存数,再依货品单价计算出实际库存金额的方法。国内多数配送中心都已使用计算机来处理库存账务,当账面数与实存数发生差异时,有时很难断定是账面数有误还是实盘数有误。因此,可以采取"账面盘点"和"现货盘点"平行的方法,以查清误差出现的实际原因。

4.5 仓储创新：亚马逊空中配送中心供货系统

亚马逊设计了一个名为 Amazon Airship 的无人机"航母"。据了解，该"航母"距离地面 45 000 英尺（1 英尺＝0.304 8 米），比普通民航客机要飞得高。无人机"航母"能载的货物量很多，它能先载着大量的无人机和货物飞到送货地点附近，再放出无人机来完成最后一千米的运送。另外，为了让买家能够更方便地收货，亚马逊还设计了一款无人机投递台，轻松解决了快递投递问题。

根据亚马逊介绍：无人机降落时，他们可以在水平方向上导航到一个用户指定的交付地点。无人机"航母"可用于做仓库，补给无人机、燃料等，并配备小型降落伞让商品安全降落到地上，无人机并不需要着陆。

图 4-5 描述的是一个典型空中交付环境（100），包括一个巨型飞艇"空中履行中心"（AFC，102）、货品仓库（130）、无人机（UAV，112）以及多个无人机排列而成的蛋形阵列，还有一个小型补给飞艇（150）、用户（104）、提供用户界面的电子设备（106）如计算机、手机等和"远程计算资源"（110）。

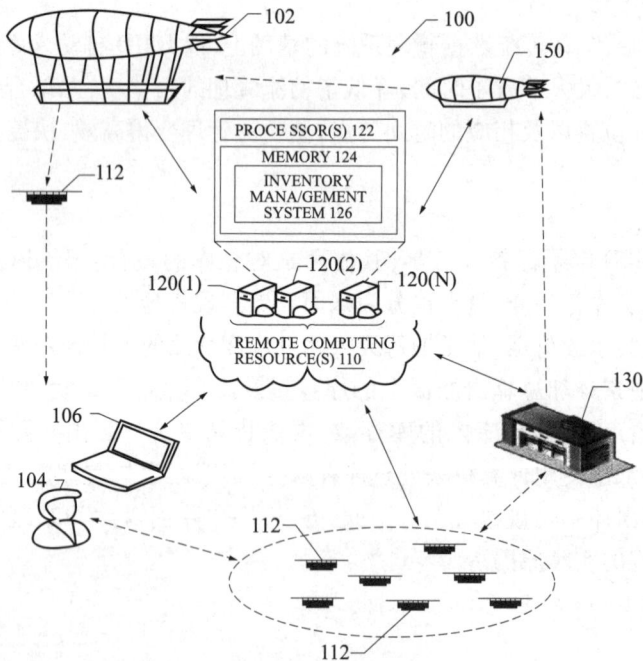

图 4-5 典型空中交付环境

无人航母的优点以及缺点如下。

（1）优点

①无人"航母"可根据需求来运动,响应及时,需求满足率高。

②耗能少,节约占地,节省资金。

③采用无人机配送,没有道路限制。

（2）缺点

①在政策上,根据美国政府的规定,民用无人机在白天飞行最大质量不可超过25千克,这也会大大影响使用无人机送货的效率。

②在安全性上,倘若无人机载着一些易燃物品、易爆物品、有毒物品,这艘无人机就是一个定时炸弹,要避免"航母"被落入不法分子手中。

4.6 案例分析:如何对多类型差异化的仓库进行科学评价?

（1）引言

中国对外贸易运输(集团)总公司(简称中国外运)是中国最具规模的合同物流业务公司之一,致力于打造中国第一、世界一流的合同物流平台企业。公司运营的仓储面积达400余万平方米,覆盖全国大部分区域及港澳地区,涉及的业务领域包括汽车产品、消费品、科技电子、医疗产品、工程物流等。中国外运为不同的行业服务,所以建设的仓库各不相同,不仅地理位置不同,仓库条件、仓库设施也不相同,与客户签订的条款、运作要求都不一样,目前已有的仓库 KPI 评价体系不能用来衡量所有的仓库,不能准确地评判某一仓库的真实运作水平,对仓库的管理造成一定的困难,如果不能及时改进现有的仓库评价指标体系,恐怕会影响公司在激烈的竞争市场中保持领先地位。中国外运合同物流业务领域见表4-1。

表4-1 中国外运合同物流业务领域

业务领域	核心服务
汽车产品	供应链设计、产前物流、全程供应链物流服务
消费品	仓储管理服务、运输管理服务,以新技术为支持的增值服务
科技电子	成品物流、备品备件物流、逆向物流、促销品物流空运代理、中间港物流、增值服务
医疗产品	供应链执行方案设计、产前/入场物流、场内生产物流、普通/特种运输 & 设备吊装就位、国际供应链物流
冷链物流	多元的进出口配套业务、先进的冷链仓储管理、广泛的全国物流运输、精准的区域城市配送

续表

业务领域	核心服务
化工物流	主要服务于精细化工行业客户,为客户提供供应链解决方案及物流服务,主要包括危险品及普通包装化工品的仓储、运输配送、国际货代和多式联运等
国际供应链（买方集运）	出口全程供应链定制、进口全程供应链定制、控制塔/供应链集成管理、离岸物流中心

（2）案例背景

中国外运在北京、沈阳、西安、成都、武汉、广州等地都设有仓库,仓库性质包括自建仓、外租仓、代管仓;仓库类型包括立体库、平库,仓库用途包括:常温库、冷库、危险品仓库等。目前仓库已有的 KPI 指标包括经营考核指标、运作指标、财务指标等,如日均使用面积、月堆存量、月操作量、仓储营业收入、项目仓库毛利等,综合考虑这些指标来对仓库进行评判。但是,因为仓库众多,不同行业客户对于仓库条件、设施、运作要求各不相同,很难找到一把尺子来衡量所有的仓库,如何才能改变这种现状? 仓库 KPI 指标权重到底应该怎么设置? 公司的领导徐总陷入了深深的困惑中。

（3）如何科学地评价多样的仓库?

徐总是一个行动力极强的人,心中既然有了想法就要付诸行动,他叫来助理小关,让他通知相关部门负责人到会议室开会。10 分钟后,所有人都赶到了会议室中。

徐总直截了当地说:"大家都清楚,随着公司业务的不断拓展,我们公司上千个仓库分布在不同的地方,服务不同的客户,对仓库的运营管理水平进行科学的考核评价,才能有的放矢地采取有效措施提升公司运营服务能力,切实做到提质增效。当然我们也做了一些尝试,但从效果来看并不理想,在评价过程中也出现很多的问题,比如,有的毛利水平高的仓库,是由于占有得天独厚的资源优势,在商务方面比较强势,但并不是经营、管理能力所带来的。所以今天召集大家开会就是想听听大家的意见,商讨一下未来仓库的 KPI 评价方案,希望大家畅所欲言。"

"我们公司呈现多元化的发展,涉足的领域很多,仓库也有一千多个,同一个项目不同城市的仓库也有所不同,更不用说不同项目、不同类型的仓库更是有所差异,这对仓库的管理来说增加了很多困难。而且我们既有自建仓,也有外租仓,又有代管仓,我们该如何对这一千多个仓库设计一套指标进行评估? 怎么客观、合理地评价仓库的运作水平? 有可能用一把尺子来衡量所有的仓库吗?"徐总对会议目的做出了阐述。

"要想用一把尺子来评估所有的仓库,需要从多维度、全视角出发。我们公司的业务涉及汽车产品、消费品、科技电子、化工等行业,种类较多,产品特性不同导致不同行业对于仓库作业的要求不同,操作难度不同。仓库类型有自建仓、外租仓、代管仓,导致仓库成本不同。除运作指标外,还要考虑经营考核指标,因为仓库中的所有活动都会产生经济影响,都会产生收入和成本,财务表现也是衡量仓库经营能力的重要方面。将这些维度综合考虑,需要建设的是一个多层级的指标,统一成一把尺子并非易事啊!"杨经理说道。

旁边的张经理提出了相同的看法:"用一把尺子来衡量所有的仓库确实是有难度的,这么多的仓库很难找到一个平衡点,很难用一套标准对它们进行评估,这更多的是一个逐步优化、逐步反馈的过程,我们可以根据阶段性目标来设计指标及权重,反复试验、反复修改,逐步优化,或者是根据货物种类或仓库的类型分为几个大类来设计仓库的KPI,可能难度小一点,也更符合实际。"

"这是一个很好的提议,按阶段性的目标来设计,但我们还是希望最理想的用一套KPI来评估所有仓库。我们在这个行业从事了很多年,我也咨询过这方面的专家,设计KPI指标并不难,现在问题的关键是指标权重如何设置,以此来评估仓库是否处于一个好的运作水平之中,因为权重设置不恰当,对仓库的评估会产生很大的影响。"沉默后的刘经理分析道,"仓库并不像硬币只有两面性,评估仓库是多维度的,那么怎么评判一个仓库是好还是不好呢?"

徐总解释道:"评判一个仓库好与不好,可以根据指标权重相加得到的平均值来评估,根据仓库类型的不同,评判标准也有差异,例如,对于A仓库来说,平均分为80分即认定为一个好的仓库,而对于B仓库来说,平均分为90分可能才能认为它是一个好的仓库,不能一概而论,所以,就像刘经理所说的,指标权重的设置很重要。"

"其实,我们设计这些指标,设置权重最根本的目的我认为是一个对标问题,综合考虑多种因素,设计仓库KPI体系来评估仓库,最终是否能够提高单位面积堆存能力、项目仓储毛利率、单位面积营业收入,是否加快了库存周转率,人均创利是否增加。从目前情况来看,我们改进的KPI体系也取得了一定的成果。"

"在沈阳、西安、成都、武汉、广州这些地方的库存准确率(盘点无差异箱数/盘点总箱数)基本达到100%,库存的残损率(当月仓库中产生的破损箱数/当月平均库存箱数)小于0.015%,达到了预期目标,而且大部分地区的客户投诉都为0,这些都是一个好现象。那么我们用一把尺子来衡量所有的仓库,设计的KPI方案最终能否达到这样一个效果,我们希望的不仅是建设仓库所在的单个城市达到预期目标,而且在华东、华南、华北、华中、东北这些区域也能整体达到预期目标,增加收入,提高整体库存利用率。"徐总补充道。

经过一番激烈的讨论后,徐总突然点到助理小关,询问他对此事的看法。小关也知道这次会议的重要性,讨论的问题公司领导都很重视。

"听了您和各位经理的讨论,我认为用一把尺子来衡量一千多个仓库确实有难度,但是我们可以尝试一下,可以通过一个方法或者把一些指标经过硬性弹性相结合得到一套评价体系。我还有一个小小的建议,我们目前的绩效考核并没有考虑本身的仓库类型,比如立体库、恒温库等,仓库的类型也会影响指标权重,也是统一管理仓库的一大难点,我们是不是可以考虑进去。"小关从容地说道。

徐总听了非常满意:"小关说的正合我意,我们可以尝试着去做一下,不行动永远不会有结果。关于他说的仓库类型的问题,也是值得考虑的,因为随着公司的发展,市场环境的不断变化,这是迟早要考虑的问题,如果可以借这个机会主动改进,将这个因素考虑进去,对公司发展也大有好处。"

（4）尾声

虽然这次会议抛下了一个难题,但是会议的内容对解决公司目前的困境,仓库的管理都有一定的帮助。虽然是否可以用一把尺子来衡量所有的仓库还没有成熟方案,但是到底要怎么做才能解决会议中所提到的问题,拿出一个对仓库合理的、客观的评价方案,对此,每个人都陷入了深思中。

第5章 物流中心创新创业

5.1 认知物流中心

5.1.1 物流中心的概述

物流中心是指以大、中城市为依托,有一定规模的,经营商品储存、运输、包装、加工、装卸、搬运的场所。一般配有先进的物流管理信息系统,其主要功能是促使商品更快、更经济地流动。

物流中心是物流网络的节点,具有物流网络节点的系列功能,对物流中心的理解可以归纳为以下几种表述。

①物流中心是从国民经济系统要求出发,所建立的以城市为依托、开放型的物品储存、运输、包装、装卸等综合性的物流业务基础设施。这种物流中心通常由集团化组织经营,一般称为社会物流中心。

②物流中心是为了实现物流系统化、效率化,在社会物流中心下所设置的货物配送中心。这种物流中心从供应者手中受理大量的多种类型货物,进行分类、包装、保管、流通加工、信息处理,并按众多用户要求完成配货、送货等作业。

③物流中心是组织、衔接、调节、管理物流活动的较大的物流据点。由于物流据点的种类很多,但大都可以看作是以仓库为基础,在各物流环节方面提供延伸服务的依托。为了与传统的静态管理的仓库概念相区别,将涉及物流动态管理的新型物流据点称为物流中心。这种含义下的物流中心数目较多、分布也较广。

④物流中心是以交通运输枢纽为依托建立起来的经营社会物流业务的货物集散场所。由于货运枢纽是一些货运站场构成的联网运作体系,实际上也是构成社会物流网络的节点,它们具有实现订货、咨询、取货、包装、仓储、装卸、中转、配载、送货等物流服务的基础设施、移动设备、通信设备、控制设备,以及相应的组织结构和经营方式时,就具备成为物流中心的条件。这类物流中心也是构筑区域物流系统的重要组成部分。

⑤国际物流中心是指以国际货运枢纽(如国际港口)为依托建立起来的经营开放型的物品储存、包装、装卸、运输等物流作业活动的大型集散场所。国际物流中心必须做到物流、商流、信息流的有机统一。当代电子信息技术的迅速发展,能够对国际物流中心的"三流"有机统一提供重要的技术支持,这样可以大大减少文件数量及文件处理成本,提高"三流"效率。

5.1.2 物流中心的分类

典型的物流中心主要有以下几类。

(1)集货中心

集货中心是将分散生产的零件、生产品、物品集中成大批量货物的物流据点。集货中心通常多分布在小企业群、农业区、果业区、牧业区等地域。集货中心的主要功能是:
①集中货物,将分散的产品、物品集中成批量货物。
②初级加工,进行分拣、分级、除杂、剪裁、冷藏、冷冻等作业。
③运输包装,包装适应大批量、高速度、高效率、低成本的运输要求。
④集装作业,采用托盘、集装箱等进行货物集装作业,提高物流过程的连贯性。
⑤货物仓储,进行季节性存储保管作业等。

(2)送货中心

送货中心的主要功能是:
①分装货物,大包装货物换装成小包装货物。
②分送货物,送货至零售商、用户。
③货物仓储等。

(3)转运中心

转运中心多分布在综合运网的节点处、枢纽站等地域。转运中心的主要功能是:
①货物中转,不同运输设备间货物装卸中转。
②货物集散与配载,集零为整、化整为零,针对不同目的进行配载作业。
③货物仓储及其他服务等。

(4)加工中心

加工中心是将运抵的货物经过流通加工后运送到用户或使用地点。加工中心侧重于对原料、材料、产品等的流通加工,配有专用设备和生产设施。

(5)配送中心

配送中心是将取货、集货、仓库、装卸、分货、配货、加工、信息服务、送货等多种服务功能融为一体的物流据点,也称为城市集配中心。配送中心是物流功能较为完善的一类物流中心,应分布于城市边缘且交通方便的地带。

（6）物资中心

物资中心是依托于各类物资、商品交易市场，进行集货、储存、包装、装卸、配货、送货、信息咨询、货运代理等服务的物资商品集散场所，如一些集团企业的物流中心，就是依托于各类物资交易市场而形成的。

5.2　物流中心设施设备

5.2.1　装卸搬运设备

装卸搬运设备是指用来搬移、升降、装卸和短距离输送物料或货物的机械。装卸搬运设备是实现装卸搬运作业机械化的基础，是物流设备中重要的机械设备。叉车（图 5-1）是装卸搬运最常见的装卸搬运设备。叉车不仅可用于完成船舶与车辆货物的装卸，还可用于完成库场货物的堆码、拆垛、运输以及舱内、车内、库内货物的起重输送和搬运。

图 5-1　叉车

智能叉车结合条码技术、无线局域网技术和数据采集技术，形成现场作业系统；将企业管理系统延伸到作业人员的手掌中或叉车上，使其工作更方便、系统更智能；将无线车载终端装备到叉车上，由信息引导作业，这就是智能叉车的概念。车载终端系统工作示意图如图5-2 所示。

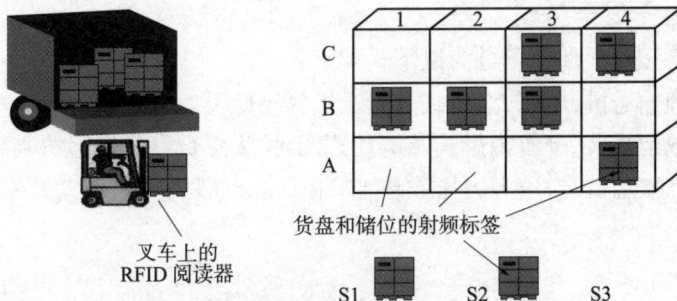

货盘和储位的射频标签

叉车上的
RFID 阅读器

图 5-2　车载终端系统工作示意图

装卸搬运设备为了顺利完成装卸搬运任务,必须适应装卸搬运作业要求。装卸搬运作业要求装卸搬运设备结构简单牢固,作业稳定,造价低廉,易于维修保养,操作灵活方便,安全可靠,能最大程度地发挥其工作能力。装卸搬运的机械性能和作业效率对整个物流系统的作业效率影响很大,其主要工作特点如下:

①适应性强。由于装卸搬运作业受货物品种、作业时间、作业环境等因素的影响较大,而装卸搬运活动又各具特点,因此,这就要求装卸搬运设备具有较强的适应性,能够在各种环境下正常工作。

②工作能力强。装卸搬运设备起重能力大,起重范围广,生产作业效率高,具有很强的装卸搬运作业能力。

③机动性较差。大部分装卸搬运设备都在设施内完成装卸搬运任务,只有个别装卸搬运设备可在设施外作业。

装卸搬运设备的分类:

①按作业性质分类。装卸搬运设备按装卸及搬运两种作业性质不同可分成装卸机械、搬运机械及装卸搬运机械三类。

在这个领域中,有些机械功能比较单一,只满足装卸或搬运这一个功能,这种单一作业功能的机械有很大优点,即机械结构较简单,多余功能较少,专业化作业能力强,因此作业效率高,作业成本较低,但使用上受局限。有时候,从这种机械的单独操作来看效率确实很高,但由于其功能单一,作业前后需要很烦琐的衔接,会降低大系统的效率。单一装卸功能的机械种类不多,手动葫芦最为典型,固定式吊车如卡车吊、悬臂吊等虽然也有一定的移动半径,也有一些搬运效果,但基本上还是被看成单一功能的装卸机具。单一功能的搬运机具种类较多,如各种搬运车、手推车及各种输送机等。在物流领域很注重装卸、搬运两功能兼具的机具,这种机具可将两种作业操作合二为一,因而有较好的系统效果。属于这类机具的最主要的是叉车、港口中用的跨运车、车站用的龙门吊以及气力装卸输送设备等。

②按机具工作原理分类。装卸搬运设备按装卸搬运机具的工作原理可将其分为叉车类、吊车类、输送机类、作业车类和管道输送设备类。

a.叉车类,包括各种通用和专用叉车。

b.吊车类,包括门式、桥式、履带式、汽车式、岸壁式、巷道式等。

c.输送机类,包括辊式、轮式、皮带式、链式、悬挂式等。

d.作业车类,包括手车、手推车、搬运车、无人搬运车、台车等。

e.管道输送设备类,包括液体、粉体的装卸搬运一体化的由泵、管道为主体的一类设备。

③按有无动力分类。

装卸搬运设备按有无动力可分为以下3类。

a.重力式装卸输送机,辊式、滚轮式等输送机属于此类。

b.动式装卸搬运机具,又有内燃式及电动式两种,大多数装卸搬运机具属于此类。

c.人力式装卸搬运机具,用人力操作作业,主要是小型机具和手动叉车、手车、手推车、手动升降平台等。

5.2.2　自动分拣机

自动分拣机一般由机械输送部分、电器自动控制部分和计算机信息系统联网组合而成。它可以根据用户的要求、场地情况，对货物按用户、地名、品名进行自动分拣、装箱、封箱的连续作业。机械输送部分根据输送物品的形态、体积、重量而设计定制。自动分拣机是工厂自动化立体仓库及物流配送中心对货物进行分类、整理的关键设备之一，通过应用分拣系统可实现准确、快捷地工作。

自动分拣机按照其分拣机构的结构分为不同的类型，常见的主要类型有下列几种。

(1) 挡板式分拣机

挡板式分拣机是利用一个挡板（挡杆）挡住在输送机上向前移动的商品，将商品引导到一侧的滑道排出。挡板的另一种形式是挡板一端作为支点，可旋转。挡板动作时，像一堵墙似的挡住商品向前移动，利用输送机对商品的摩擦力，使商品沿着挡板表面移动，从主输送机上排出至滑道。平时挡板处于主输送机一侧，可让商品继续前移。如挡板作横向移动或旋转，则商品就排向滑道，如图 5-3 所示。

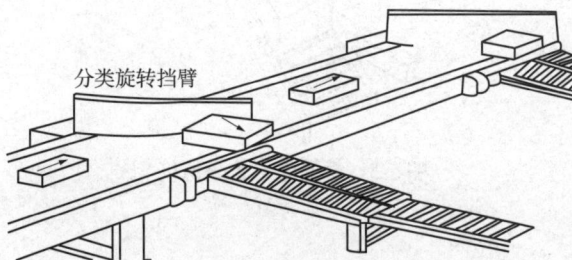

分类旋转挡臂

图 5-3　挡板式分拣机

挡板一般是安装在输送机的两侧，和输送机上平面不相接触，即使在操作时也只接触商品而不触及输送机的输送表面，因此它对大多数形式的输送机都适用。就挡板本身而言，也有不同形式，如有直线形、曲线形，也有的在挡板工作面上装有滚筒或光滑的塑料材料，以减少摩擦阻力。

(2) 浮出式分拣机

浮出式分拣机是把商品从主输送机上托起，从而将商品引导出主输送机的一种结构形式。从引离主输送机的方向看，一种是引出方向与主输送机构成直角；另一种是成一定夹角（通常是 30°~45°）。一般是前者比后者生产率低，且对商品容易产生较大的冲击力。

浮出式分拣机大致有以下几种形式。

①胶带浮出式分拣机，如图 5-4 所示。这种分拣结构用于辊筒式主输送机上，将有动力驱动的两条或多条胶带或单个链条横向安装在主输送辊筒之间的下方。当分拣机结构接受指令启动时，胶带或链条向上提升，接触商品底部把商品托起，并将其向主输送机一侧移出。

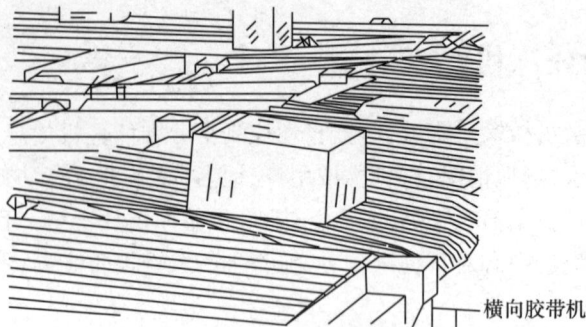

图 5-4 胶带浮出式分拣机

②辊筒浮出式分拣机,如图 5-5 所示。这种分拣机构用于辊筒式或链条式的主输送机上,将一个或数十个有动力的斜向辊筒安装在主输送机表面下方,分拣机构启动时,斜向辊筒向上浮起,接触商品底部,将商品斜向移出主输送机。

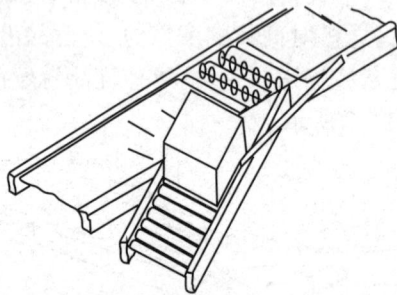

图 5-5 辊筒浮出式分拣机

(3)倾斜式分拣机

①条板倾斜式分拣机,如图 5-6 所示。这是一种特殊型的条板输送机,商品装载在输送机的条板上,当商品输送到需要分拣的位置时,条板的一端自动升起,使条板倾斜,从而将商品移离主输送机。商品占用的条板数随不同商品的长度而定,经占用的条板数如同一个单元,同时倾斜,因此,这种分拣机对商品的长度在一定范围内不受限制。

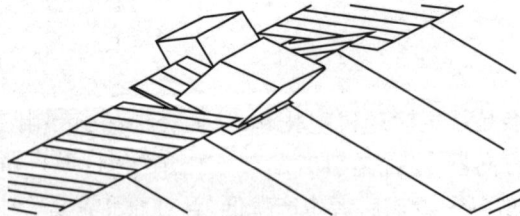

图 5-6 条板倾斜式分拣机

②翻盘式分拣机,如图 5-7 所示。这种分拣机由一系列的盘子组成,盘子为铰接式结构,向左或向右倾斜。装载商品的盘子上行到一定位置时,盘子倾斜,将商品翻到旁边的滑道中,为减轻商品倾倒时的冲击力,有的分拣机能控制商品以抛物线形状来倾倒出商品。这种分拣机对分拣商品的形状和大小没有限制,但以不超出盘子为限。对于长形商品可以跨

越两只盘子放置,倾倒时两只盘子同时倾斜。这种分拣功能常见于交叉带分拣输送系统。

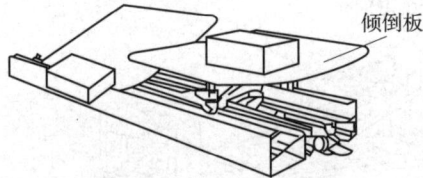

图 5-7　翻盘式分拣机

（4）滑块式分拣机

滑块式分拣机如图 5-8 所示,它也是一种特殊形式的条板输送机。输送机的表面由金属条板或管子构成,如竹席状,而在每个条板或管子上有一枚用硬质材料制成的导向滑块,能沿条板作横向滑动。平时滑块停在输送机的侧边,滑块的下部有销子与条板下导向杆连接,通过计算机控制,当被分拣的货物到达指定道口时,控制器使滑块有序地自动向输送机的对面一侧滑动,把货物推入分拣道口,商品就被引出主输送机。这种方式是将商品从侧向逐渐推出,并不冲击商品,故商品不容易损伤,它对分拣商品的形状和大小适用范围较广,是目前一种新型的高速分拣机。

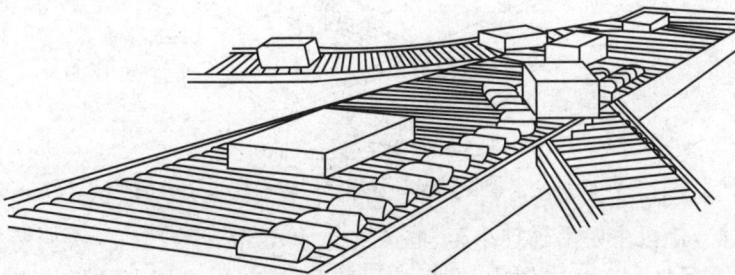

图 5-8　滑块式分拣机

（5）托盘式分拣机

托盘式分拣机是一种应用十分广泛的机型,主要由托盘小车、驱动装置、牵引装置等组成。其中托盘小车形式多种多样,有平托盘小车、U 形托盘小车、交叉带式托盘小车等。

传统的平托盘小车利用盘面倾翻、重力卸载货物的简单结构,但存在上货位置不稳、卸货时间过长的缺点,从而造成高速分拣时不稳定以及格口宽度尺寸过大。

交叉带式托盘小车的特点是取消了传统的盘面倾翻,利用重力卸落货物的结构,而在车体下设置了一条可以双向运转的短传送带（又称交叉带）,用它来承接上货机,并由牵引链牵引运行到格口,再由交叉带运送,将货物强制卸落到左侧或右侧的格口中。交叉带式托盘分拣机如图 5-9 所示。

（6）悬挂式分拣机

悬挂式分拣机是用牵引链（或钢丝绳）作牵引的分拣设备,按照有无支线,它可分为固定悬挂和推式悬挂两种机型。前者用于分拣、输送货物,它只有主输送线路、吊具和牵引链是连接在一起的,后者除主输送线路外还具备储存支线,并有分拣、储存、输送货物等多种功能。固定悬挂式分拣机如图5-10所示。

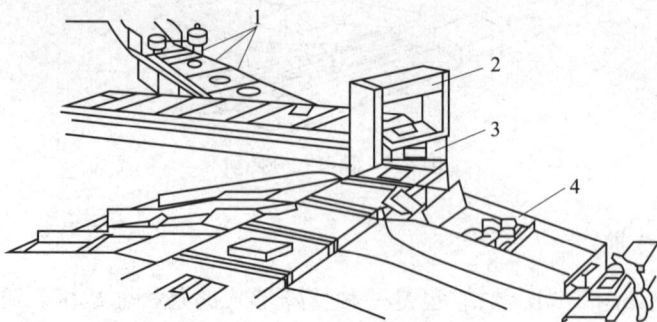

图5-9   交叉带式托盘分拣机

1—上货机;2—激光扫描器;3—带式托盘小车;4—格口

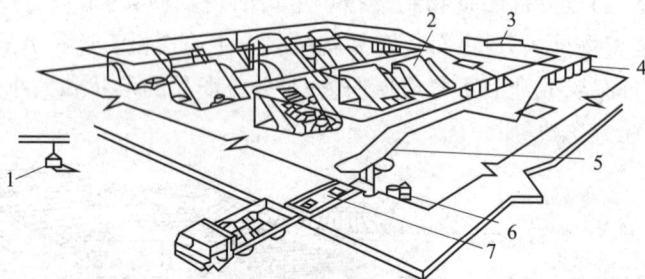

图5-10   固定悬挂分拣机

1—吊挂小车;2—格口;3—张紧装置;4—货物;5—输送轨道;6—编码装置;7—传送带

①固定悬挂分拣机主要由吊挂小车、输送轨道、传送带、张紧装置、编码装置等组成。分拣时,货物吊夹在吊挂小车的夹钳中,通过编码装置控制,由夹钳释放机构将货物卸落到指定的搬运小车或分拣滑道上。

②推式悬挂分拣机具有线路布置灵活、允许线路爬升等优点,较普遍用于货物分拣和储存业务。

③悬挂式分拣机具有悬挂在空中,利用空间进行作业的特点,它适合分拣箱类、袋类货物,对包装物形状要求不高,分拣货物质量大,一般可达100千克以上,但需要专用场地。

(7) 滚柱式分拣机

滚柱式分拣机是用于对货物输送、存储与分路的分拣设备,按处理货物流程需要,可以布置成水平形式,也可以和提升机联合使用构成立体仓库。滚柱式分拣机的局部如图5-11所示。

滚柱式分拣机的滚柱机的每组滚柱都具有独立的动力,可以根据货物的存放和分路要求,由计算机控制各组滚柱的转动或停止。货物输送过程中在需要存放、分路的位置均设置光电传感器进行检测。当货物输送到需分路的位置时,光电传感器给出检测信号,由计算机控制货物下面的那组滚柱停止转动,并控制推进器开始动作,将货物推入相应支路,实现货物的分拣工作。

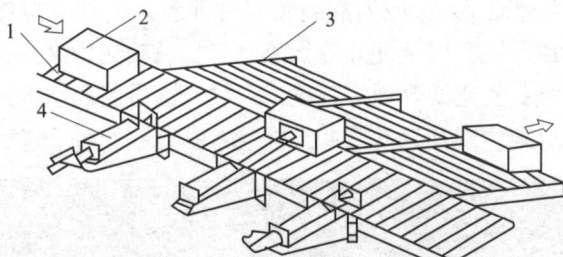

图 5-11　滚柱式分拣机的局部

1—滚柱机；2—货物；3—支线滚柱机；4—推送器

滚柱式分拣机一般适用于包装良好、底面平整的箱装货物，其分拣能力高但结构较复杂，价格较高。

5.2.3　RGV 机器人

RGV 是有轨制导车辆（Rail Guided Vehicle）的英文缩写，又叫有轨穿梭小车。RGV 机器人如图 5-12 所示。RGV 小车可用于各类高密度储存方式的仓库，小车通道可设计任意长，可提高整个仓库的储存量，并且在操作时无须叉车驶入巷道，安全性会更高。

RGV 在物流系统中应用比较广泛，其特点是速度快、可靠性高、成本低，作为仓储的周边设备可以十分方便地与其他物流系统实现自动对接，如出/入库站台、各种缓冲站、输送机、升降机和机器人等，按照计划进行物料的输送。另外，它无须人员操作，运行速度快，因此显著降低了仓储成本，提高了劳动生产率，同时穿梭车的应用可使物流系统变得非常简洁。

图 5-12　RGV 机器人

5.2.4　AGV 机器人

无人搬运车（Automated Guided Vehicle，AGV），指装备有电磁或光学等自动导引装置，能够沿规定的导引路径行驶，具有安全保护以及各种移载功能的运输车，工业应用中不需驾驶员的搬运车，以可充电的蓄电池为其动力来源。AGV 机器人如图 5-13 所示。AGV 机器人一般可通过电脑来控制其行进路线以及行为，或利用电磁轨道来设立其行进路线，电磁轨道粘贴于地板上，无人搬运车则依循电磁轨道所带来的信息进行移动与动作。

AGV 以轮式移动为特征,较之步行、爬行或其他非轮式的移动机器人具有行动快捷、工作效率高、结构简单、可控性强、安全性好等优势。与物料输送中常用的其他设备相比,AGV的活动区域无须铺设轨道、支座架等固定装置,不受场地、道路和空间的限制。因此,在自动化物流系统中,最能充分地体现其自动性和柔性,实现高效、经济、灵活的无人化生产。

图 5-13　AGV 机器人

5.2.5　电子标签拣货系统

电子标签拣货系统是一组安装在货架储位上的电子设备,通过计算机的控制,借由灯号与数字显示作为辅助工具,引导拣货工人正确、快速、轻松地完成拣货工作。电子标签拣货系统通常使用在现代物流中心的货物分拣环节,具有拣货速度快、效率高、差错率低、无纸化、标准化的作业特点。电子标签拣货系统作为一种先进的作业手段,与仓储管理系统(WMS)或其他物流管理系统配合使用效率更高。

使用电子标签拣货系统为辅助拣货工具时有以下两种不同拣货模式。

①摘取式拣货。摘取式拣货主要应用在采取订单拣货的场合,依照灯号和数字的显示,能快速、简单地引导拣货人员找到正确的储位。原则上一个电子标签对应一个储位品项。此外,该灯号除了能引导拣货人员到达正确的位置,还可以显示出拣货的确切数目,当拣货完成后也要求按下确认键确认。

②播种式拣货。播种式拣货通常应用于处理批次拣货的场合,它的功用正好和摘取式拣货相反。一个电子标签对应一个门店或者一张订单,当订单的商品被批次汇总到储存区时,就用播种式拣货。拣货人员将批次汇总后的商品,经由扫描仪读取商品信息,相应的电子标签会显示数量,拣货人员拿取相同数量的商品并分配到标签对应的储位上,然后熄灭标签,完成拣货。

5.2.6　流水线

(1)流水线输送

①按机械化程度流水线分为手工流水线、机械化流水线和自动流水线。

②按产品的轮换方式流水线分为可变流水线、成组流水线和混合流水线。

可变流水线:集中轮番生产固定在流水线上的几个对象,当某一制品的批量制造任务完成后,相应地调整设备和工艺装备,然后再开始另一种制品的生产。

成组流水线:固定在流水线上的几种制品不是成批轮番地生产,而是在一定时间内同时或顺序地进行生产,在变换品种时基本上不需要重新调整设备和工艺装备。

混合流水线:在流水线上同时生产多个品种,各品种均匀混合流送,组织相间性的投产,一般多用于装配阶段。

(2)单品种流水线和多品种流水线

单品种流水线又称不变流水线,是指在流水线上只固定生产一种制品。要求制品的数量足够大,以保证流水线上的设备有足够的负荷。

多品种流水线是将结构、工艺相似的两种以上制品,统一组织到一条流水线上生产。

(3)连续流水线和间断流水线

连续流水线:制品从投入到产出在工序间是连续进行的没有等待和间断时间。

间断流水线:由于各道工序的劳动量不等或不成整数倍关系,生产对象在工序间会出现等待停歇现象,生产过程是不完全连续的。

(4)固定流水线和移动流水线

固定流水线:生产对象位置固定,生产工人携带工具沿着顺序排列的生产对象移动,主要用于不便运输的大型制品的生产,如重型机械的装配等。

移动流水线:生产对象移动,工人、设备及工具位置固定的流水线。这是常用的流水线的组织方式。

(5)强制节拍流水线、自由节拍流水线和粗略节拍流水线

强制节拍流水线:要求准确地按节拍生产制品。

自由节拍流水线:不严格要求按节拍生产制品,但要求工作地在规定的时间间隔内的生产率应符合节拍要求。

粗略节拍流水线:各个工序的加工时间与节拍相差很大,为充分利用人力、物力,只要求流水线每经过一个合理的时间间隔,生产等量的制品,而每道工序并不按节拍进行生产。

5.3　运输配载

5.3.1　传统配载

配载是指为具体的运班选配货载,即承运人根据货物托运人提出的托运计划,对所属运输工具的具体运班确定应装运的货物品种、数量及体积。配载的结果是编制运班装货清单。

运班装货清单通常包括卸货港站、装货单号、货名、件数、包装、重量、体积及积载因数等,还要注明特殊货物的装载要求。

对于无论哪种运输工具来说其载货量都是一定的,不是无限的。因此,对一个有限的运输工具,如何装载,如何使其能够最大限度达到其限定的载质量,又能充分利用其体积容量是物流活动中既能提高运输工具的利用率,同时又能提高经济效益的一个关键环节。

传统配载工作示意图,如图 5-14 所示。

图 5-14 传统配载工作示意图

5.3.2 配载的原则

配载时应注意以下几点原则。

①根据运输工具的内径尺寸,计算出最大容积量。

②测量所载货物的尺寸、重量,结合运输工具的尺寸,初步算出装载轻重货物的比例。

③装车时注意货物摆放顺序、堆码时的方向,是横摆还是竖放,要最大限度地利用车厢的空间。

④配载时不仅要考虑最大限度地利用车载量,还要具体情况具体分析,根据货物的价值来进行搭配。

⑤以单位运输工具能获取最大利润为配载的总原则。

5.4 物流配送

5.4.1 相关知识

现代的物流配送都采用集中—分散模式体系结构。如果各节点定位一级物流配送的话,连接各节点的且只有一个连接点的物流配送点称为二级物流配送站点。

物流配送中心选址是指在一个具有若干需求网点的经济区域内,选一个地址设置物流配送中心的规划过程。较佳的物流配送中心选址方案是使商品通过物流配送中心的汇集、中转、分发,直至输送到需求网点的全过程的效益最好。

月台也称为进出货站台,是指与仓库相连的线路或进入仓库内部的线路,以及线路与仓库的连接点。月台是物流园区货物的入口,也是货物的出口,是进出货的必经之地。

月台的基本作用是装卸货物、进出库货物暂存、车辆停靠,同时,也是实现网络中线与节点的衔接转换。它设置的基本目的是使货物装卸作业高效、有序、省力。月台设施既是园区库房运行的基本保证条件,又是库房高效运作不可忽视的场所。

5.4.2 无人车配送

如今,快递到门、送餐到门渐成趋势,由线上调度、线下交付到用户手里的末端配送体系正在迅速构建。公开数据显示,仅外卖配送市场,每天就可达到 4 000 万单的水平,并且整个即时配送市场依然处于高速增长阶段。

新兴的末端配送市场的到来,线下配送依然是人力密集的环节。随着人力成本的飙升与业务量的增长,末端配送领域正在酝酿低速无人驾驶配送小车参与配送的历程。美团无人配送开放平台的配送车已经在北京朝阳大悦城完成了 B 端测试运营,以及深圳联想大厦的 C 端试运营。BATJ 都在不同层面参与无人配送车的商业化落地。据麦肯锡预测,未来 10 年,80% 的包裹交付都将自动进行配送。

人口红利的消失,无人车配送已成为各大互联网电商平台和初创科技企业解决末端配送问题的新方向。如京东无人车配送可以实现针对城市环境下办公楼、小区便利店等订单集中场所进行批量送货,将大幅提升京东的配送效率。

5.4.3 无人机配送

无人机配送,即是通过利用无线电遥控设备和自备的程序控制装置操纵无人驾驶的低空飞行器运载包裹,自动送达目的地,其优点主要是解决偏远地区的配送问题,提高配送效率,同时减少人力成本。缺点主要是恶劣天气下无人机会送货无力,在飞行过程中,无法避免人为破坏等。

自动化无人机快递系统利用无人机替代人工投送快递,旨在实现快递投送的自动化、无人化、信息化,提升快递的投递效率和服务质量,以便缓解快递需求与快递服务能力之间的矛盾。本系统的实现能有效应对订单量的巨额增长,消除快递"爆仓"的危险,提升快递行业的服务质量,降低快件的延误率、损毁率、丢失率,以及快递投诉率,还能降低运营成本、仓库成本、人力成本等,提升行业竞争力,使快递的投送更加安全、可靠、快捷。

5.5 案例:物流枢纽

1)引言

物流枢纽是集中实现货物集散、存储、分拨、转运等多种功能的物流设施群和物流活动组织中心。国家物流枢纽是物流体系的核心基础设施,是辐射区域更广、集聚效应更强、服务功能更优、运行效率更高的综合性物流枢纽,在全国物流网络中发挥关键节点、重要平台和骨干枢纽的作用。2018年12月24日,国家发展和改革委员会、交通运输部发布关于印发《国家物流枢纽布局和建设规划》的通知(发改经贸〔2018〕1886号)(以下简称《规划》)。《规划》指出,要加强宏观层面的系统布局,依据区域经济总量、产业空间布局、基础设施联通度和人口分布等,统筹考虑国家重大战略实施、区域经济发展、产业结构优化升级等需要,结合"十纵十横"交通运输通道和国内物流大通道基本格局,选择127个具备一定基础条件的城市作为国家物流枢纽承载城市,规划建设212个国家物流枢纽,包括41个陆港型、30个港口型、23个空港型、47个生产服务型、55个商贸服务型和16个陆上边境口岸型国家物流枢纽。

中国外运积极响应国家号召,整合优化物流枢纽资源,提高物流组织效率,以建立适应于国内国际双循环的物流网络体系为目标,推进物流业高质量发展。

这样,对中外运物流西北有限公司(以下简称"西北公司")考察之后刚刚落地的杨部长,感触颇多,边走边对身边的李经理说:"通知部门人员开会,向大家汇报一下我们此行的收获,西北公司在物流枢纽建设方面做得是相当好,让我对《规划》有了新的感悟啊!"夏季的天气,雷雨不断,轰隆隆的雷声预示着一场大雨的到来。一场明确国内物流枢纽布局的内部会议也在同步准备着,如何结合枢纽点的功能定位,分析中国外运的具体业务市场,形成与国家枢纽布局相适应的国内战略布局方案,这是优化当前国内物流枢纽布局的关键。

2)案例背景

中外运物流有限公司(以下简称"外运物流")是中国外运股份有限公司专业物流板块的主要承担者,融合了招商局物流集团有限公司、中国外运物流发展有限公司、中外运久凌储运有限公司三家公司的优势资源,是中国最具规模的合同物流业务公司之一。外运物流秉承"成就客户,创造价值"的经营理念,致力于打造中国第一、世界一流的合同物流平台企业,专注于全程供应链管理解决方案的提供及执行,帮助客户提高供应链运营效率,降低成本,使客户专注于自身核心竞争力的建设和发展。目前,公司在快速消费品、汽车、电子、医疗、国际货运、国际供应链(买方市场)、供应链金融等领域与众多世界500强客户和政府机构展开了深入广泛的合作,并获得了客户的普遍赞誉。

目前,外运物流主要是根据客户的不同需求,为客户提供量身定制的、覆盖整个价值链的一体化物流解决方案,并确保方案的顺利实施,主要服务包含了合同物流、项目物流、化工物流及冷链物流等。其中合同物流是基于长期的合作协议,为客户提供包括采购物流、生产物流、销售物流、逆向物流等在内的供应链物流管理服务,按照目标行业进行集群式管理,主要行业和服务链条包括消费品、零售、汽车、高科技、医疗健康和国际供应链采购等。

西北公司是外运物流在西北五省发展物流的区域公司,公司以原招商局物流集团陕西供应链集成服务平台为建设基础,总部设在西安国际港务区,目标定位是打造西北地区第一综合物流企业。公司管理范围涵盖陕西、新疆、甘肃、宁夏、青海,现在西北地区拥有 20 万平方米仓库管理资源、超过 3 000 辆各类可控运输车辆、100 多条中长途运输线路。经多年经营发展,西北公司业务已覆盖各类物流业态,并形成以仓配管理、公路运输、中欧班列、多式联运业务为主的四大拳头产品。

①仓配一体:以自有仓储资源网络节点分布为主,服务于世界 500 强客户,带动当地仓储物流业务发展,并作为中欧班列配套资源提供相应仓储业务。

②中欧班列:依托西安内陆港优势及中白工业园等境外网络节点布局,充分发挥"长安号"运营经验,将西安至明斯克班列打造为"长安号"中欧班列精品线路,构建"丝绸之路经济带"铁路大通道。

③多式联运:基于西北区域物流市场特征,以公路运输为两端承载主体,以铁路运输为长途承载主体,以海运为辅助的多种运力组织,建设具有物流成本、运输效率、运力资源优势的公铁海多式联运平台。

④物流园区:依托陕西供应链集成服务平台项目,进一步加强与高端制造业等行业的产业联动,积极推动区域综合供应链物流园区打造,持续公司品牌及影响力。

3)物流枢纽布局

(1)枢纽点功能赋予

"我们这次对西北公司的考察,感触颇多,目前公司已经取得了阶段性的成果,印象深刻的主要有两个方面:一是'一带一路'建设工作中,推进了'长安号'中欧班列的进一步合作,开行了内贸班列项目,从国内国际两个层面助力打造西安物流枢纽,向西通过中欧班列打通国际陆路大通道,实现班列的常态化运行,向东通过国内班列联通内陆,逐步实现资源协同、全程供应链解决方案提供、多式联运平台建设等业务;二是推动了'一带一路'运营中心的建设——陕西供应链集成服务平台建设工作,充分提高西部物流的规模效应。西北区域总部一方面充分发挥了西北区域公司物流仓储、集散、分拨方面的优势,对接中欧班列西安当地集散货源组织及回程货物物流增值服务。我们外运的枢纽点建设也存在着一定的发展不平衡,西北公司的发展离不开阶段性战略目标的制定,这对我们外运物流的整体枢纽布局有很大的参考价值啊,大家针对我们国内整体的物流枢纽布局有哪些想法呢? 可以畅所欲言。"刚到公司总部的杨部长,兴奋地走进了会议室,他想先听听在座各位的想法。

"那我就先来抛砖引玉了,我觉得首先我们必须赋予枢纽点不同的功能定位。在与国家物流枢纽布局紧密结合的过程中,充分利用国家枢纽点的建设优势,发挥我们外运物流的仓储、集散、分拨等方面的优势,对物流系统中最重要的三大流——物资流、资金流和信息流及其他关键因素进行整合,以扩大服务范围,降低物流服务的成本。这当然就需要我们对国家政策进行梳理,找准不同枢纽点的功能定位,对现有枢纽节点的内外部因素进行分析,包括货源、仓储、交通的互联互通等多方面,依托212个国家物流枢纽点,有重点地初步形成与国家战略相适应的阶段性规划。"负责政府事务的王部长客气地说道。"我同意王部长的说法,外运物流的资源,包括人力资源、财务资源、物流资源和客户资源等,怎样进行优化配置,才能得到最大利用,充分在国家物流枢纽布局中发挥作用,是目前面临的急需解决的问题,也是适应国家战略的初步构想。"一直在考虑资源优化配置的李经理表示肯定。

"是的,大家都说得不错。通过西北公司业务的有效推进,我们更加肯定,对物流枢纽布局的整体思路是,一方面必然是依托国家物流枢纽布局,有效整合物流资源,充分结合国家物流枢纽建设和我们自身的优势,对物流网络体系中的关键节点进行选址,并明确物流枢纽节点的功能、模式定位,对已投入运营、基础设施相对完备、市场需求旺盛、发展潜力较大、区域带动作用较强、在行业内具有一定影响力的物流枢纽进行建设。在此基础上打响企业品牌,培育核心竞争力,迅速占领专业物流市场阵地,努力解决重点、难点问题,突破瓶颈,实现中国外运跨越式发展。"感到物流枢纽布局的任重而道远,杨部长语重心长地进行总结,天空承载不了乌云的重量,雨水哗哗地倾盆而下。而此刻的小张听得全神贯注的同时,大脑也在飞速地运转。

(2)枢纽点业务支撑

"另一方面,物流枢纽点建设一定要有我们本身的业务做支撑,以枢纽点建设带动业务发展,互相促进,相辅相成。"杨部长意味深长地看向在座的各位。"我非常认同,这是我们枢纽点布局的关键。我们公司的主要业务包括合同物流、项目物流、化工物流、冷链物流以及其他专业物流服务,还包括海运代理、空运代理、铁路代理、船舶代理和仓储及码头等服务,系统地分析主要业务市场,根据业务布局进行枢纽点选取,才能保证枢纽点布局的合理高效。小张,说说你的看法。"不愧是一直跟着杨部长打天下的得力干将,李经理一语道破,并对自己一手带出来的小张寄予厚望。

小张从来不打无准备之仗,对于李经理的考验也信心满满。"具体我认为需要从以下三方面进行考虑:一是要高度关注业务发展趋势,了解不同业务的货源流向及产业链、供应链的发展趋势,从业务市场考虑业务布局;二是要明确物流枢纽布局中不同枢纽点内部的货源、物流组织形式、产业的形态和规模、基础设施情况、市场情况等,结合客户关心的物流需求因素,找出存在的瓶颈问题;三是结合公司代理及相关业务、专业物流、电子商务三大业务板块,做好整体和阶段性的战略规划,除了主要节点的基础布局规划,更重要的是要加大科技投入,充分利用时代优势,运用科技提高物流枢纽的数字化能力。这是我的一些看法,请各位领导指正批评。"作为李经理助理的小张耳濡目染,与自己所学知识相结合,初步列出具体的战略制定的几个方面。"小张不愧是李经理选进来的高才生,说得头头是道啊。李经理,你就和王部长多沟通沟通,结合业务部,我们一定要在枢纽点布局方面做出点成绩出来。"杨部长充分肯定小张的想法,也对资深的李经理提出了要求。

（3）尾声

会议仍在继续进行,但此刻小张已经收获满满,毕业将近两年的他工作严肃认真,一丝不苟,但也总想一展身手,西北公司的阶段性成果也让他羡慕不已,如果全国的枢纽点都如西北公司这样,那么物流服务的高效率低成本一定不只是一个口号。借鉴西北公司的可复制性发展和国家枢纽点布局,脑海中中国外运国内物流枢纽布局的框架也逐渐清晰。那接下来的实操部分,包括结合公司的业务市场、不同的运作模式提出业务需求,有针对性地选取关键枢纽点,进行侧重点不同的功能赋予,这些都有利于物流枢纽点的落子布局。小张陷入了沉思,大学时代学到的知识如电影画面一般在脑海中闪现,市场调研、因素分析、数据挖掘、爬虫软件等。不知何时,窗外的雨已经停了,天空被冲洗成了淡蓝色,自然清新。

问题:

围绕以下问题,从业务支撑和功能定位两个方面,形成中国外运合理化的物流枢纽布局方案:

①如何分析中国外运的主要业务市场,根据业务发展需要提出枢纽点布局建设的需求。

②如何梳理国家政策,进行相关因素分析,初步形成与国家枢纽布局相适应,具有清晰功能定位的阶段性枢纽点布局。

小　结

（1）培养学生的物流创新创业意识

以第二课堂、社团活动等方式,开发学生创新创业潜能,可以通过物流企业家进校园、出讲座方式激发学生创新创业激情;也可以通过校企合作的方式,举办物流企业参与的创新创业大赛,由企业资助优秀创业方案,选拔物流创新创业人才,实现双赢。

（2）构建创新创业实践平台

创新创业实践平台分为两种:校内的模拟实践平台和校外的物流创新创业实践平台,校内平台重在培养学生创新创业兴趣,校外平台重在实操,如地方特色农产品,可依托互联网建立校外电商物流创新创业基地,将学生的电商物流技术和实体产品结合起来实现双赢,在完成农产品售卖,运输的同时,完成学生的创新创业实践。

（3）确定创新创业元素

物流创新创业元素众多,涉及运输、仓储、配送等众多流程,在进行创新创业之前需要确定好创新创业元素,其选择取决于学校创新创业环境的影响和对于经济发展走向的自我判断。比如以快递作为创新创业元素,可以选择快递包装材质的改善、快递包装标准化、快递配送业务优化等作为创新创业的方向;以电商物流作为创新创业元素,可以以产品供应链上游的生产、下游的销售、逆向物流的回收处理作为创新创业方向。

>>> 第6章　C2C 创新创业

6.1　认知 C2C 业务

从 20 世纪 90 年代我国电子商务萌芽至今,国内电子商务已经历 22 年发展。时至今日,我国电子商务经过网络泡沫的洗礼和行业发展的推动后正逐步迈向一条稳健发展的道路。

中国互联网络信息中心(CNNIC)发布《第 49 次中国互联网络发展状况统计报告》表明,截至 2021 年 12 月,我国网民规模达 10.32 亿,互联网普及率达 73.0%,手机网民规模 10.29 亿,网民使用手机上网的比例为 99.7%。庞大的网民构成了中国蓬勃发展的消费市场,也为数字经济发展打下了坚实的用户基础。同时,移动互联网塑造了全新的社会生活形态,"互联网+"行动计划不断助力企业发展,互联网对整体社会的影响已进入新的阶段。

2017.12—2021.12 网络购物用户规模及使用率如图 6-1 所示。

单位: 万人

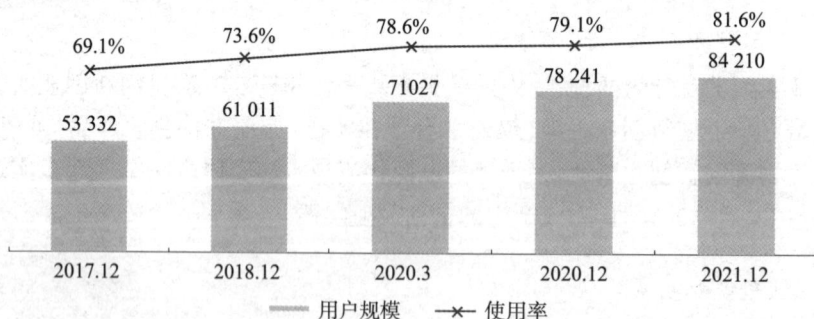

69.1%	73.6%	78.6%	79.1%	81.6%
53 332	61 011	71027	78 241	84 210
2017.12	2018.12	2020.3	2020.12	2021.12

　　用户规模　　✕ 使用率

来源: CNNIC 中国互联网络发展状况统计调查　　　　　　　　　2021.12

图 6-1　2017.12—2021.12 网络购物用户规模及使用率

2017.12—2021.12 网络支付用户规模及使用率如图 6-2 所示。

C2C 模式即消费者之间通过 Internet 进行个人交易,如个人购物等形式。这种模式为消

单位：万人

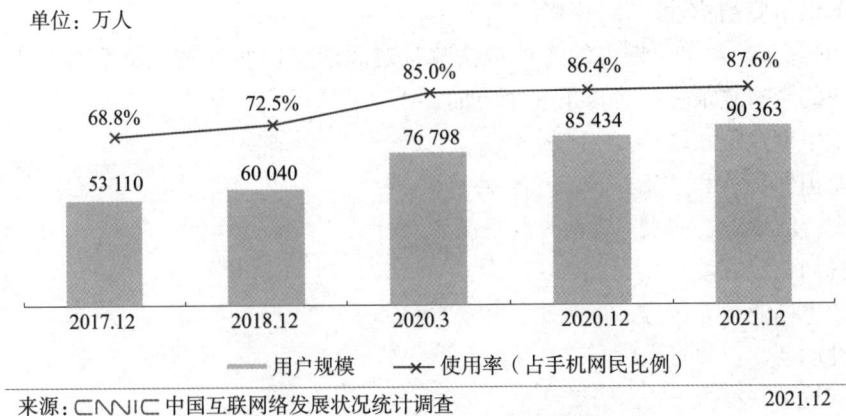

图 6-2　2017.12—2021.12 **网络支付用户规模及使用率**

费者提供了便利，成为电子商务迅速普及与发展的重要环节。目前主要表现为网络购物。

中国互联网 C2C 电子商务市场发展尚处于市场发展期，未来存在巨大的上升空间。未来几年，我国 C2C 市场的发展将由量变到质变，进入快速发展阶段。

6.2　C2C 创新创业的机会

6.2.1　政策因素

党的十八大以来，我国不断深化高等学校创新创业教育改革，修订人才培养标准、改革教学育人机制、加强师资队伍建设、强化创业实践训练、构建创业帮扶体系，把创新创业教育融入人才培养，为建设创新型国家提供源源不断的人才智力支撑。2015 年 5 月 4 日，《国务院办公厅关于深化高等学校创新创业教育改革的实施意见》（国办发〔2015〕36 号）提到，深化高等学校创新创业教育改革，是国家实施创新驱动发展战略、促进经济提质增效升级的迫切需要，是推进高等教育综合改革、促进高校毕业生更高质量创业就业的重要举措。2019 年 1 月 24 日，国务院印发的《国家职业教育改革实施方案》（国发〔2019〕4 号）也提到推动校企全面加强深度合作，职业院校应当根据自身特点和人才培养需要，主动与具备条件的企业在人才培养、技术创新、就业创业、社会服务、文化传承等方面开展合作。

6.2.2　创新创业环境

"大众创业、万众创新"的战略部署如今已成为促进经济增长的"双引擎"之一，微商作为"互联网+商业"的典型代表应运而生。微信的"朋友圈"使微商经营突破了信用壁垒，朋友间的买卖互动也使供给能更好适应需求，真正将商家与消费者进行无缝"撮合"，本质上有助力于我国供给侧结构性改革,值得广泛关注。

国家和各高校、各单位推出的各种帮扶政策对大学生创业者来说是重大的机遇。目前大学生创业的帮扶政策主要有以下8个方面。

①大学生创业税收政策。

②创业担保贷款和贴息。

③免交行政事业性收费。

④免费创业服务。

⑤大学生创业指导服务。

⑥开设创新创业教育课程。

⑦改革教学制度。

⑧强化创新创业实践。

6.2.3　创新创业模式

选择适合自己的创业模式,是创新创业成功的关键之一。创业的路径很多,创业者需要准确判断自身的优势和劣势,选择适合自己的创业模式,以化解创业过程中遇到的不利因素。适合大学生的创业模式主要有3种。

①小微企业。大学生创业多属于"白手起家",小微企业的创业要想成功需具备4个条件:广泛的社会关系、好的项目产品、良好的信誉和人品以及吃苦耐劳的精神。

②加盟创业。一般方式是开办加盟店。在相同的经营领域中,加盟创业的成功率要远高于个人创业的成功率,其关键因素是选择加盟商。

③网络创业。网络创业就是通过网络来进行创业,是目前较为流行的一种创业方式,主要包括在电商平台开设网店与网上加盟店,通常适合技术人员、在校学生和上班族。

随着互联网技术的发展,网络创业门槛大大降低,越来越多的人选择网上开店或微商加盟的方式来创业。这种方式前期投入少、创业成本低,但在货源选择、服务与售后、物流的选择等方面需要严格把控。

6.2.4　学校引导

"创新创业教育是知识经济时代高校专业教育改革的重要内容,是高校质量竞争战略的核心,是高校主动适应社会经济发展的必由之路。"高校转型发展就是要求高校把办学思路真正转到服务地方经济发展上来、转到产教融合校企合作上来、转到培养应用型技术技能型人才上来。加强高校创新创业教育应该是破解大学生就业难这个社会问题的重要路径。高校转型发展也是为破解大学生就业难的社会问题。

《国务院办公厅关于深化高等学校创新创业教育改革的实施意见》(国办发〔2015〕36号)提出了总体目标,即到2020年建立健全课堂教学、自主学习、结合实践、指导帮扶、文化引领融为一体的高校创新创业教育体系,人才培养质量显著提升,学生的创新精神、创业意识和创新创业能力明显增强,投身创业实践的学生显著增加。

以电子商务专业为例,学校应当充分利用校内资源引导微商经营,如增设一些有关微商创业的选修课程,将理论知识由课堂灌输给学生,同时在电子商务实验室建立虚拟交易平台,通过模拟经营达到理论与实践的充分结合;也可考虑在大学生创业孵化基地设置一个微商创业专职咨询部门,聘请专人值班,提供微商相关信息与资金扶持政策等,为大学生了解微商提供正规渠道,具体指导大学生进行微商创业。

6.3　C2C 创新创业的选择原则

大学生创业是一个系统工程,集合了个人与团队的智慧和力量。大学生创业有知识上的优势,但缺乏社会经验,因此很容易陷入创业误区。如何选择合适的创业项目则成为大学生创新创业的关键。在校大学生选择创业项目应遵循如下原则。

6.3.1　市场导向原则

大学生创业者须明确"企业是为解决消费者需求而存在的"。切忌哪个行业热门、利润高,创业时就选择哪个行业。创业须以市场为导向,从消费者需求出发。要想做好这一点,就一定要做好市场调查与研究,建议从消费者和竞争对手两方面入手。

6.3.2　创业与专业优势相结合原则

要发挥自己的优势,利用自己的长处,结合自己的专业来创业。大学生有专业优势,有一定的文化水平,如电子商务专业的学生创办网店、微店,从事网店运营、网络客服管理等工作,都有比较好的创业案例。学校依托自身办学条件与企业融合,在教学环节中通过实训课程,仿真模拟工作场景,使学生具备专业知识与实践经验。因此,大学生创业选择本专业更能扬长避短,发挥专业优势,掌握行业资讯,为创业助力。

在校大学生创业的优势之一,就是具有学校这个最好的环境,有实验室、图书馆、学生消费人群及专家级的教师队伍,可以随时讨教创业过程中存在的问题。因此,要尽量利用学校的优势和人脉,要善于利用学校周边环境,关注创业点。学校周边及其所在城市,自己的家乡都是创业的最好去处。善于利用异地差异,找到发展机会,任何时候,不同地方都会存在一定的差异,如果对这些差异加以利用,可成为很好的创业机会。

6.3.3　自有资源优先原则

大学生在了解创业环境后,应贯彻自有资源优先的原则。自有资源是指创业者本人可以拥有或直接控制的资源,包括专有技术、行业从业经验、经营管理能力、个人社会关系、私有物质资产等。与其他非自有资源相比，其获取成本往往较低。

6.3.4 项目特色原则

创业项目有特色是企业能持续发展的必要条件。选择有特色的项目，才能在激烈的市场竞争中占有一席之地。生活中要善于发现商机。发现未知的市场需要一个具有独特的眼光，需要求异思维和创新思维的能力。眼光不是盯住竞争对手，而是瞄准市场需求。

案例：

小农女送菜

微信上就可以卖菜？没错，这确实是真的。早在2013年，一个名为"小农女送菜"的微信账号在网上走红，这个账号最特别的地方就在于完全用微信来卖菜——用户在微信下单，然后由专人送菜上门。尽管目前该账号只针对深圳的部分客户，但其新颖的模式仍让其受到众多网友围观。

"提供新鲜的蔬菜和肉类半成品，洗好，切好，下班前直接拿回家下锅。""小农女送菜"更新版本，并在微信公众平台详细向大家介绍了新版的使用流程：用户可以在当日的菜品中选择自己心仪的菜，单击下单，同时填好配送资料，如姓名、手机号码以及送货地址等信息，用户就可以在办公室等着"小农女"送菜上门了。"这其实也就是一个O2O模式。"创始人之一的小丁告诉记者，目前他们主要针对深圳科技园附近送菜。采取的模式是用户微信下单，次日采购新鲜菜品以及装配，在下午4—6点进行配送。最主要送到的是写字楼，也有可能是用户家里，现阶段主要针对的是白领。

"小农女送菜"公共账号开通3个月来，目前已经拥有1.5万粉丝，其"女性"Logo的模样令很多粉丝遐想，"她"究竟长什么样呢？可是令大家没想到的是，核心创始人却是3个80后大男人，据称，加上采购和配送，刚开始团队总共不到10人。

为何当初取这么一个女性化的名字呢？事实上，"小农女"的名字得来不易，"最初想过很多名字"小丁说，包括"菜康永"等和新鲜生疏谐音挂钩的都考虑过，最后定下这个名字，一是和金庸笔下的"小龙女"同音，比较好记，容易推广；二是"小农女"也会给人吃苦耐劳，环保健康的印象，和他们的定位比较相符。

从最初提供8个菜品，到慢慢发展为近70个菜品，这和他们最初的想象也有一些不同。最开始，为了让用户"精选"，同时出于采购等原因的考虑，只提供8个菜品。不过实际操作中，小农女迅速发现，用户做饭差异化较大，因此，他们逐渐将菜品提供到近70个。

选择微信卖菜让"小农女送菜"和用户的沟通更亲切，重庆人黄小姐在深圳工作，在朋友的推荐下曾通过微信下单，"小农女"很容易获得大家的好感。黄小姐说，与其他运营账号不同的地方在于，"小农女送菜"每天推送的并非纯粹广告，还包括类似下厨房的菜品推荐、饮食文化探讨等比较实用的信息，对于白领来说是非常受用的。至今为止，对于用户下单的菜品，由他们每天早上亲自去农产品批发市场采购，对质量的把控亲力亲为，尽力做到用户最满意。

目前，包括一些企业在内，都在微信的O2O营销模式上进行尝试，这是值得关注和探讨的一个新兴方式。微信具有传播效率高、表现形式活跃等特点，利用其圈层文化，更容易获得信赖，这也是目前"小农女送菜"获得关注和认可的原因之一。"小农女送菜"的定位准确，如今移动化趋势明显，通过手机下单更符合用户平时对设备的使用，而接受这种消费方式的群体大多是白领，与他们所推广的目标人群不谋而合。小丁说，"小农女送菜"相当于利用新型社交媒体和现代物流管理手段打了一个"组合拳"，解决了线下"最后一公里"的问题。

6.3.5　合法性原则

创业项目要在国家允许的行业和领域中选择。国家对部分领域是明令禁止的，如非法传销等；对部分领域是有所限制的，如制药等；对部分行业是有资质限制准入门槛的。同时大学生创业者在 C2C 平台中选择创业项目，须学习平台规则。一旦触犯规则，必然会受到处罚并在信誉和收益上承担损失。1688 规则学习中心如图 6-3 所示。

图 6-3　1688 规则学习中心

6.4　C2C 创新创业的业务流程

6.4.1　网店创新创业的业务流程

以淘宝网为例，要成为淘宝网卖家，首先要通过支付宝的实名认证，所谓"支付宝实名认证"是由支付宝（中国）网络技术有限公司提供的一项身份识别服务。支付宝实名认证同时核实会员身份信息和银行账户信息。通过支付宝实名认证后，相当于拥有了一张互联网身份证，可以在淘宝网等众多电子商务网站开店、出售商品，增加支付宝账户拥有者的信用度。实名认证包括个人认证和商家认证两种。

1）支付宝实名认证的操作流程

申请支付宝实名认证的操作流程如图6-4所示。

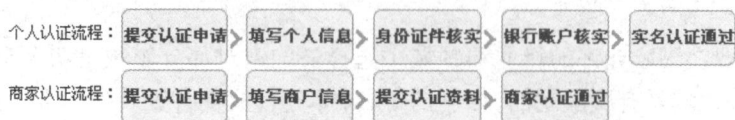

图6-4　支付宝实名认证流程

2）个人类型支付宝实名认证

支付宝实名认证，是网上开店的前提。目前支持实名认证的银行有：兴业银行、民生银行、浦发银行、工商银行、招商银行、交通银行、中国银行、广发银行、中信银行、光大银行、杭州银行、邮储银行、平安银行等。

3）商家类型支付宝实名认证

商家类型账户实名认证的认证总时间一般为：3～15个工作日。

首先登支付宝主页，找到认证入口；单击"卖家实名认证"，进入认证页面确认；确认后，即进入阅读协议页面；同意协议后，进入填写信息页面；填写公司姓名须与营业执照上完全一致，填写后即进入具体信息提交页面，如申请人不是公司法定代表人，请下载委托书，填写后再上传身份证彩色原件扫描件或数码拍摄件；填写完申请人信息，提交所有证件图片，对公银行账户后，即进入确认页面；确认无误，单击"下一步"，进入公安网审核页面，审核次数为两次；成功后，即可进行商家资料审核；商家信息审核成功后，即进行银行信息审核；银行对公账户审核成功，即可进行确认金额；单击"继续"输入金额数，此金额为小于1元，是近期对公账户中入账的数额；确认金额成功后，即完成商家认证。和个人型实名认证相似，商家账户也可以认证关联。

网店开设成功后，接着要选择适销的商品，制订营销策略。互联网可以从诸多方面来帮助降低商品成本费用，因此网上产品定价较传统定价要低，有着成本费用降低的基础条件，从而使卖家有更大的降价空间来满足顾客的需求。因此，如果产品的定价过高或者降价空间有限的产品，在现阶段最好不要在网上销售。如果是高新技术的新奇特商品，或者是网上客户对商品的价格不太敏感，主要是考虑方便、新潮，这类产品就不一定要考虑低价位的策略了。合理定价可以提高商品的竞争力，在定价时可以参考实体店面的同类商品的价格，一般要考虑商品的进货成本、物流费用、人力成本及利润等方面因素。

4）开店认证

第一步：进入淘宝主页，在主页右上角单击"千牛卖家中心"→"免费开店"页面，登录注册好的淘宝会员账号+登录密码,进入卖家中心页面,提示【个人店铺权益】和【企业店铺权益】,此处以个人店铺为例,选择个人店铺权益,单击"个人开店",如图 6-5 所示。

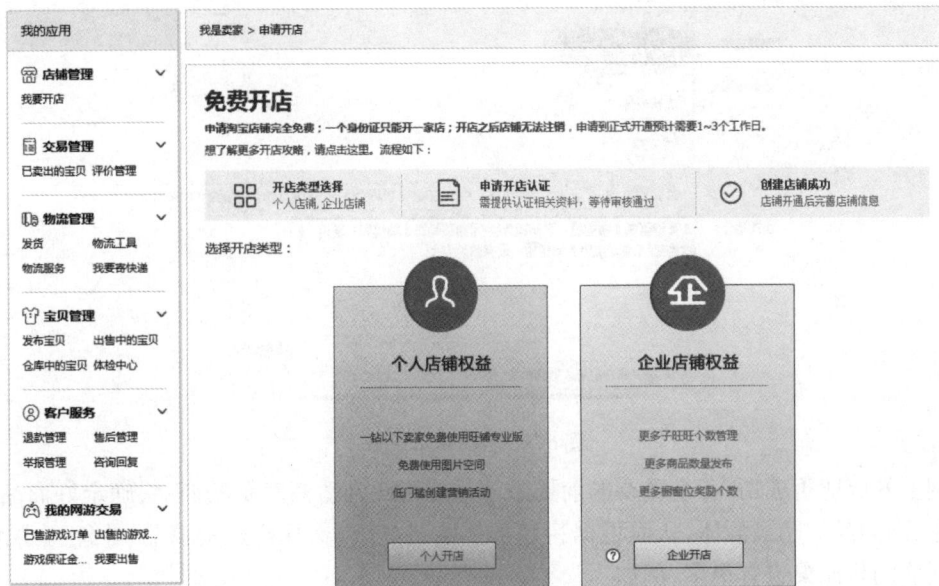

图 6-5　个人开店与企业开店

第二步:进入免费开店页面,显示"开店条件检测"和"申请开店认证",如图 6-6 所示。

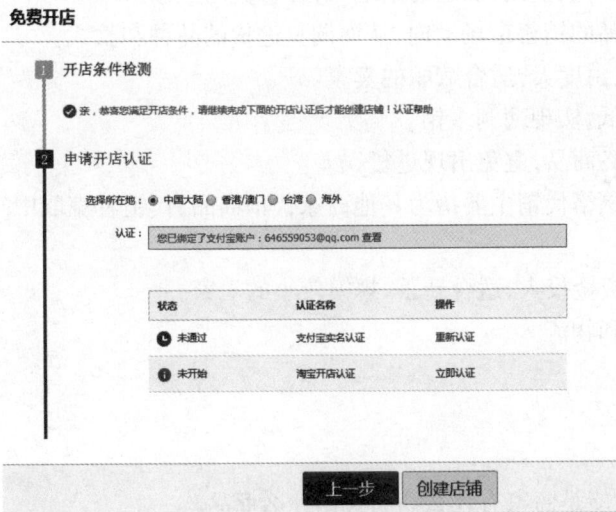

图 6-6　免费开店页面

单击进入"支付宝实名认证→重新认证",进入支付登录页面。

第三步:支付宝认证成功后,返回至免费开店页面,进入"淘宝开店认证→立即认证",弹出一个二维码,提示用手机淘宝客户端扫描该二维码,进入手机淘宝开店认证,要求提交身份证正反面照片和本人半身照,按照要求提交照片后,等待审核。

第四步:等待半天或一天时间左右,审核通过,创建店铺,设置店铺名称、店标、地址,店铺创建成功,如图 6-7 所示。

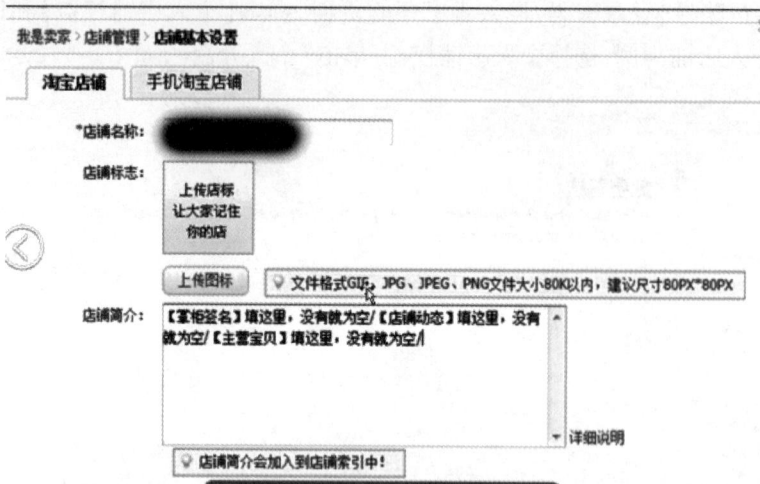

图6-7 店铺基本设置

网上开店能否成功,有个重要的前提条件是能否找到适销对路的商品,确定好商品的销售对象,即商品的购买群体,从而根据特定群体购买需求,选择合适的商品,才能赢得市场。一般网店的货源渠道有很多,例如:

①批发市场。通常可以在周围的小商品市场或各大专业批发市场等地进货。从批发市场进货的优势如下:

a.商品的品种多,数量大,挑选的余地大,容易货比三家。

b.可以发现商品的销售市场动向,从而调整进货的品种和款式。

c.灵活方便,自由度大,适合兼职的卖家。

d.进货价格较低,实现薄利多销。

e.直接查看最终商品,避免出现进货误差。

②网络代销。网络代销主要指为其他商家代销商品,代销者赚取中间差价。

其优点如下:

a.几乎不需要资金投入,适合新手、规模较小的卖家。

b.不需要仓储和物流。

其缺点如下:

a.质量难以保证。

b.利润较低。

c.灵活性差,只能是商家有什么商品代销什么商品。

d.有一定的风险。

③寻求商家余货或和超市合作。寻找商家的积压或滞销的存货,压价进货;或和超市合作为其代销部分适宜网上销售的商品,实现双赢也不失为一条进货渠道。这种进货方式的优点是投入少、风险小,但此商机有限,不能作为长期的进货渠道。

④打折商品。商品打折促销是商家常用的营销策略,即使是名牌商品也会在不同的城市有不同的价格折扣,利用打折赚取商品差价也是一个不错的选择。

⑤网络批发。目前从事网络批发的网站也很多,比较著名的有阿里巴巴网站,可以在网

站内直接搜索商品进行进货,也可以选择一件代发、伙拼等取得低价商品,还可以代理加盟,如图 6-8 所示。

图6-8　阿里巴巴一件代发、伙拼等选择区

网络批发的优点如下:

a.商品齐全,个性化的特色商品较多。

b.价格较低,明码标价,便于货比三家。

c.网络采购,节省进货成本,容易形成价格优势。

网络批发的缺点:

a.看不到商品实体,使购货不直观,容易形成判断误差。

b.物流费用的分摊有可能增加商品的单位成本。

c.由于网络批发有最低起批数量的限制,有时会增加资金投入,有一定风险。

⑥自己动手。如果你有一技之长,能够自己制作或委托他人手工制作商品,也可以作为网上销售的商品来源,其商品特点是独一无二,个性十足,甚至可以做到低成本或零成本,从而形成商品价格优势。

上述各种货源渠道,各有利弊,解决了货源问题后就要确定物流配送。

网店销售过程中涉及的物流形式主要有邮局平邮、邮局快递、邮局 EMS 和快递公司快递等几种,每种方式都各有利弊,淘宝本身没有下属的快递公司,但淘宝有推荐物流。

什么是推荐物流? 淘宝与物流公司签约,签约的物流公司进入淘宝的推荐物流企业行列,这些物流企业直接通过与淘宝对接的信息平台接受其用户的订单。这样的物流商被称为推荐物流。用户在淘宝网上达成交易后,如果使用推荐物流,便可以直接在线发送订单,经确认后,物流公司上门取货,卖家和买家可以随时跟踪订单。通过推荐物流进行网上下单更有保障,如果发生了货物丢失、损坏,或者对物流公司的服务不满意,都可以向淘宝投诉,由淘宝督促物流公司进行索赔处理。目前与淘宝合作的推荐物流有:邮政速递服务公司、申通 E 物流、圆通速递、中通速递、天天快递、宅急送、韵达快递、风火天地(上海同城)等。

①邮局平邮。

邮局平邮的实现过程主要步骤如下:

a.卖家携带商品到邮局。

b.邮局工作人员检查包裹并称重、包装。

c.卖家填写包裹单并支付邮资。

d.邮局收取包裹并投递。

e.邮局将包裹单送给买家。

f.买家凭包裹单到附近邮局领取包裹(部分地区邮局负责将包裹直接送到买家手中)。

此邮局平邮方式优点价格低廉,安全有保障,缺点是邮寄速度慢,但有些买家为了降低购货成本常选择此邮寄方式。

邮局快递的实现方式和邮局平邮相似,但不同的是邮资较高,邮寄速度相对平邮要快。

②邮局 EMS。

EMS 是"全球邮政特快专递"的英文缩写,如果邮寄商品到国外,则不能使用邮局平邮或邮局快递,只能使用 EMS。邮局 EMS 的实现过程:

a. 卖家携带商品到邮局。

b. 邮局工作人员检查包裹并称重、包装。

c. 卖家填写国际特快专递邮件详情单并支付邮资。

d. 邮局收取包裹并投递。

e. 邮局将 EMS 包裹送达到买家手中。

邮局 EMS 的特点是速度较快,价格相对更高,对邮寄物品要求较严,安全保障性较高。

③快递公司快递。

快递公司快递的实现过程:

a. 卖家致电快递公司,要求上门取货。

b. 快递公司根据预约时间上门取货、称重、包装、收费。

c. 快递公司电话联系买家预约送货时间及地点。

d. 快递公司将物品直接送到买家手中。

快递公司提供快递服务的特点是邮资适中且可以讨价还价,邮寄速度很快,安全保障性在不同的快递公司表现不同,一般规模大的公司安全保障较好。一般选择实力较强、规模较大、用户反馈好、公司设立的网点多、赔偿金额高的快递公司来合作。

确定了网上所要销售的商品后,下一步就要把商品的图片及相关资料添加到网店中。登录淘宝网,发布商品的方法是一口价发布。一口价发布就是设定固定价格,让买家可以立刻购买;拍卖发布是指无底价起拍,让买家竞价购买。

发布一口价商品的流程:

淘宝网把商品统称为"宝贝"。

第一步:打开淘宝网,输入用户名和密码登录,单击淘宝首页右上方的"千牛卖家中心",进入卖家中心页面,"千牛卖家中心"的左侧有各种功能按钮,有交易管理、物流管理、宝贝管理、店铺管理、营销中心、货源中心、软件服务、特色服务、客户服务等。选择"宝贝管理"→"发布宝贝",如图 6-9 所示。

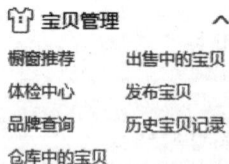

宝贝管理	
橱窗推荐	出售中的宝贝
体检中心	发布宝贝
品牌查询	历史宝贝记录
仓库中的宝贝	

图 6-9 宝贝管理

第二步:选择"一口价发布"方式出售,并在类目搜索框中选择要出售的商品类目,或者在左下角给出的类目中进行选择。

选择商品类目,从左到右有四个列表框,依次表示商品的一级分类、商品的二级分类、商品的三级分类和商品的四级分类。左侧为总分类,右侧逐级细化,选择完成以后单击"已阅读以下规则,现在发布宝贝"按钮,如图 6-10 所示。

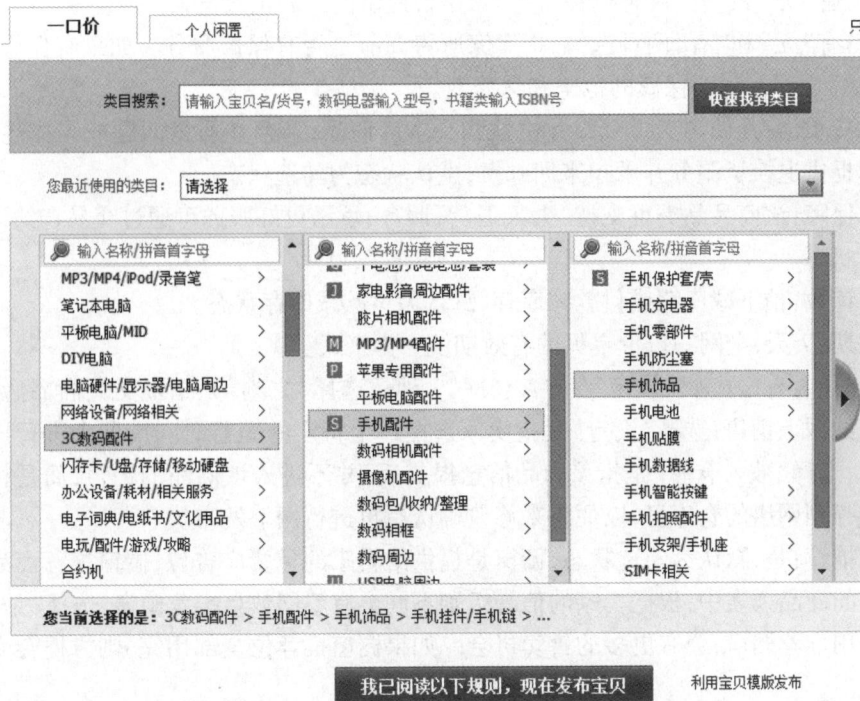

图 6-10 选择发布商品的类别

第三步：填写商品信息，包括"宝贝基本信息""宝贝物流及安装服务""售后保障信息""其他信息"4 个部分。各项填写说明如下。

宝贝类型：全新或二手，也可以走"卖闲置"流程发布闲置商品。

页面模板：默认宝贝详情页。

宝贝属性：添加您商品的属性信息，系统将根据属性信息，尽可能地让更多的买家方便快捷地找到您的宝贝，使您的生意更加兴隆。

宝贝标题：宝贝标题请限定在 30 个汉字内(60 个字符)，标题里一定要尽量添加可能被搜索的关键字，以及品牌、产地、规格、特性和功能等。

宝贝卖点：可以对宝贝的特色加以说明和渲染。

一口价：交易价格。

宝贝规格：商品的颜色属性或尺码属性等。

宝贝数量：要上架商品的数量。

采购地：国内或者海外及港澳台。

宝贝图片：商品的主图，也可以上传长度 9 s 内的视频。

宝贝描述：用来填写商品的详细信息，例如商品规格、颜色、款式、面料、材质等辅助信息。

提取方式：包括运费设置和电子交易凭证，其中运费设置有"卖家承担运费"和"买家承担运费"两种选择。如果选择"买家承担运费"，还要填写平邮、快递和 EMS 的定价。

物流参数：包括物流体积和物流重量。

发票:有"无"和"有"两种选择,指卖家是否提供商品的正式发票。

保修:有"无"和"有"两种选择,指卖家所售商品是否有保修服务。如果有保修,可以在"宝贝描述"中详细说明保修的范围和保修期等。

退换货承诺:凡使用支付宝服务付款购买本店商品,若存在质量问题或与描述不符,本店将主动提供退换货服务并承担来回邮费,默认状态为勾选状态。

服务保障:该商品品类可支持"七天退货"服务;承诺更好服务可通过交易合约设置。默认为勾选状态。

库存计数:拍下减库存或付款减库存,默认为付款减库存状态。

有效期:7 天,全网一口价宝贝的有效期统一为 7 天。

开始时间:有"立刻""设定""放入仓库"3 种。选择"立刻"是指提交完商品后,立即进行该商品的网上销售;选择"设定"是指卖家选择一个特定的销售时间周期来进行该商品的网上售卖;选择"放入仓库"是指该商品信息提交后,并不进入该商品的销售,而是将该商品的信息保存到网店的仓库里,以便将来修改确认后再进行网上发布。

橱窗推荐:是,默认为勾选状态,橱窗是提供给卖家的免费广告位,橱窗推荐商品优先出现在淘宝的商品列表中,根据卖家的信誉级别不同会有不同数量推荐橱窗,选择"是"表示该件商品占用推荐橱窗,会有更多的售卖机会。如果橱窗推荐位全部用完,则方框会变成不可选的灰色。

以上信息填写完成以后,可以单击"预览"按钮查看最终效果,确认商品信息无误后,单击"发布"按钮,完成这件商品的发布,接下来发布其他商品。淘宝网规定发布 10 件宝贝,就可以免费开店了。具体的设置如图 6-11(a)、(b)、(c)、(d)所示。

1.宝贝基本信息

宝贝类型:* ○全新 ●二手 发布闲置宝贝,请走卖闲置简易流程

抱歉,该类目需要缴纳保证金,才能发布全新宝贝,立即缴纳

页面模板: 默认宝贝详情页 ▼

宝贝属性:

填错宝贝属性,可能会引起宝贝下架,影响您的正常销售。请认真准确填写

品牌: 可直接输入内容 ▼
如果没有您需要的品牌,您可以点此申请添加品牌

材质:* □水晶 □玉石 □天然珍珠 □天然琥珀 □纯银 □人造水晶
□珍珠母贝 □水钻 □合金 □其他

货号:

宝贝标题:* 还能输入 **30** 字

宝贝卖点: 还能输入 **150** 字

一口价:* 元

(a)

宝贝规格：　挂件颜色：

□ ■ 军绿色	□ ■ 天蓝色	□ ■ 巧克力色	□ ■ 桔色
□ ■ 浅灰色	□ ■ 浅绿色	□ ■ 浅黄色	□ ■ 深卡其布色
□ ■ 深灰色	□ ■ 深紫色	□ ■ 深蓝色	□ □ 白色
□ ■ 粉红色	□ ■ 紫罗兰	□ ■ 紫色	□ ■ 红色
□ ■ 绿色	□ ■ 花色	□ ■ 蓝色	□ ■ 褐色
□ ▨ 透明	□ ■ 酒红色	□ ■ 黄色	□ ■ 黑色
□ 全选			

宝贝数量：＊ 1　　　　件 ⓘ

采购地：＊ ● 国内　　　● 海外及港澳台 ❓

商家编码：　　

商品条形码：　　　　　　　　 ❓　你家宝贝没条形码？那怎么抢扫码新流量！

宝贝图片：＊

| 本地上传 | 图片空间 | 视频中心 |

选择本地图片：　文件上传

提示：1. 本地上传图片大小不能超过3M。
　　　2. 本类目下您最多可以上传 5 张图片。

（b）

宝贝描述：＊

| ＊电脑端 | 手机端 ᴴᴼᵀ |

● 文本编辑　● 模板编辑 *new*　💡两种方式编辑内容不混合，发布宝贝时只应用当前编辑器内容。详情查看

〈／〉 🖥 ↶ ↷ ✐ 大小｜字体 ▾ 　B I U A 标题 ▾ ▦▾
🖍▾ ☰ ☰ ☶ ☴ ☲ ☷ 🖼 🖾 ▭ ▢ ✦ 详情导航... 🖂

　　　　　　　　　　　　　　　　　　原有描述导航改为详情模块，　　　✕
　　　　　　　　　　　　　　　　　　您可以建立自己的模块，重复使用！
　　　　　　　　　　　　　　　　　　查看使用帮助＞

生成手机版宝贝详情　　　　　　　每5分钟保存一次　保存　恢复编辑历史 ▾

当前屏数：0 ❓　　　　　　　　　　　　　　　源码：已输入 **0**/最多输入 **200000**

（c）

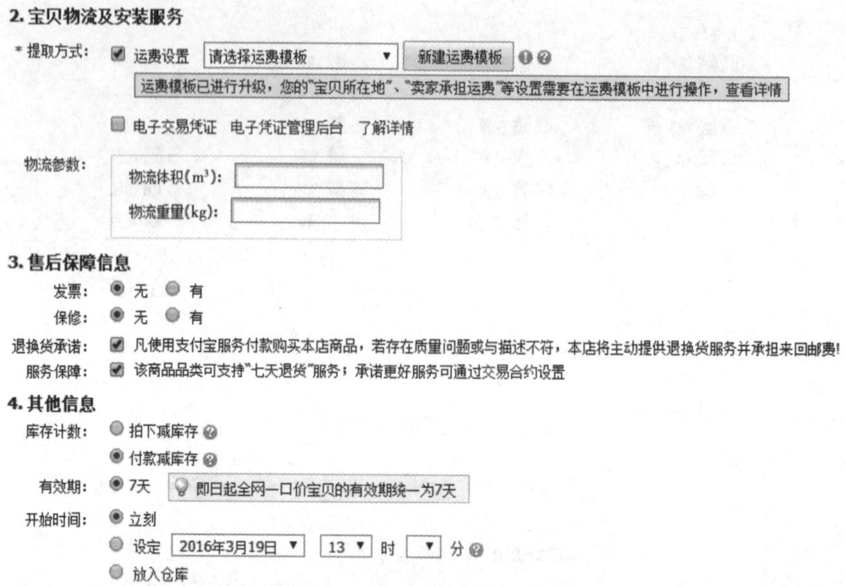

2. 宝贝物流及安装服务

*提取方式: ☑ 运费设置 　请选择运费模板 ▼ 　新建运费模板 ❶❓

运费模板已进行升级，您的"宝贝所在地"、"卖家承担运费"等设置需要在运费模板中进行操作，查看详情

☐ 电子交易凭证　电子凭证管理后台　了解详情

物流参数: 　物流体积(m³): _____

　　　　　　物流重量(kg): _____

3. 售后保障信息

发票: ◉ 无　○ 有

保修: ◉ 无　○ 有

退换货承诺: ☑ 凡使用支付宝服务付款购买本店商品，若存在质量问题或与描述不符，本店将主动提供退换货服务并承担来回邮费!

服务保障: ☑ 该商品品类可支持"七天退货"服务；承诺更好服务可通过交易合约设置

4. 其他信息

库存计数: ○ 拍下减库存 ❓

　　　　　◉ 付款减库存 ❓

有效期: ◉ 7天　💡 即日起全网一口价宝贝的有效期统一为7天

开始时间: ◉ 立刻

　　　　　○ 设定　2016年3月19日 ▼　13 ▼ 时　▼ 分 ❓

　　　　　○ 放入仓库

(d)

图 6-11　输入商品销售信息

商品的信息发布完成后，通常需要 30 min 后，这件宝贝才能在店铺、分类、搜索中显示出来，需耐心等待。买家未出价时，可以随时到"我的淘宝"→"出售中的宝贝"中进行各项内容的修改。如果有人出价后，发现商品的信息需要修改，可以在"已卖出的宝贝"中进行修改。

接下来，我们就可以进行店铺的装修阶段了。

第一步：打开淘宝页面，进入"千牛卖家中心"，可以选择左侧功能栏里的"店铺管理"中的"店铺装修"直接进入装修页面，也可以单击"查看淘宝店铺"进入店铺主页，单击店铺招牌左侧的"装修此店铺"，进入店铺装修界面。

第二步：单击左侧"模块"，添加店铺所需要的模块，主要有宝贝推荐、宝贝排行、默认分类、个性分类、自定义区、图片轮播、友情链接、客服中心、无线二维、宝贝搜索等，根据自己所需要用到的模块进行拖曳，如图 6-12 所示。

图 6-12　装修模块

第三步:设置店铺招牌,店铺招牌大小为 950 px×150 px 或 950 px×120 px,如图 6-13 所示。

图 6-13　设置店铺招牌

第四步:设置招牌之后可对店铺进行装修,如店铺轮播,可将店铺的产品做成像素为 950 px×600 px(大于 100 px 小于 600 px)的图片,放入店铺轮播中进行播放,让消费者进入店铺后对店铺售卖的产品一目了然,如图 6-14(a)、(b)所示。

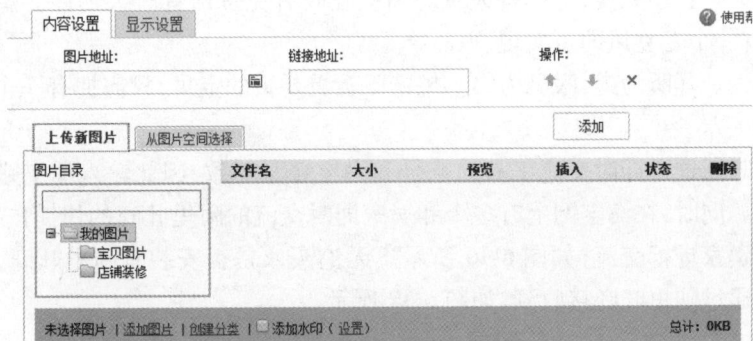

(a)

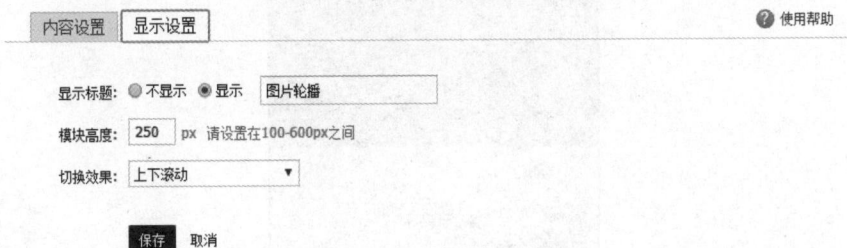

(b)

图 6-14　图片轮播设置

第五步:宝贝推荐设置,将产品发布上传之后,宝贝推荐会显示出已上架的商品。

第六步:宝贝分类设置,单击店铺上方的"宝贝分类",进入分类设置页面,设置完成之后单击"保存更改",如图 6-15 所示。

图 6-15　宝贝分类设置

简单装修之后,店铺变得充实起来,如果有时间,可以对店铺的每一部分进行仔细、精致地装修,让消费者眼前一亮。

店铺开张了,生意很快来了,为了更好地联系买家,加强买卖双方的沟通,要充分利用阿里旺旺这个沟通工具。

阿里旺旺,是买卖沟通的即时专用工具。该工具不仅可以实现网上即时文字信息沟通,还可以进行语音、视频,实现买卖沟通听得到,商品外观看得见!阿里旺旺提供了多种买卖沟通方式,彼此面对面,能增加信任、促进交易。

①即时文字交流。直接发送即时消息,就能立刻得到对方回答,了解买卖交易细节。

②语音聊天。打字太慢,电话费太贵。阿里旺旺有免费语音聊天功能。想和对方自由交谈,只需拥有一个麦克风即可实现。

③视频聊天。耳听为虚,眼见为实。想亲眼看看要买的宝贝,只需拥有一个摄像头即可实现。

由于阿里旺旺这一即时交流工具的账号和淘宝账号一致,因此输入淘宝账号和登录密码就可以登录。同时,在淘宝网上有多个和卖家即时交流的阿里旺旺的快捷按钮,单击快捷按钮就可以和卖家进行交流,如图 6-16 所示。无论买家是否安装有阿里旺旺,其发出的信息卖家都可以通过阿里旺旺接收到,如图 6-17 所示。

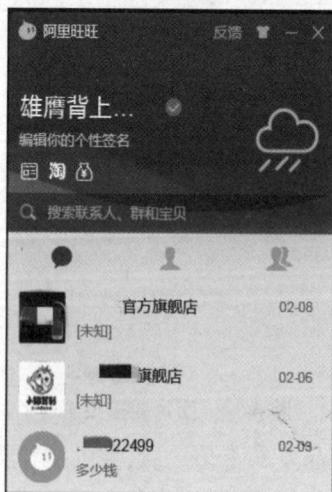

图 6-16　阿里旺旺显示状态

图 6-17　阿里旺旺交流窗口

显然,阿里旺旺作为即时沟通工具,更加方便了买卖双方的信息交流,避免错过每一个商机。

除了上述的信息交流工具,还可以通过电话、手机、腾讯 QQ、Email 等和买家沟通。

一旦网店发布后,卖家就要尽可能在线,避免错过商机。当有买家购买商品,就可以登录淘宝网,单击"我的淘宝"→"卖家中心"→"出售中的宝贝"来查看,如图 6-18 所示。

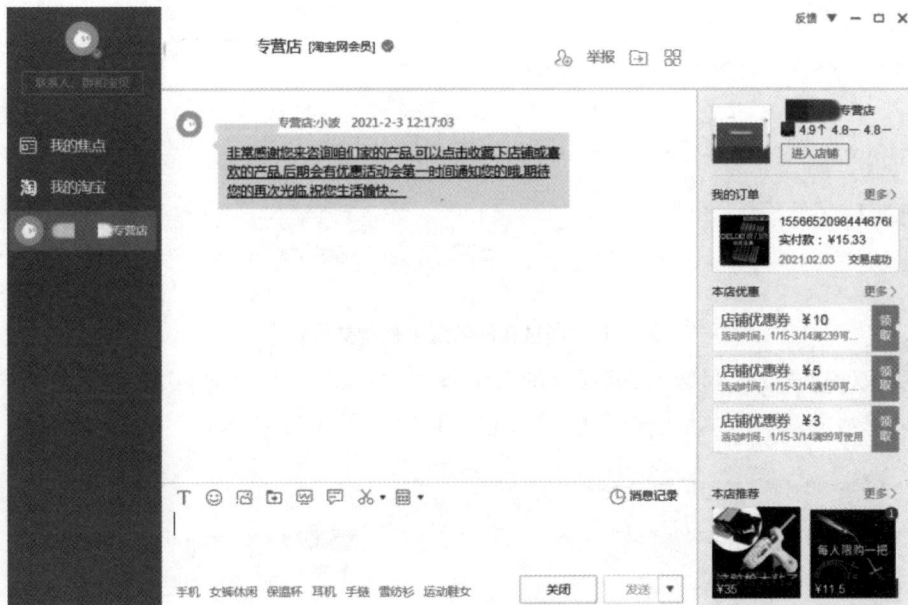

图 6-18　出售中的宝贝

对于这笔买卖的管理要登录淘宝网,单击"我的淘宝"→"卖家中心"→"交易管理"来管理,如图 6-19 所示。

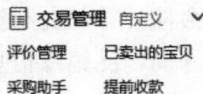

图 6-19　进入"交易管理"

查看所售商品的交易状态,可以进入"淘宝网"→"我的淘宝"→"卖家中心"→"已卖出的宝贝",如图 6-20 所示。此时显示"等待买家付款"表明商品已被买家拍下,但尚未付款,需等待买家付款。

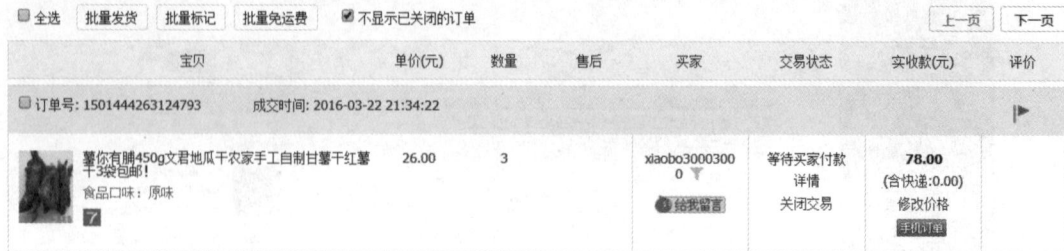

	宝贝	单价(元)	数量	售后	买家	交易状态	实收款(元)	评价
全选 批量发货 批量标记 批量免运费 ☑不显示已关闭的订单							上一页 下一页	
订单号: 1501444263124793 成交时间: 2016-03-22 21:34:22								▶
	薯你有脯450g文君地瓜干农家手工自制甘薯干红薯干3袋包邮! 食品口味: 原味 7	26.00	3		xiaobo3000300 0 给我留言	等待买家付款 详情 关闭交易	78.00 (含快递:0.00) 修改价格 手机订单	

图 6-20　通过我的淘宝中查看交易状态

当买家通过支付宝付款后,通过我的淘宝查看交易状态显示为"买家已付款,等待卖家发货",卖家发货后,交易状态显示为"卖家已发货",如图 6-21 所示。

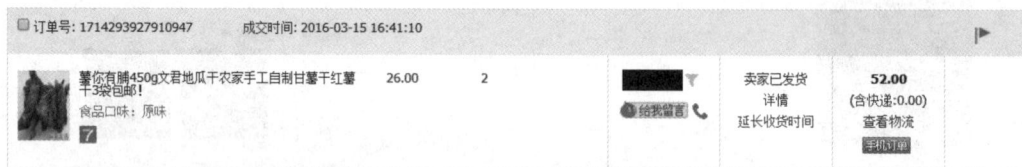

	宝贝	单价	数量		买家	交易状态	实收款	
订单号: 1714293927910947 成交时间: 2016-03-15 16:41:10								▶
	薯你有脯450g文君地瓜干农家手工自制甘薯干红薯干3袋包邮! 食品口味: 原味 7	26.00	2		给我留言 ☎	卖家已发货 详情 延长收货时间	52.00 (含快递:0.00) 查看物流 手机订单	

图 6-21　通过我的淘宝中查看交易状态

如果买家选择快递发货方式,卖家应及时通过单击"发货并确认"进行物流配送,操作步骤如下:

第一步,确认收货地址及交易信息,如图 6-22 所示。

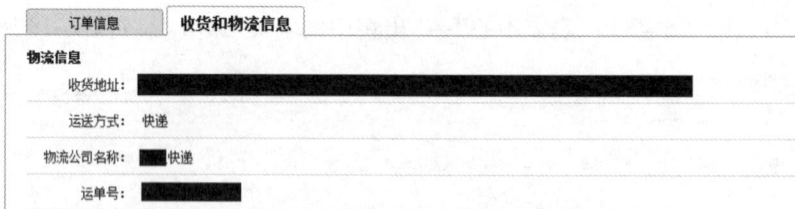

订单信息	**收货和物流信息**
物流信息	
收货地址:	████████████████████
运送方式:	快递
物流公司名称:	██快递
运单号:	██████████

图 6-22　确认收货地址及交易信息

第二步,单击"发货"按钮,页面跳转,物流的选择分为"在线下单""自己联系物流"和"无需物流"3 种。

淘宝网和一些物流公司合作,为卖家提供了多种商品的运送方式,利用不同的方式发货,其方法略有不同。

选择"在线下单"的优点有:网上直联物流公司,真正实现全部网上操作。价格更优惠,可以使用协议最低价和物流公司进行结算;赔付条件更优惠,淘宝与物流公司制定了非常优惠的赔付条款;赔付处理更及时,淘宝会监控并督促物流公司对于投诉和索赔的处理;订单跟踪更便捷,使用推荐物流网上下单,您的物品跟踪信息链接会放在物流订单详情页面,卖家和买家都可以方便查看;可享受批量发货功能,可以一次性将多条物流订单发送给物流公司;下单更便捷可享受批量确认的功能,使用推荐物流发货的交易,可以一次性确认多笔交易为"卖家已发货"状态;可享受旺旺在线客服的尊贵服务,物流公司在线客服,即时回复您的咨询,解答您的疑惑。

选择"自己联系物流",则需要自己单独和物流公司联系、协商,物流公司上门取件后返回运单号后,再填写在运单号处。单击"确定"后,此交易状态由"等待买家发货"变成"卖家已发货,等待买家确认"。

商品发出后,系统会通过多种渠道(阿里旺旺、站内信、邮件等)通知买家收货确认并付款,当买家确认收货并通过支付宝付款后,交易状态立即由"卖家已发货,等待买家确认"变成"交易成功"。

交易完成后要及时对买家进行评价,登录到"淘宝网"→"我的淘宝"→"卖家中心"→"已卖出的宝贝"中,找到"已完成交易",单击"评价",如实客观地给买家做出评价。

作为卖家,交易结束后要将销售收入转到个人网上的银行,而前面买家所付款项只是由支付宝把资金从买家的账户转到了卖家账户,因此,此时的货款还没有真正进入到卖家的个人网上银行账户中,卖家可以利用支付宝提供的"提现"功能完成这个操作,步骤如下:

登录到支付宝,单击"提现"按钮,如图 6-23 所示。

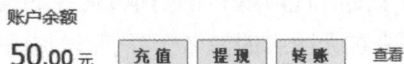

账户余额

50.00 元　充值　提现　转账　查看

图 6-23　支付宝提现

进入"提取余额到银行卡"页面,选择提现的银行卡,输入提现金额,单击"下一步"按钮,如图 6-24 所示。

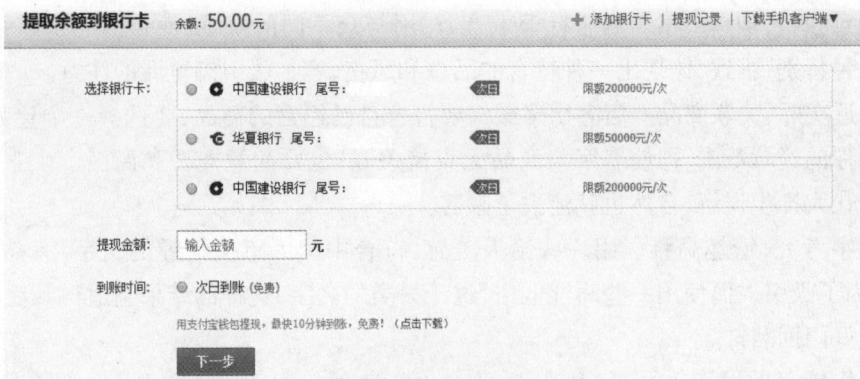

图 6-24　提取余额到银行卡

输入支付宝支付密码,单击"确认提现"按钮,如图 6-25 所示。

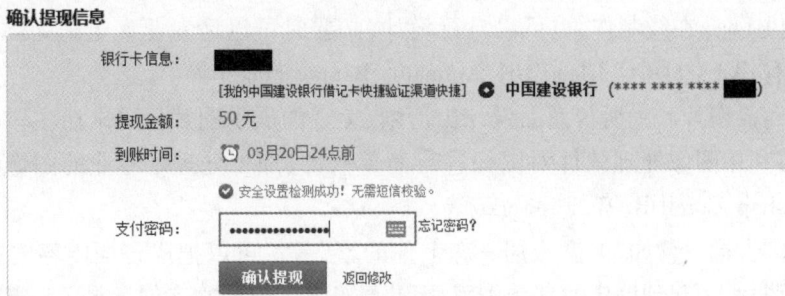

图 6-25　输入支付密码

显示"提现申请已提交,等待银行处理",如图6-26所示。

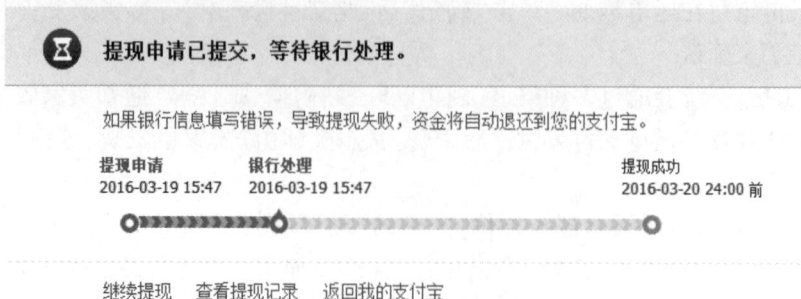

图6-26　提现申请已提交

提现申请提交成功,款项一般会在次日转到卖家的网上银行账户上,到时可以拿银行卡到银行提取现金,到此真正收回货款,完成整个交易过程。

要成功开设一个网店,除了要有优质低价的商品,良好的信誉及售后服务,还要通过广告宣传和运用各种营销策略,来扩大网店的知名度,从而增加销量,使你的网店成为旺铺。

①起好店名。

为网店起名字一般要注意以下几方面:

a. 通俗简洁、好听上口。店名一定要简洁明了、通俗易懂且读起来朗朗上口,如果用字生僻,读起来拗口,就难以被人记住。

b. 创意独特,别具一格。网店有千千万万,用与众不同的字眼,使自己的小店在名字上就显出一种特别、雅致,体现出一种特有的品位和风格,容易吸引浏览者的注意。

c. 贴近实际,关联商品。店名用字最好要符合自己经营的商品,要选择一个让人从名字上就看出你的经营范围,即使名字与商品无直接关联,也要注意能否和商品产生某种联想,否则容易让人产生误解,自然也就流失了顾客。

d. 用字考究,情趣高雅。用一些给人美感,符合中国人审美情趣的文字,有品位、够档次,不要为了吸引人而使用一些晦涩低俗、过于另类的名字,这样的结果会适得其反。

②做好门面装饰。

a. 制作精美的网店Logo和Banner。Logo(多为80 px×80 px)和Banner(多为950 px×120 px或150 px)既可以用于店面的装饰,同时在交换链接、推广网店时也能起到广告宣传的作用。好的Logo和Banner能够吸引浏览者的眼球,引发购买欲望,因此要引起足够的重视。网上提供Logo在线制作,也可以自行设计,必要时可以请专业人士来为你设计。常用的制作工具有:AAA LOGO、Ulead GIF Animator、Banner Maker等。

b. 美化商品图片。为所售商品设计出清晰、美观的展示图片。要求店主掌握必要的摄影技术,能够利用图像处理软件对图像进行简单修饰、加工处理。专业的图像处理软件有Adobe Photoshop、CorelDRAW、Fireworks等。

c. 设计广告词。譬如"恋恋家居—恋上你的家"等。可以把广告词内容放在Banner等网店宣传的图片上,起到网店的宣传作用,因此要具备一定的文字创意水平和组织能力。

d. 个性化的店铺简介。写一段精彩店铺介绍文字,给浏览者留下深刻的印象,拉近和购物者之间的距离。

　　要想吸引浏览者进入网店浏览你的商品,锁定回头客,并通过顾客宣传来扩大客户群体,在做好网店的外包装后,重要的是用质优价廉的商品、完善的售后服务来营造良好的网店形象,形成"口碑效应",还需要运用必要的营销策略。

　　①广告策略。

　　a.申请广告位。在易趣、淘宝等网站上开网店,网站本身提供了一些广告宣传方式,如粗体、变色显示、图片橱窗、首页推荐位展示等。这些服务通常是收费的,但是可以为自己的网店带来流量,可以尝试。需要注意的是,不要将自己网店里的每一个商品都采用收费推广的方式,只需要选出一两件有代表性的商品进行推广,将买家吸引到自己的网店,自然也就会浏览到其他的商品。

　　b.开展优惠促销活动。特别在建店初期,为聚集人气,打开局面,要开展一些优惠促销活动。例如折扣、赠送、免邮费等。通过微利甚至零利润经营,使网店在短时间内吸引更多的顾客光临,网店自然也可以得到相应的推广。

　　c.交换链接。交换链接或称互惠链接、互换链接、友情链接等,是具有一定互补优势的网站之间的简单合作形式,即分别在自己的网站上放置对方网站的 Logo 或网站名称,并设置对方网站的超级链接,使得用户可以从合作网站中发现自己的网站,达到互相推广的目的。和经营好的旺铺交换链接,特别是要寻找同类但互补的网店,互通有无,多渠道吸引顾客,广招客源,在自己拥有一定营销资源的情况下通过合作达到共同发展的目的。

　　d.利用社区论坛、即时通信工具找商机。利用各种留言簿或论坛以及 QQ、阿里旺旺、Email 等宣传自己的网店。可以采用签名档,将自己的网店地址与大概的经营范围包括在签名档里,无形中会引起许多浏览者进入你的网店,进而成为你的客户。

　　e.在各种提供搜索引擎注册服务的网站上登录网店的资料,争取获得更多的浏览者进入网店。

　　②定价策略。

　　a.销售价格要保证基本利润,除作为营销策略促销外,不要随意降价,也不要定价太高,应保持价格相对的稳定性。

　　b.传统实体商店不容易买到的稀缺、时尚类商品的价格可以适当提高,太低反而引发顾客对商品的怀疑。

　　c.经营的商品可以拉开档次,有高、中、低档,让客户有充分的选择余地。有时为了促销需要,可以将一两款商品按成本价出售,主要是吸引眼球,增加人气。

　　d.容易确定价格的商品可以采用一口价方式销售;不容易确定市场定价或者想要吸引更多买家,可以采用竞价的方式。

　　在定价过程中如果不确定某件商品的网上定价情况,可以到一些购物网站上进行搜索,在上面输入自己要经营的商品名称,参考查询结果,确定出自己的报价。还要注意商品定价是不是包括运费,一定要交代清楚,否则有可能引发争端,影响自己的声誉,模糊的定价甚至会使有意向的客户放弃购买。

6.4.2　微店创新创业的业务流程

微商是一种新型的基于微信的网络营销手段,将社交与分销相结合,是把"朋友圈"辐射为"生意圈"的新型电商模式。与传统电商经营相比,微商具有进入门槛低、投入成本小、管理方便等一系列创新优势,因此受越来越多的创业者青睐。

成为微店卖家可参考以下步骤。

1)选择微店平台

要开设微店需先选择合适的微店平台,选择在 PC 端注册,进入浏览器在地址栏输入www. weidian. com 登录微店官网,如图 6-27 所示。

图 6-27　微店官网

单击"微店店长版"进入注册界面,如图 6-28 所示。

图 6-28　微店注册登录界面

选择在手机端操作,应进入应用商店,搜索"微店店长版",并下载安装 App,如图 6-29所示。

图 6-29　"微店店长版" App 应用商店下载界面

下载安装后可直接进入微店 App 完成注册,如图 6-30 所示。

图 6-30　微店 App 登录界面

2)注册"微店店长版"

进入注册界面,按要求填写手机号、验证码并设置登录密码(登录密码为 6 ~ 16 位组合密码),如图 6-31 所示。

图 6-31　微店店长版注册界面

3）选择店铺类型

根据店铺类型，选择开设单店版或是连锁版，如图 6-32 所示。单店版适用于单个店铺商家，连锁版则适用于多网店管理的连锁商家。

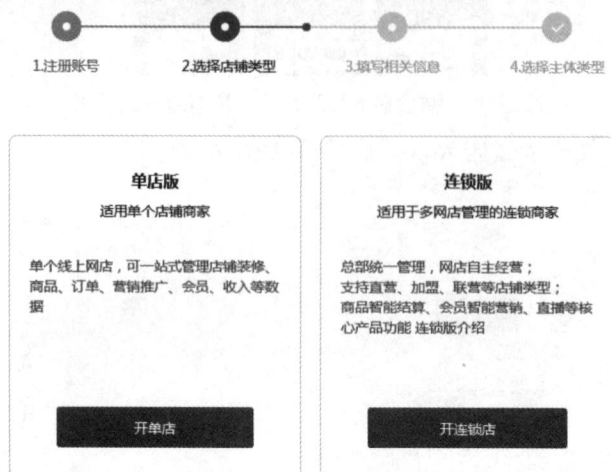

图 6-32　选择店铺类型

4）填写相关信息

此页面可上传店铺 Logo，输入店铺名称、店铺介绍。店铺名称建议 12 个字以内，超出部分在店铺页可能展示不全。可根据店铺特色、风格等内容在店铺介绍中进行说明，此项非必填项，如图 6-33 所示。

图 6-33　填写店铺相关信息的界面

5）选择主体类型

可根据经营主体情况选择主体类型，主体类型包括小微商户、个体工商户、企业公司，如图 6-34 所示。主体一经确定，后续再进行变更所需材料较为烦琐，初次认证请谨慎选择。

图 6-34　填写主体类型的界面

确定主体类型后，单击"申请开店"。

6）进行身份认证

进行身份认证可采用个人身份证件，须本人提供二代身份证人像面照片、国徽面照片和本人手持身份证照片并上传，如图 6-35 所示。同时应准确填写证件姓名、号码及有效期。

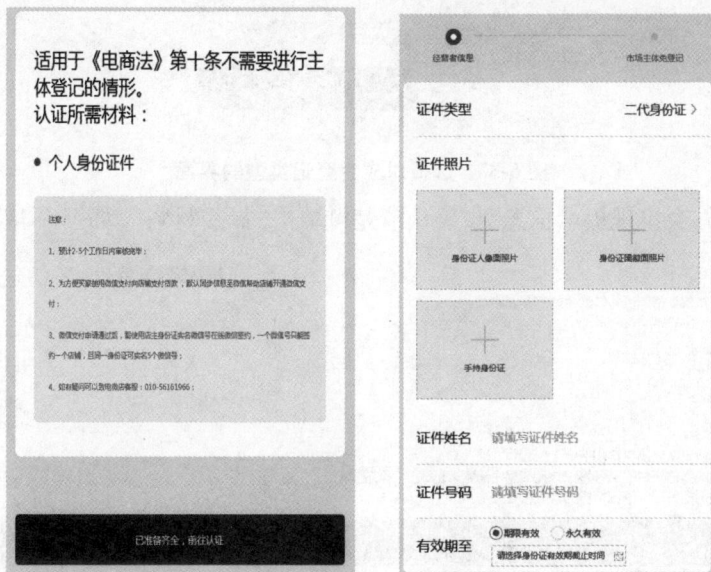

图 6-35　身份认证的界面

另外，还应填写手机号、验证码及邮箱，完成后单击"下一步"，如图6-36所示。

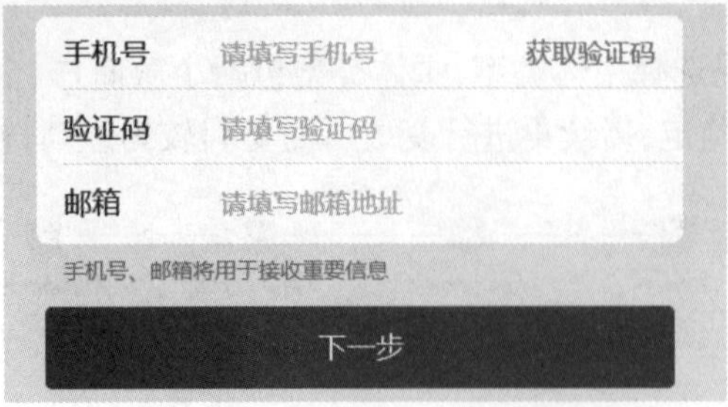

图6-36 填写手机号、验证码、邮箱的界面

根据《中华人民共和国电子商务法》相关规定，符合下列情形的，不需要进行市场主体登记，可根据店铺经营情况选择对应的免登记类型，确认后并提交，如图6-37所示。

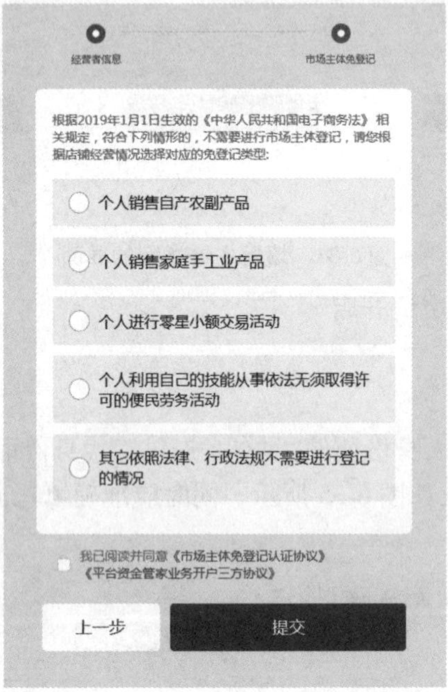

图6-37 选择对应免登记类型的界面

单击提交后，会出现提示信息，如确认清楚可单击"提交材料"，如图6-38所示。

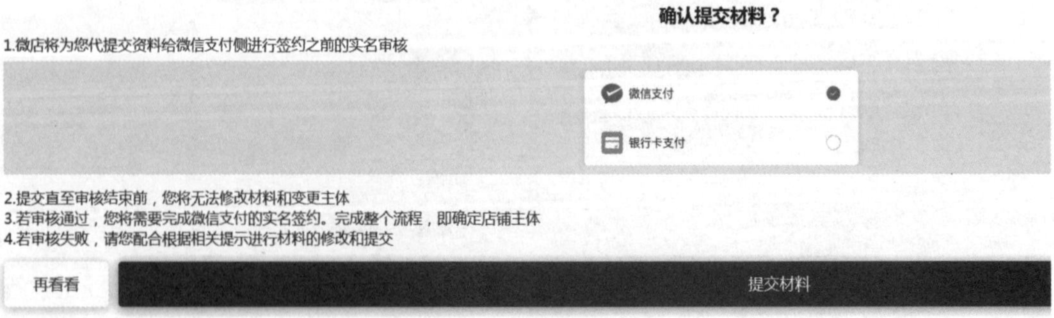

图6-38 提交材料的界面

7) 等待审核

提交材料后，申请人需等待材料审核，审核时间为 2 ~ 5 个工作日，如图 6-39 所示。

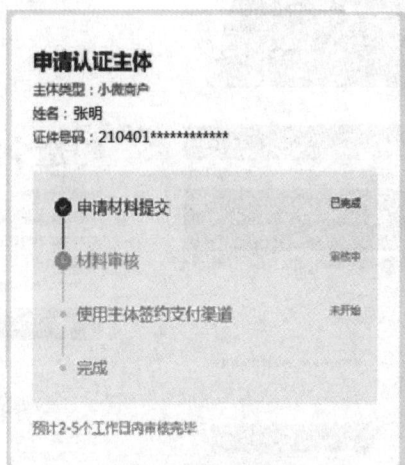

图 6-39　等待审核的界面

6.4.3　微店装修

①进入登录界面，输入手机号与密码，进入微店，如图 6-40 所示。

图 6-40　进入登录界面

②选择主账号店铺，如图 6-41 所示。

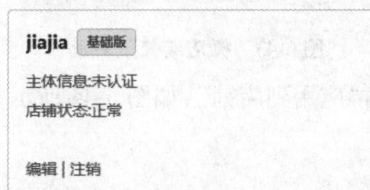

图 6-41　主账号店铺的界面

③进入"店铺"→"店铺装修",如图 6-42 所示。

图 6-42　店铺装修的界面

进入"店铺装修"界面,可将左侧菜单栏中的模块,按照需要拖曳到店铺布局中。模块分为普通模块与高级模块,高级模块需要"旺铺卡"才能使用。

选择相应的模块,可以在右侧的对话框中进行设置,完善店铺设计,如图 6-43 所示。

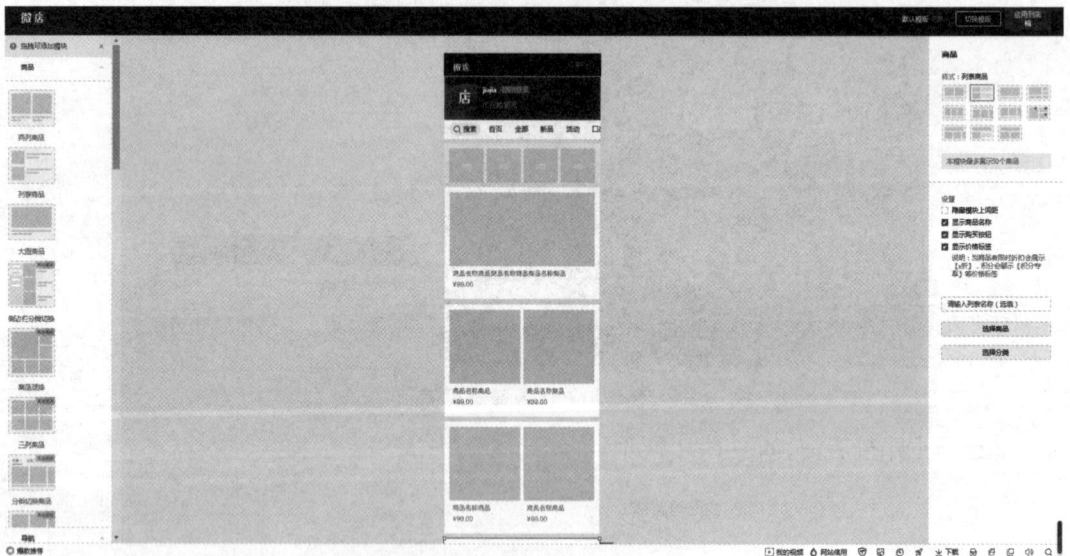

图 6-43　微店装修的界面

设计完成后,可单击右上角"应用到店铺",如图 6-44 所示。

图 6-44　应用到店铺的界面

在微店 App 也可以完成店铺装修。

①进入微店（店长版）App，如图 6-45 所示。

图 6-45　微店 App 图标

②单击"店铺管理"→"店铺装修"进入装修界面，如图 6-46 所示。

图 6-46　微店装修界面（手机端）

③在店铺装修界面，可以根据需要直接插入导航模块、广告模块、文字模块、营销模块等，也可以直接采用系统自带模板。选定后可直接在此页面预览店铺，确认无误后可将设计

好的模块应用到店铺,如图 6-47 所示。

图 6-47　微店切换模板

6.4.4　发布商品

下面以手机端为例,介绍如何在微店 App 中发布商品。

①进入微店 App,单击"商品管理",进入"商品管理"界面单击"添加商品",如图 6-48 所示。

图 6-48　添加商品

②填写商品信息,须按照提示要求填写,带 * 号部分为必填项,如图 6-49 所示。

a."商品类型"包括实物商品、电子卡券(系统生成)、电子卡券(商家导入)、社区团购。

b."图片和标题"可上传手机拍摄的图片与视频,标题可参照网店的标题设置。

c."类目"务必选择正确类目,若所选类目与实际商品不符可能会被处罚,同时餐饮食品、图书音像、票务住宿、医药及健康服务需要进行资质认证,如果错放可能会被下架。

d."配送方式"一般默认快递发货。

e."运费设置"可以设计运费模板。

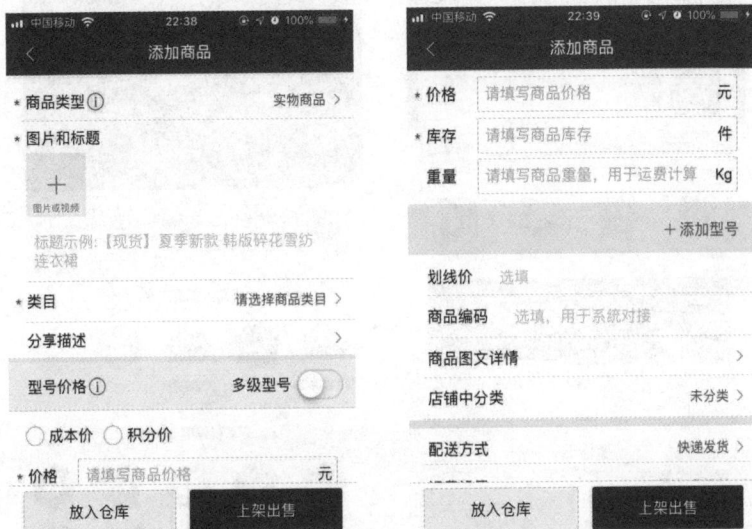

图 6-49　填写商品信息的界面

商品信息填写完成后,可选择"放入仓库"或"上架出售"。如选择"放入仓库",则在店铺页面中,该商品不可见;如单击"上架出售",则在店铺中显示该商品并可出售,如图 6-50 所示。

图 6-50　放入仓库和上架出售的界面

6.4.5 分享店铺

若想更多的顾客了解微店及商品,可以将微店分享至微信群或朋友圈,以获得更多的客源;也可以利用平台提供的推广店铺进行付费推广,以取得更佳的推广效果,如图 6-51所示。

图 6-51 分享店铺的界面

6.5 案例:寻找田野
——以内容营销为核心的美食电商

年至不惑,前资深媒体人、旅行作者梅小排终于打定主意创业。开了 4 年淘宝店,这一次,他想打造一个与市面主流截然不同的美食电商平台。

黑框眼镜、曾经一头长发,再加上 1 米 9 的大高个,许多人说他长得酷似韩寒。面对陌生人,梅小排显得有些不善言辞。以朋友的身份,穷游网总裁蔡景晖曾调侃他是个"不靠谱"的人:当过四五年销售,混过 11 年媒体圈,从《东方早报》的记者到现代传播的创意总监,他出过书也卖过橙子,最近的爱好则是马拉松和创业。

他本名朱震,笔名"梅小排"脱胎于"梅汁排骨",一个他 2000 年在新浪旅游论坛上用的 ID。大学毕业后,他开始攒钱到处旅行,兜兜转转全世界,偏爱老少边穷地区。

"很久以前在伊犁搭车,一车 40 多个人,几乎都是哈萨克族和维吾尔族,只有我和我朋友两个是汉族人。车上三天两夜的时间里,可爱的维吾尔族老太太会把馕给我们吃,感觉很奇妙。"

在尝过许多原产地美味后,2016 年 4 月,梅小排创立"寻找田野",这是一个以内容营销为核心的原产地精选美食平台。他希望能发现更多国内优质产品的原产地,让用户的味蕾"不再冒险"。

20 元一个的网红粽子

创立公司一个月后,正赶上端午节,梅小排二度出山,要卖"全宇宙最好吃的粽子"。

他给自己的粽子取名"四喜良粽",如图 6-52 所示,分瑶柱大肉粽、腊肉鲜肉粽、咸蛋黄五花肉粽和野赤豆蜜枣粽 4 种。它们被包装成每样两枚或三枚的礼盒装,定价近 20 元一个。

为什么偏偏是粽子? 2015 年初,通过朋友介绍,梅小排认识了大厨阿乐。阿乐曾被评为湖州十大青年名厨,出镜纪录片《舌尖上的中国》。

阿乐彼时已有自己的餐馆,名利双收,不过,他一直想做一款自己的粽子,于是,和梅小排聊过后,两人一拍即合。

"人们大多把粽子当成充饥的食品,其实,它可以在配料和品质上拥有更多个性。"梅小排对《天下网商》说。

谋定而后动,他们与当地的粽娘合作,利用餐馆的后厨闲置时间,通过 C2B 模式来生产发货。每集满 20 单开始包粽子,翌日发顺丰。前期的包装设计和推广销售,由梅小排团队负责。

图 6-52　四喜良粽

2015 年的端午期间,梅小排曾卖出了 1 万多个粽子。2016 年 5 月 11 日,新版四喜良粽再次上线销售。截至 5 月底,"寻找田野"卖出了共计 5 万多个粽子,销售额过百万元,还供不应求。

在接受采访时,梅小排透露,为了把粽子卖爆,他准备了多元化的内容:近万字的文稿、88 张产品图片和 3 条不同的短视频。

具体做法是,"先给产品的宣传内容定性,再分成 5 个层面来创作,直观地表现产品要素"：

①结合粽子产地的地理习俗特性——"湖州粽"本身的特点。

②用上过"舌尖"的名厨为粽子本身品质背书，例如肉质、蛋黄、粽叶等。

③结合与粽子有关富有人文情怀的故事，例如"金庸念念不忘的粽子"等。

④展现粽子整个复杂而精良的制作流程。

⑤描述粽子的吃法。

当时，"寻找田野"的公众号只有3 500多个粉丝。以CPS(按单击收费)的方式，梅小排与美食公众号"yami"及"猎宴"等建立了合作，还登录了"开始众筹"，众筹五天，成交额就达到目标额的552%。

这些渠道为粽子的销售带来了大量曝光流量，唯一的问题是，由于担心生产赶不上销售，众筹提前10天结束。"从原来每天600个到3 000个，还是赶不上销售速度。"

卖了四年"王婆橙"

创业之前，梅小排其实已经在网上兼职卖了三四年橙子。当时，生鲜电商"产地直采"的概念才刚刚兴起。

2012年，褚橙刚刚暴得大名，两天之内在北京卖掉3 000箱。作为赣南橙农之子，梅小排也想到了为父亲和老家的橙农卖橙。在朋友的鼓励下，他开起淘宝店，卖起"王婆良橙"，名字颇有自嘲之意，如图6-53所示。

图6-53　王婆良橙

开始卖橙后，梅小排渐渐总结出几条自己的运营策略：一是自行设计多套不同规格的包装，将橙子按照不同果径分开进行包装；二是以高于平均收购价10%左右的价格，向橙农收购自然成熟的优质橙子，售价定为6到10元每斤不等；三是提前一个月进行营销和预售，等果实成熟后采摘发货，不使用冷链。

过程并不一帆风顺。因为预售期长，新用户大概会流失3%。在这4年里，他也遇到过其他各种各样的问题，但他觉得最大的问题还是在于农产品很难完全标准化，"这个行业看天吃饭，充满了风险"。

有一年，橙子在运输途中下起了雪，梅小排非常忐忑，他怕橙子冻坏或是堵在路上，放久了变得不新鲜。后来的几次，因为气候变化橙子表面颜色泛青，或者产区价格上涨，他也都担心用户会有意见。

为了缓解用户的反感情绪，让他们接受不可抗的延期或者涨价，梅小排除了用返现、赠品等营销策略去弥补,还写文进行详尽解释、检讨,并且鼓励用户加入"寻找田野吐槽微信群""做生鲜一定要换位思考"。

让产品成为内容本身

"我原来是不敢创业的。"面对记者,梅小排不由得发出感慨。

2013 年,当梅小排第二次卖橙子的时候,已经有投资人对他抛出橄榄枝。"当时我是怂了。"梅小排说,"那时还处在收入回报的高峰期,而且包括技能也好,对人的理解也好,没有达到理想的程度。"

为了更深入地了解行业,在过去的三四年里,他去过几家互联网公司"学习经验"。到了2015 年,他才开始计划将"寻找田野"设为独立的项目。

目前,在"寻找田野"的淘宝店和微店里,有四喜良粽、酥皮鲜肉月饼、贰爷 XO 酱和车顺号普洱茶等产品。酥皮鲜肉月饼"高桥松月"上线 48 h 内销售 1 500 盒,到 8 月底则卖出3 000 多盒,如图 6-54 所示。

图 6-54 酥皮鲜肉月饼

寻找田野的淘宝店铺只做过一点点直通车,流量基本靠社交媒体传播导入。"用淘宝和微店是为了给用户更安全的保障。"梅小排解释说。但在里面,你难找到一条差评或者中评。不过,也偶有消费者抱着对口味过高的期望购买后的小小失望。

"我们的产品体验一般是超过你付出的价格的,起码也做到能匹配。"梅小排并不担心定价较高会没人买,一方面是出于对品质的自信,另一方面他定位的用户也是对体验比对价格更敏感的群体。

主流的生鲜电商平台仍是以渠道为主,产品同质化严重,常陷入价格战,最后表现为用户黏度不强。以"原产地"为核心,"寻找田野"的 SKU 虽然不多,但每一个都经过精挑细选,再打上手工、限量、预定的标签,配上精心设计的优质内容——形式包括文字、图片、GIF 动图以及视频,以产地故事为背书,展现出诱人的口感,让消费者付出初次尝试的成本,而后续还是以品质留存住老用户。

据称,寻找田野复购率超过 50%。旗下两个公众号"寻找田野"和"水果侦探"虽只有一万左右粉丝数,但梅小排说:"我们已经储备了两三百万的流量。"

用较轻的模式就能带动大流量,也是梅小排继承之前的经验得到的运作思路。通过众筹、CPS 分销等各种手段快速提升流量,"寻找田野"试图打造出一个个爆款。此外,通过这些方式,交易之后才结算出推广成本,让团队可以将更多资金投入在视频内容制作和文字稿费上。

在供应链上则不只是贴牌,而是通过让利给供应方,找到高性价比且高质的部分产品,并且在一定程度上介入产品的生产。前端解决选品后,通过 C2B 模式进行发售,也避免了冷链、仓储的成本和风险。

但他同时也表示:"C2B 只是初期的策略,我们会逐渐 B2B、C2C 化,也可能和其他电商平台合作,切入各个渠道进行销售。"

目标不只是做一个"小而美"的公司,梅小排还想将"寻找田野"打造成一个聚合优质原产地食品的垂直电商平台。他们同时找到大型供应商,想用寻找田野的品牌作为出口,让供应商提供优质产品,作为非预售的基础 SKU。

意识到原产地对品牌化有强烈的需求,梅小排希望能帮助原产地农人、匠人和这些供应商分担内容营销和商务谈判的工作。"我们的价值观都是相似的,"他告诉《天下网商》,"是土地友好、种植上心,而不是一种竭泽而渔、杀鸡取卵式的种植方法。"

根据时令和新的合作达成,还有新的 SKU 在不断上线。水果、副食只是一个切入口,梅小排表示,还会根据不同消费场景丰富 SKU,预计 9 月会是一个爆发期。

2016 年 6 月 25 日,寻找田野获得 300 万元天使轮资金,投资人是辰海资本的合伙人陈尘。曾经投过韩都衣舍的陈尘现在更注重消费升级市场,他告诉《天下网商》,寻找田野和其他内容电商不同之处在于不是通过先做内容再引流到电商,而是将产品本身打造成精致的内容故事来吸引消费者,这样产生的转化效果更好也更直接。梅小排本身作为一个生活方式类的 KOL 也有一定的号召力。

据梅小排透露,9 月下旬将启动 Pre-A 轮融资。公司目前有 12 人左右,合伙人姚文剑也曾是资深媒体人和连续创业者。团队现在仍旧面临人手和产能不足的问题。

创业之路漫长,他承认自己也有点后悔,现在几乎没有时间再去旅行和写作。最近,他每天早上都会在家楼下的公园跑 10 km 以上。长跑让他学会忍耐,"对痛苦的耐受,是一种相对高级的情感。"

案例来源:《天下网商》.

第7章 B2C 创新创业

7.1 认知 B2C 业务

B2C 是英文 Business-to-Consumer（商家对客户）的缩写，而其中文简称为"商对客"。"商对客"是电子商务的一种模式，也就是通常说的商业零售，直接面向消费者销售产品和服务。这种形式的电子商务一般以网络零售业为主，主要借助互联网开展在线销售活动。

随着互联网的不断发展，网上购物作为一种新型购物方式，逐步深入人们的日常生活。网购也带动了一大批包括京东、淘宝、当当等网上购物平台，其在提供便捷购物环境的同时，也推动了网络平台的不断发展。

京东购物平台如图 7-1 所示。

图 7-1 京东购物平台

7.1.1　B2C 的内容

B2C 电子商务有以下 4 个基本部分:为顾客提供在线购物场所的网上商城、负责为客户所购商品进行商品配送的物流配送系统、支付结算系统及安全认证系统。

1)网上商城

网上商城也称虚拟商场,是商家直接面向消费者的场所,网上商城中陈列着琳琅满目的虚拟商品,与实际商品不一样,实际商品是物理的实体,而虚拟商品由文字和图片组成,只能看,不能"摸"。目前有的网站将商品制成立体形式,消费者可以从不同的角度观察商品。

2)物流配送系统

物流配送系统是阻碍虚拟商场发展的一个主要瓶颈。商家根据配送范围的大小可选择不同的配送方式,近距离可直接送货,远距离可用 EMS 或第三方物流。

3)支付结算系统

支付结算方式决定了资金的流动过程,目前在 B2C 电子商务方式中主要的支付方式有送货上门付款、汇款和电子支付。

4)安全认证系统

安全认证系统包括消费者身份确认即支付确认。在 B2C 电子商务模式中消费者身份确认大多数采用电话确认和电子邮件确认。

7.1.2　B2C 的特点

B2C 电子商务模式具有以下几个特点。

1)从商品中介变为商品信息中介

B2C 网站的核心作用是商品信息中介。传统零售企业通过品牌营销、渠道营销、配送体系,完成商品至消费者的传递过程。B2C 电子商务企业在利用传统营销模式的同时,充分发挥网络信息媒体优势,通过网络营销手段与现代物流的组合完成商品传递,并将搜集到的用户反馈信息,以数据形式传递至生产者等信息使用者,充当着商品信息中介。

2)从商品交易场所变为商品配送场所

对于 B2C 企业来说,在强化销售环节的同时,其仓储运输环节逐渐凸显其重要性。B2C企业对现代化的大型商场配送中心的需求也日益强烈。专业化、社会化、国际化的物流配送中心所显示的巨大优势,使新型物流配送中心成为未来物流配送中心发展的必然趋势。

以京东为例,自 2007 年起,京东通过在全国多个城市自建物流基地的方式,正式走上自建物流之路。紧接着,2012 年 8 月,京东注册成立北京京邦达贸易有限公司,经营物流业务。2019 年 1 月,京东物流无人机实现了在"千岛之国"印尼的首次飞行,这是中国物流无人机在海外的首次成功飞行。京东方面曾透露,京东物流致力于打造涵盖干线、支线、末端配送的三级无人机智能物流体系,该体系先从末端布局,之后逐步建立干线和支线物流网络,最终构建空地一体化的智能物流网络。京东官网显示其平台上销售"超数万品牌、4 020 万种商品";2020 年一季度报告则显示,京东物流共运营了 730 多个仓库,包含京东物流管理的云仓面积在内,管理的仓库总面积约 1 700 m^2。

3) 由提供大众化服务变为提供个性化服务

传统零售企业提供的是面向广大消费者的大众化服务。零售企业的一个重要功能是搜集市场信息并反馈给生产厂商,其中就存在信息处理周期长,信息传递失真等问题,难以满足消费者个性化需求。

B2C 是利用 Web 提供的在线表单或电子邮件自动回复、转发系统,能对每位顾客的需求做出及时响应,同时将订单传至生产厂商,厂商按订单要求生产产品,不仅大大缩短了供货时间,也能满足顾客的个性化需求。因此,个性化服务已经成为 B2C 网站的一大特色。

7.2　B2C 创新创业的机会

7.2.1　国家方面的扶持

很多人反映电商假货多,存在欺诈现象,从而出现了一系列的问题,甚至对整个电商行业带来不好的影响。事实上,很多电商确确实实对大家有利,并且物美价廉,对社会经济发展起到了很大促进作用,国家也更应该支持和鼓励电商、微商创业,为了使其规范化、系统化、制度化,国家有必要高度重视并大力支持。

7.2.2　创业环境友好

将完善高校创新创业教育体制机制作为深化高校创新创业教育改革的支撑点,集聚创新创业教育要素与资源,统一领导、齐抓共管、开放合作、全员参与,形成全社会关心支持创新创业教育和学生创新创业的良好生态环境。

积极引入社会力量合作开展创新创业工作。高校进行创新创业教育离不开以市场经济主体、非营利性机构、事业单位、政府机关为代表的社会力量的参与。社会组织可以协调各种资源与高校合作在社会生产实践中进行创新创业教育。高校应该积极寻求教育主管部门的帮助,由教育主管部门进行牵头整合政府、企业与高校的资源,以项目为依托,深入开展"政产学研"合作育人模式,在该模式中,政府主要负责协调各方资源、监督合作的开展以及各种优惠政策的落实与执行;企事业单位主要负责提供实践场地、设施和必要的财力支持;而高校则主要负责提供智力支持,集中力量解决核心问题。这种合作模式是创新创业教育的最高形式,对学生创新创业能力的培养具有直接的促进作用。

7.2.3　学生自身因素

2020 年 7 月,中国人民大学发布的《2019 中国大学生创业报告》回顾了 2017 年以来报告研究团队对大学生创新创业行为、创业实践、创业教育、创业支持等的研究数据,采用统计方法分析大学生创业特征与面临的挑战。报告调查发现,2019 年有超过 75% 的受访在校大学生具有创业意愿,其中有超过 25% 的在校大学生的创业意愿较强。通过与 2017 年以来的持续调查数据进行对比,结果显示大学生创业意愿更加趋于理性,受访者有更明确的发展方向。大学生创业动机持续表现为以机会型创业动机为主,表明在校大学生创业动机主流是满足自身愿望、兴趣与实现价值相结合。

随着政府提出"互联网+"行动计划,创业也迎来了基于"互联网+"的大潮。对于伴随互联网成长的大学生,利用互联网创业有着天然的优势,他们对互联网关注度高、运用能力强。"互联网+"为大学生创业提供了前所未有的机遇。网络销售由于存在投入资金少、经营空间广、经营时间长、成本低、风险小、回报快等特点,成为最佳选择。

案例:

阿里助农平台"脱贫攻坚"女主角

2019 年,阿里巴巴获得全国脱贫攻坚奖组织创新奖。2020 年,通过阿里平台助农脱贫多个先进个人的故事涌现。他们当中,有大家熟悉的淘宝头部主播,也有淘宝农产品店主,女性占了多数,都在阿里平台成功创业,并成长为助农脱贫的带头人。

从平台获奖到个人获奖,正是阿里巴巴"亩产一千美金"计划的与众不同——通过数字化、系统化、易扩展的"造血式"助农模式,让农民真正掌握脱贫致富的"金钥匙"。

赵海伶,四川青川恒丰食用菌种植专业合作社理事长,是阿里助农平台上的大学生创业代表。2009 年,赵海伶大学毕业后,回到家乡青川,恰好阿里巴巴正参与青川重建。她在青川"阿里之家"接受培训,开起淘宝店销售当地土特产,曾被阿里巴巴评为"全球十佳网商"。短短 10 年间,淘宝店转型为省级龙头企业,带动青川 4 000 多食用菌农户致富,为留守贫困妇女老人提供务工岗位。

7.3　B2C 创新创业的选择原则

7.3.1　合法性原则

电商行业的爆发式的增长给消费者带来了便利与实惠,也带来了不少困扰。电商法律无法紧跟高速发展的互联网产业,出现的种种问题都反映出立法的空白和监管的缺失。以大学生 B2C 微商创业为例,大学生微商创业者中,77% 都是通过层层代理的方式从事微商销售产品,还有 77% 的大学生创业者利用地理优势做代购微商从中赚取差价,这两种微商都存在偷税漏税的问题,层层代理甚至可能误入网络传销,在这些人中对微商的有关政策或法规的了解程度我们也进行了统计,较为了解微商的有关政策或法规的大学生微商创业者仅占比 3%,不了解却感兴趣的占比达到了 50%,由此可见,大学生对微商的有关政策或法规的了解程度普遍偏低,国内高校多侧重于大学生的书面学习,对大学生微商创业的情况虽有所了解,但并未给予足够重视。建立健全微商法律规范,做好微商领域的法制宣传在当下具有必要性。

以坚持走中国特色社会主义道路为前提,响应深入推进"互联网+"行动,持续推进大众创业、万众创新的政策,进一步探索如何规范网络消费市场秩序,解决消费纠纷,严惩网络犯罪,帮助大学生解决 B2C 微商创业的法律问题,更合法、更健康地进行创业,成为当下大学生创新创业亟待解决的问题。因此为满足电商行业高速发展的需要,国家在 2018 年 8 月 31 日,十三届全国人大常委会第五次会议表决通过《电子商务法》,并于 2019 年 1 月 1 日起施行。

案例:

2020 年上半年全国消协组织受理投诉情况分析

2020 年上半年,全国消协组织受理商品类投诉 247 796 件,占投诉总量的 44.1%,服务类投诉 288 797 件,占投诉总量的 51.4%。其他商品和服务类投诉有 24 929 件,占投诉总量的 4.5%。服务类投诉中,投诉量居前五位的分别为:经营性互联网服务、餐饮服务、远程购物、交通运输和网络接入服务。投诉量前 10 位的服务见表 7-1。

表 7-1　投诉量居前 10 位的服务

单位:件

服务类别	2020 年上半年	2019 年上半年	同比/%
经营性互联网服务	23 574	16 060	↑46.8
餐饮服务	23 089	8 473	↑172.5
远程购物	20 703	23 082	↓10.3

续表

服务类别	2020 年上半年	2019 年上半年	同比/%
交通运输	19 845	3 204	↑519.4
网络接入服务	18 445	16 080	↑14.7
店面销售	14 819	8 254	↑79.5
培训服务	14 395	8 555	↑68.3
旅游	12 111	3 895	↑210.9
健身服务	11 064	7 738	↑43.0
移动电话服务	11 052	8 993	↑22.9

网络购物受到消费者青睐,但也引发了较多消费纠纷。网络购物投诉的主要问题有:一是网购商品质量低劣,存在安全隐患。如网购打蛋器有漏电现象,属"三无"产品等。二是合同违约花样频出。如产品与宣传、承诺不符,缺斤少两,不能按时发货,经营者单方砍单等。三是平台在线客服不能及时跟进处理,特别是传统线下超市的 App,线上线下脱节,运营的准备及管理不足。四是配送不规范。有的未经消费者同意,直接将物品放置在自提点或快递柜。五是部分"无接触配送"因缺乏保温措施,导致生鲜、外卖变质。

例如,2020 年 3 月 14 日,青岛王女士通过某网络平台上的商家购买床和衣柜,共花费5 580 元。3 月 20 日到货后,发现商品与宣传严重不符,整体柜体颜色偏黄,颜色不均,有多处瑕疵,做工粗糙,味道也非常大,联系客服要求退货,客服称可以上门美容修补。王女士要求按照"七天无理由退换货"处理。截至 3 月 23 日,商家一直不直面问题。无奈之下,王女士求助青岛市消费者权益保护委员会,希望能帮忙协调退货退款。青岛市消费者权益保护委员会通过中国消费者协会投诉和解平台,督促商家依法依规妥善解决。3 月 30 日,消费者与商家达成一致,商家上门取件并退款。

又如,2020 年 2 月 20 日,消费者顾女士通过厦门某网络公司 App 网购一双鞋子,价格269 元,2 月 25 日收到货后疑是假货,其与商家客服联系,客服答复 7 日内会给予处理,之后商家一直拖延处理,消费者投诉到厦门市消费者权益保护委员会后投诉问题得到解决。

7.3.2 特色化原则

全国高校创新创业教育不能形成一种"大一统"的局面,在制定出创新创业教育体系以后,需要严格依据自身的优点,并联系学校的具体特点,打造出属于学校自己的品牌特色,才能使创新创业领域呈现百花齐放的状态,并为我国提供更多的综合型人才。同时尽量打造学生特色,依据学生的实际状况对其进行有针对性的创业指导,并对其进行高度契合的研究创新方向指导,从而发挥出以点带面的效果。对一群学生进行培养时一定要注重层次化,而对单独个体进行培养要注重阶段化,这样才能确保每一位大学生都能获得创新创业深造的机会,从而接受有针对性的创新创业教育指导。

7.3.3　需求性原则

从社会需求出发,以市场为导向,选择合适的创业项目。一方面通过详细的市场调研了解消费者的性别、年龄、文化水平、职业等方面的差异后进行市场细分,一定要明确自己所服务的消费群体及他们对产品和服务的需求程度;另一方面要不断采用各种方式去了解自己的竞争对手,判断彼此的优势、劣势,尽量避免竞争激烈的热门项目,而应该着重考虑有特色的新项目。需要注意的是,选择的项目需获得消费者的认可,这样既有特色又有市场需求的项目,才能提高创业的成功率。

案例:

在校生创业案例

"很多快递只能送到校门口,从宿舍跑到校门口至少也得 20 分钟,有些快递员就会不高兴。"浙江财经学院东方学院学生孙晓告诉记者。好在,该校财政专业的学生陈博甫在校内开办了一家"财经快递"。据陈博甫的合作伙伴、杭州电子科技大学工业设计专业大四学生景棋介绍,这是一家专门为同学取快递的学生公司,他们与杭州一家规模较大的快递公司达成协议,专门负责校内快递的揽发和派送,而学校则专门给他们配备了一间仓库。

有了这家快递公司,学生的快递到了,公司会有专人打电话通知学生,学生则随时可以到公司的仓库去取货,一下子方便了许多。"现在基本上一天会有 500 到 600 份包裹",景棋告诉记者,"公司已经取得了可观的经济效益,基本'爬'上了 6 位数。"

7.3.4　服务创新原则

大学生互联网创业虽处于逐步发展阶段,但成功率并不高。大学生创业者虽然具有极大的创业热情,敢于尝试,但往往存在人脉不足、创业项目竞争激烈、高校创业教育不足、心理特质与能力水平储备不足、资金不足等劣势。若想在竞争激烈的电子商务领域生存下去,就必须具备自身独特的优势,即创新。而相比技术创新、管理创新、知识创新等高投入、高水平的手段,服务创新不失为一种捷径。

服务创新是指通过新设想、新技术实现新的服务方式,使潜在消费者感受到不同以往的消费模式,如目前的体验式消费。

案例:

服务创新化解创业危机

张正大学毕业后,在县城找到了一份监理工程师的工作。由于所学专业对口,加上吃苦耐劳,张正很快就获得了公司经理的信任。放假回老家,张正看到邻居家的小男孩因家庭贫困，小学尚未毕业便辍学在家，这件事给了他不小的刺激。张正的脑海中突然闪过一个念头：自己创业。这样不仅可以拥有自己的一份事业，还能带领乡亲们走上致富的道路。

张正回到家乡后，听说当地正在鼓励大学毕业生回乡创业，还引进了奶油草莓种植技术。于是，张正辞去工作开始种植奶油草莓。经过他的悉心照料，奶油草莓有了很好的收成。然而令张正没有想到的是，前来采摘奶油草莓的人很少。张正担心如果不尽快想出解决办法，园区内2/3的奶油草莓都会腐烂，因此他开始分析市场反应不佳的原因。

张正认为产品的品质是没有问题的，这种新品草莓个头大且新鲜，味道也不错，应从服务下手。现在都讲究"服务至上"，只要消费者满意了，产品的销售量自然就上去了。围绕这一思路，张正对采摘园区做了一些改进。如在醒目位置放置二维码让游客扫码了解园区内草莓的生长过程，让他们吃得安心、放心。同时，游客还可以将采摘后的草莓自制成果汁。除此之外，园区还提供了一项特色服务，即定制草莓"花"（可食用）送给自己的爱人和朋友。

这些富有创意的服务方式，不仅提高了园区的草莓销量，还扩大了园区的知名度，吸引了更多的游客前来采摘。

案例来源：节选自《大学生创新创业基础》，人民邮电出版社.

7.4 B2C创新创业的业务流程

B2C即企业通过互联网为消费者提供一个新型的购物环境——网上商店（卓越亚马逊、中国巨蛋网、京东商城、当当网等），消费者通过网络进行购物、支付。这种模式节省了客户和企业的时间和空间，大大提高了交易效率。下面以京东商城为例，介绍B2C创新创业的业务流程。

1）注册免费会员

完成网上购物之前注册个人登录账号。

①进入京东官网，单击"免费注册"，京东会员注册界面如图7-2所示。

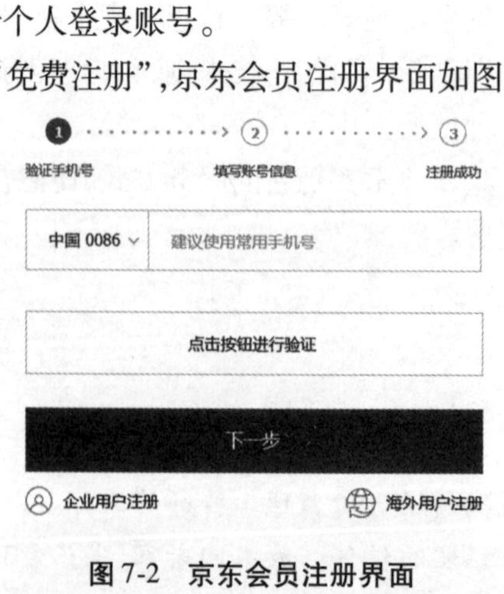

图7-2 京东会员注册界面

如果你是老用户,请直接输入用户名和密码登录。如果你是新用户:请输入一个用户名,设置并确认登录密码,填写手机,并提交手机验证码,单击"立即注册"按钮。

②注册完成,页面跳转,如图7-3所示。

图7-3 京东会员注册完成

③选择性别和喜好后,跳转至账户安全验证界面,输入手机号后验证身份、验证邮箱,如图7-4所示。

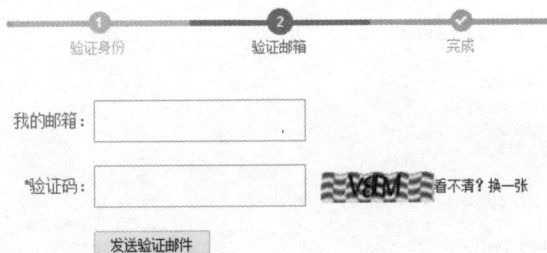

图7-4 发送验证邮件界面

④单击"发送验证邮件"按钮,提示"已发送验证邮件",单击"查看验证邮件"按钮,登录邮箱,查看验证邮件,进行邮箱验证,单击"验证邮箱"按钮,邮箱验证完成,如图7-5所示。

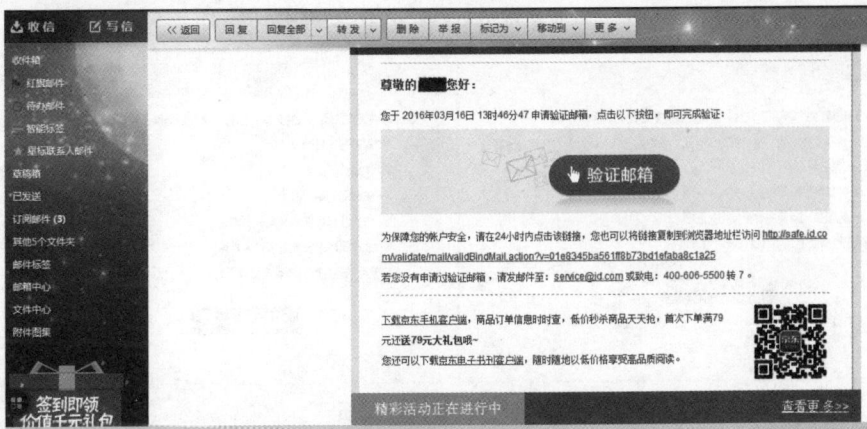

图7-5 验证邮箱界面

2）开店入驻

①进入商家入驻页面，单击"马上入驻"，如图7-6所示。

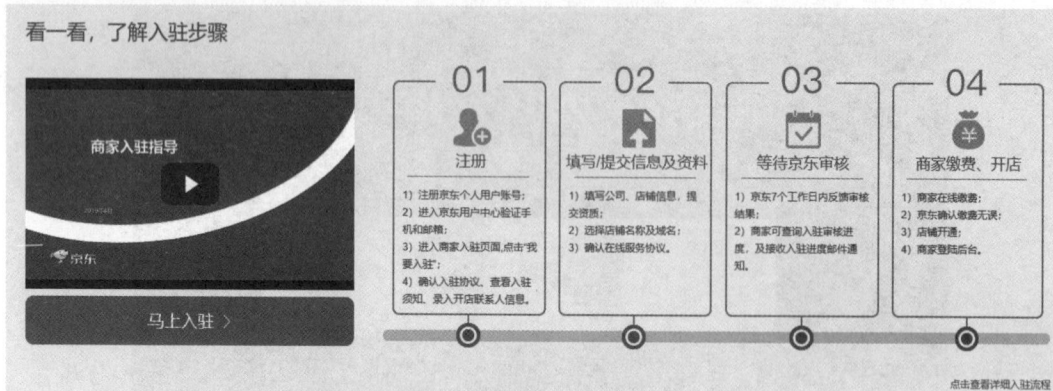

图7-6 京东商城入驻流程图

②选择类型，国内商家选择"入驻京东主站"、国外商家选择"入驻京东国际"，如图7-7所示，并确认企业资质，如图7-8所示。

图7-7 "入驻京东主站"与"入驻京东国际"界面

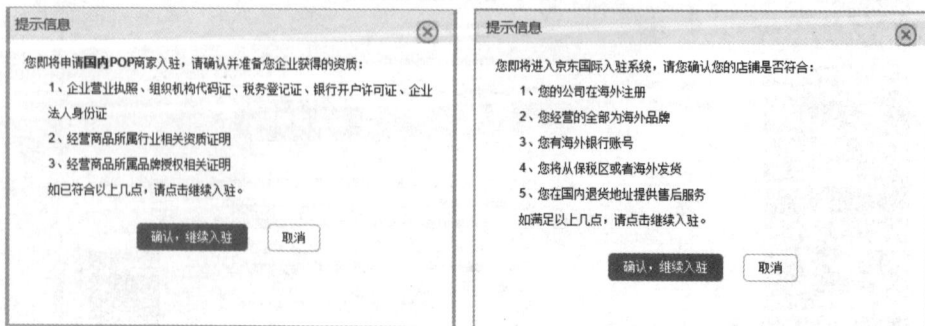

图7-8 企业入驻资质

③查看京东平台入驻相关资质要求,确认后单击"开始提交",如图 7-9 所示。

二、请认真查阅入驻相关说明,准备入驻资质:

| 资质标准 | 重点品牌 | 资费标准 | 常见问题 |
| 招商基础资质标准 | 开放平台重点招募品牌 | 开放平台各类目资费一览表 | 入驻审核常见问题 |

三、请再次确认您是否已准备好相应的资质

☑ 我已准备好公司营业执照、法人等相关信息及资质电子图片

☑ 我已准备好经营品牌授权、行业及产品资质信息及资质电子图片

☑ 我已准备实名认证通过的京东钱包/正在提交实名认证《注册京东企业钱包及提交实名操作说明》

返回重选　　开始提交

图 7-9　入驻资质查询

④填写联系人信息,如图 7-10 所示。

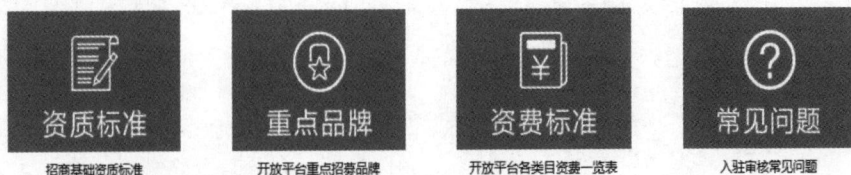

图 7-10　填写联系人信息

⑤完善公司信息,上传营业执照,系统自动识别并填写营业执照信息,若识别失败,需手动填写,提交前请详细核对填写是否正确,如图 7-11、图 7-12 所示。

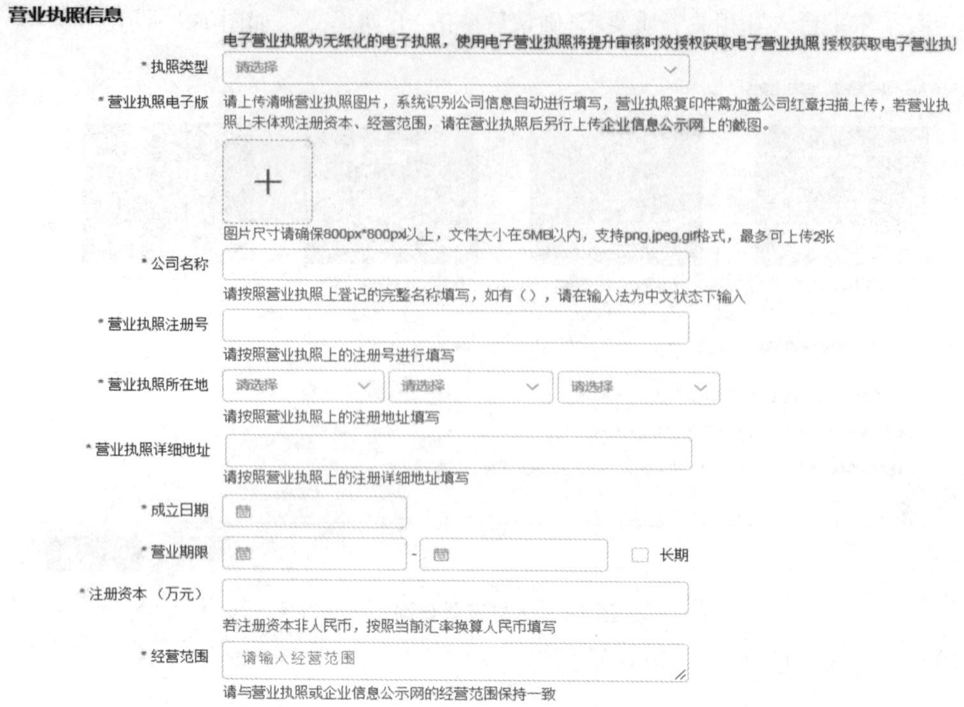

营业执照信息

电子营业执照为无纸化的电子执照，使用电子营业执照将提升审核时效授权获取电子营业执照 授权获取电子营业执

* 执照类型　请选择

* 营业执照电子版　请上传清晰营业执照图片，系统识别公司信息自动进行填写，营业执照复印件需加盖公司红章扫描上传，若营业执照上未体现注册资本、经营范围，请在营业执照后另行上传企业信息公示网上的截图。

图片尺寸请确保800px*800px以上，文件大小在5MB以内，支持png.jpeg.gif格式，最多可上传2张

* 公司名称

请按照营业执照上登记的完整名称填写，如有（），请在输入法为中文状态下输入

* 营业执照注册号

请按照营业执照上的注册号进行填写

* 营业执照所在地　请选择　请选择　请选择

请按照营业执照上的注册地址填写

* 营业执照详细地址

请按照营业执照上的注册详细地址填写

* 成立日期

* 营业期限　－　□ 长期

* 注册资本（万元）

若注册资本非人民币，按照当前汇率换算人民币填写

* 经营范围　请输入经营范围

请与营业执照或企业信息公示网的经营范围保持一致

图 7-11　营业执照信息（1）

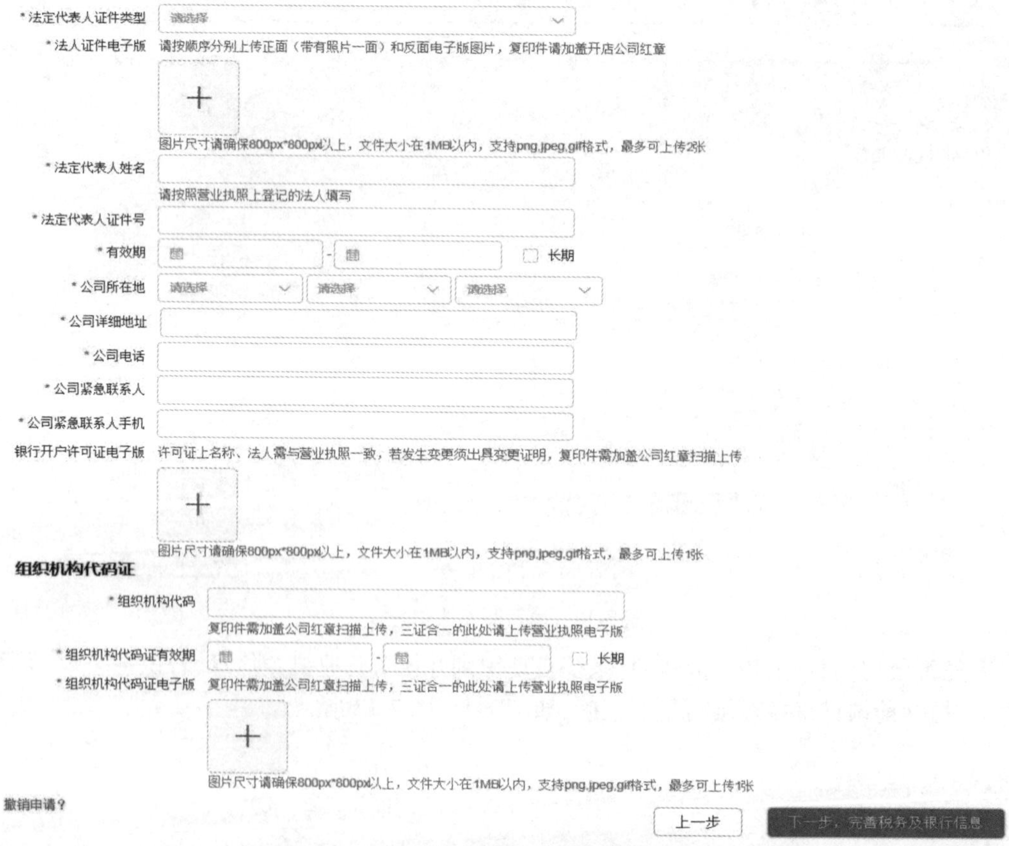

* 法定代表人证件类型　请选择

* 法人证件电子版　请按顺序分别上传正面（带有照片一面）和反面电子版图片，复印件请加盖开店公司红章

图片尺寸请确保800px*800px以上，文件大小在1MB以内，支持png.jpeg.gif格式，最多可上传2张

* 法定代表人姓名

请按照营业执照上登记的法人填写

* 法定代表人证件号

* 有效期　－　□ 长期

* 公司所在地　请选择　请选择　请选择

* 公司详细地址

* 公司电话

* 公司紧急联系人

* 公司紧急联系人手机

银行开户许可证电子版　许可证上名称、法人需与营业执照一致，若发生变更须出具变更证明，复印件需加盖公司红章扫描上传

图片尺寸请确保800px*800px以上，文件大小在1MB以内，支持png.jpeg.gif格式，最多可上传1张

组织机构代码证

* 组织机构代码

复印件需加盖公司红章扫描上传，三证合一的此处请上传营业执照电子版

* 组织机构代码证有效期　－　□ 长期

* 组织机构代码证电子版　复印件需加盖公司红章扫描上传，三证合一的此处请上传营业执照电子版

图片尺寸请确保800px*800px以上，文件大小在1MB以内，支持png.jpeg.gif格式，最多可上传1张

撤销申请？　　　上一步　　下一步，完善税务及银行信息

图 7-12　营业执照信息（2）

完成录入后,单击"下一步,完善税务及银行信息"。

⑥完善公司税务登记证信息、结算银行账户信息,同时上传相应的电子版信息(需要加盖彩色企业公章),如图 7-13 所示。

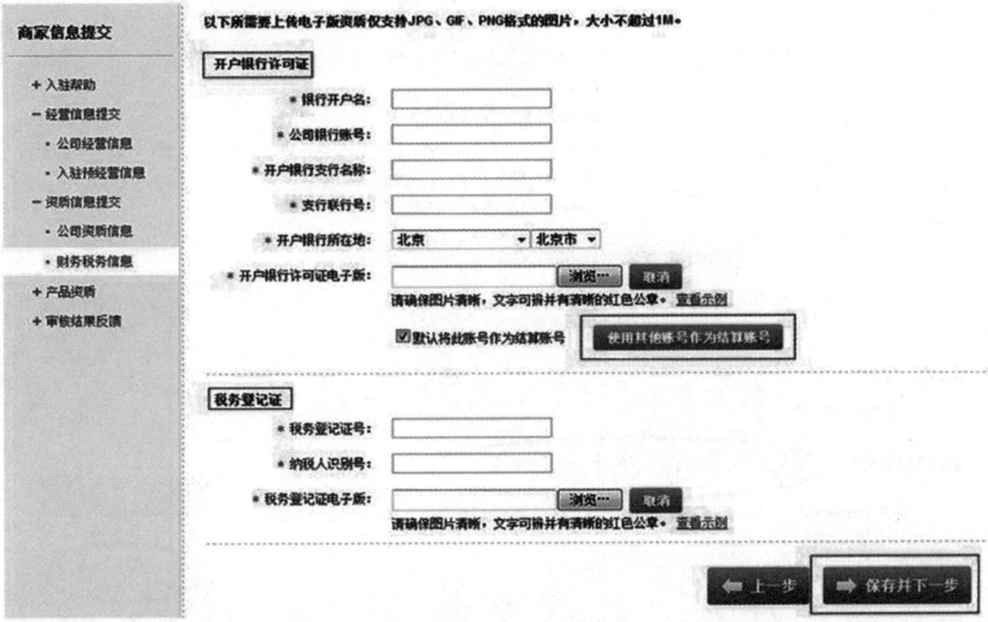

图 7-13　税务及银行信息

完成录入后,单击"下一步,完善店铺信息"。

⑦录入商家经营信息,如图 7-14 所示。

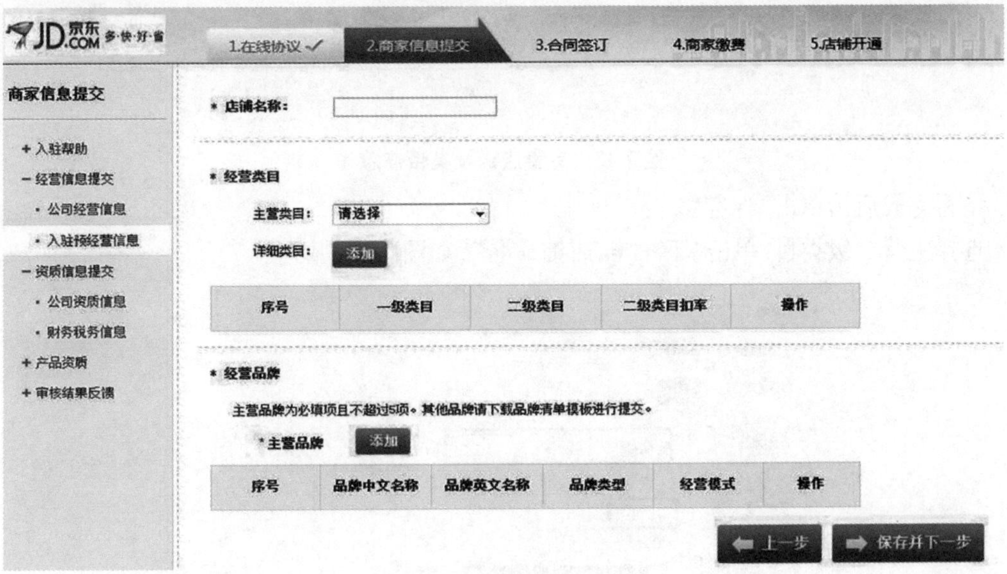

图 7-14　完善经营信息

⑧完善店铺及类目信息,所选类目均需提供对应的资质,相关资质要求可单击查看右侧帮助或经营类目处的资质解读,如图 7-15 所示。

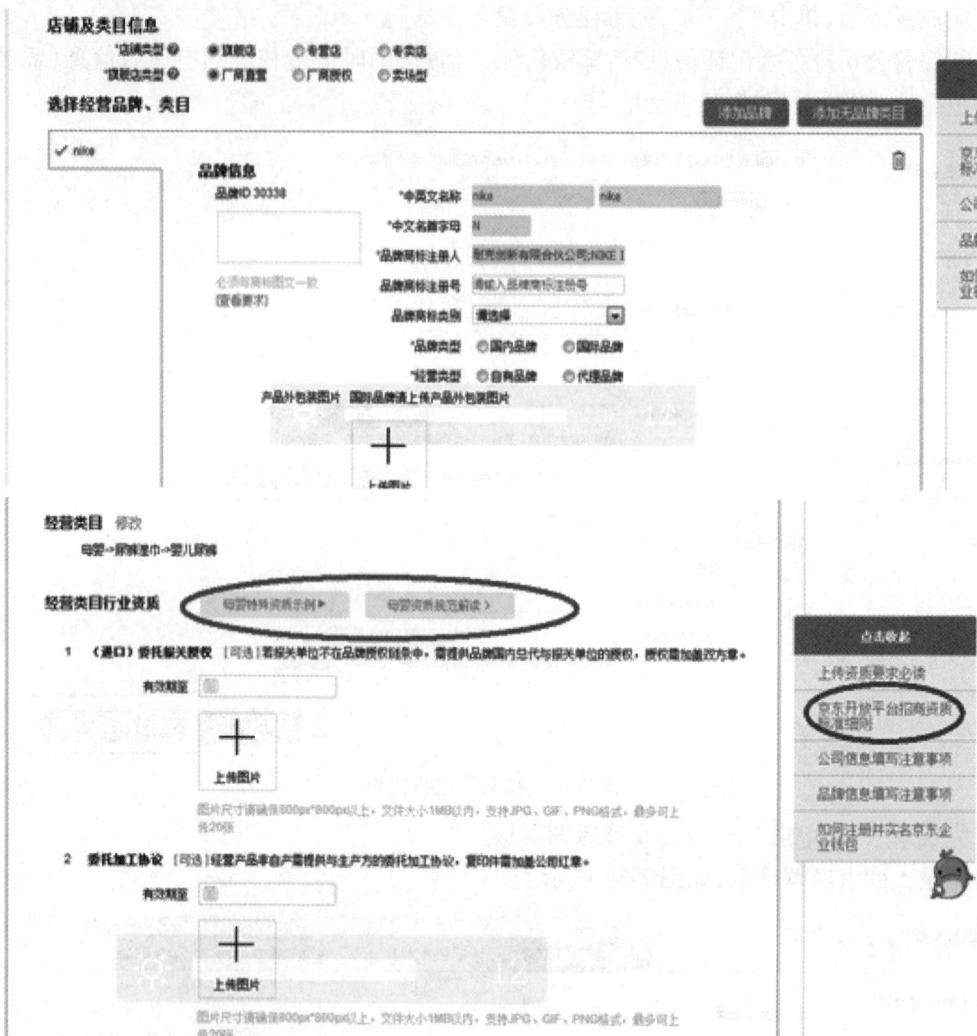

图 7-15　完善店铺及类目信息

填写完成后请单击"保存"。

选择主营二级类目,单击"下一步,店铺命名",如图 7-16 所示。

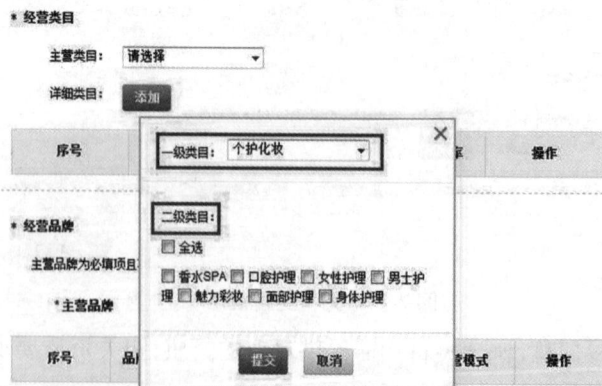

图 7-16　选择主营二级类目

⑨根据所选的店铺类型完成店铺命名,请按照提示的规范完成店铺命名,不符合规范将被驳回。

⑩提交前进行核对填写是否正确,错误可单击"上一步"进行修改,如图 7-17 所示。

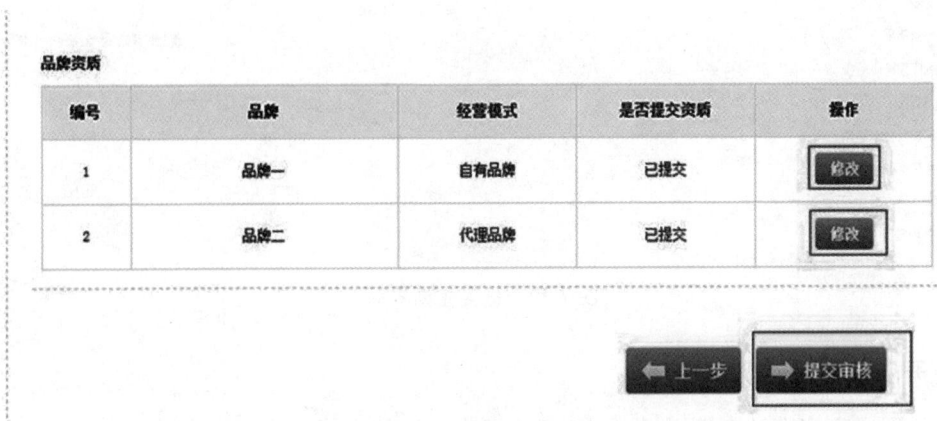

品牌资质

编号	品牌	经营模式	是否提交资质	操作
1	品牌一	自有品牌	已提交	修改
2	品牌二	代理品牌	已提交	修改

← 上一步　　⇒ 提交审核

图 7-17　核对入驻信息

⑪确认在线服务协议。请仔细阅读《"京东 JD. COM"开放平台在线服务协议》,如无异议,勾选"我已仔细阅读并同意协议"后,单击"提交入驻申请",如图 7-18 所示。

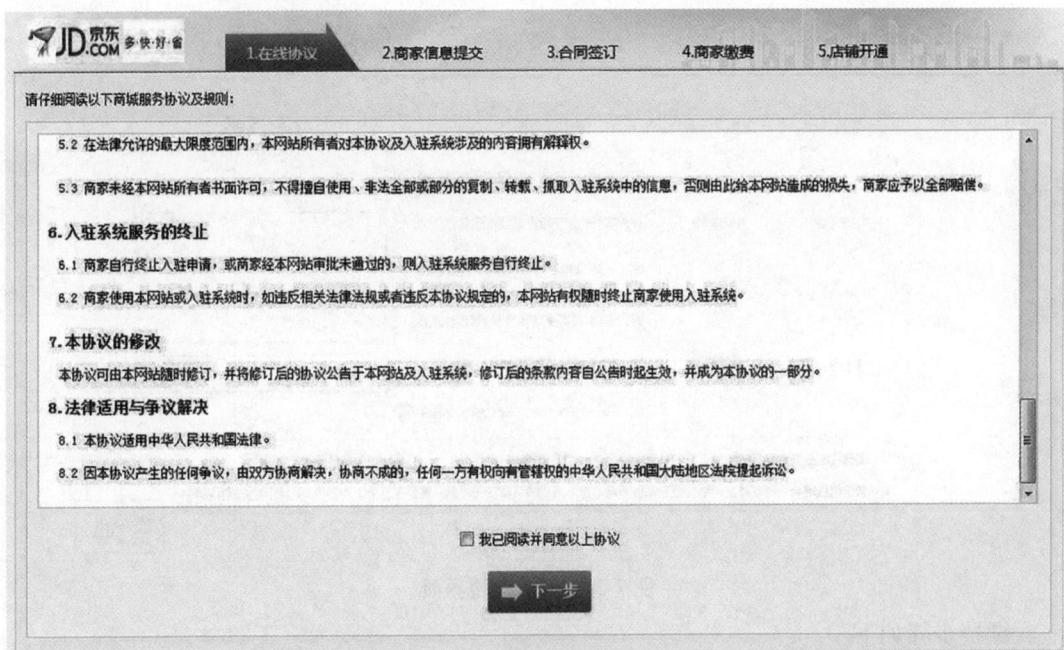

图 7-18　签订在线协议

⑫提交入驻申请后,商家可以通过入驻申请页面查看入驻申请申请的进度,同时京东也会在入驻过程中通过短信、邮件实时通知,开店完成后,店铺登录相关信息会通过邮件形式通知商家。进度查询界面如图 7-19 所示。

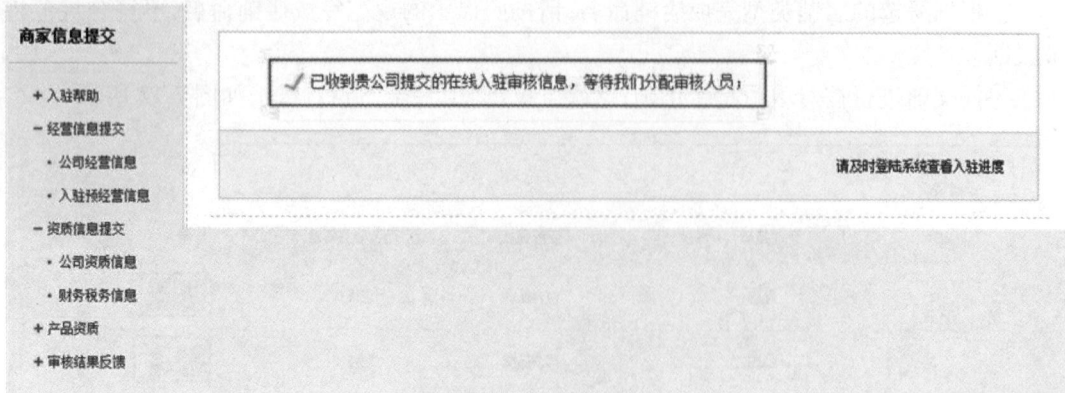

图 7-19　进度查询界面

3）开店钱包缴费操作指南

开放平台商家入驻审核通过后，商家使用获取到的店铺账号、初始密码登录商家后台，系统会自动跳转到开店任务界面，商家完成"常用联系人维护""常用地址维护""账号安全设置""开通京东钱包结算账户"开店任务后，单击"继续任务"进入"缴费"任务完成缴费，如图 7-20 所示。

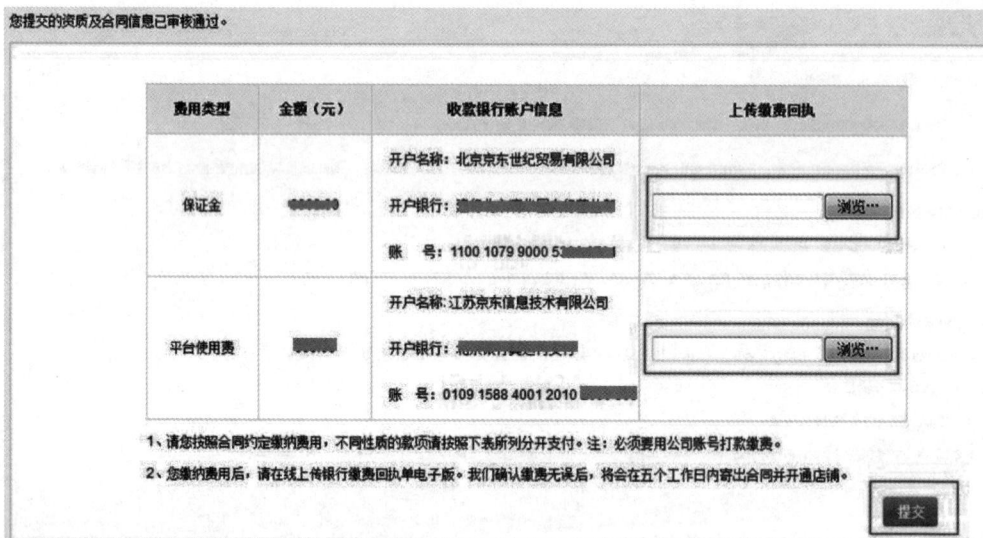

图 7-20　开店缴费界面

缴费步骤如下：

①核实缴费金额：缴费页面展示金额即为开店应缴费金额，如图 7-21 所示。

②京东钱包充值：需提前到店铺对应的钱包账户充值应缴金额。

③钱包余额充足后，按照缴费页面提示的缴费金额进行缴费，单击"京东钱包支付"，页面提示"缴费支付成功"即为缴费成功，方可开启店铺。

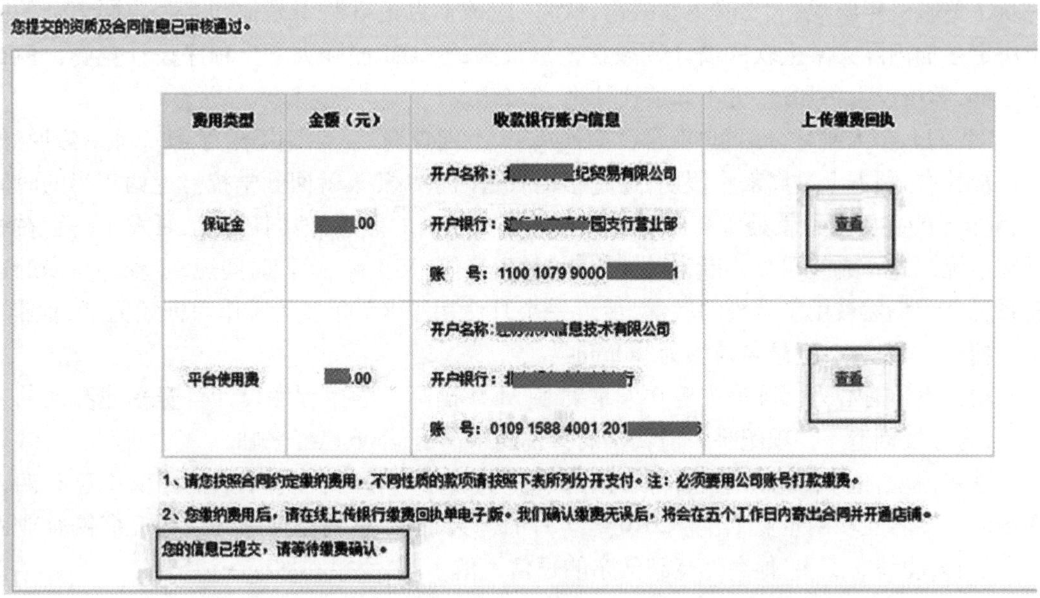

您提交的资质及合同信息已审核通过。

费用类型	金额（元）	收款银行账户信息	上传缴费回执
保证金	██.00	开户名称：██████纪贸易有限公司 开户银行：建行████青华园支行营业部 账　号：1100 1079 9000████1	查看
平台使用费	██.00	开户名称：██████信息技术有限公司 开户银行：北██████银行 账　号：0109 1588 4001 201██	查看

1、请您按照合约定缴纳费用，不同性质的款项请按照下表所列分开支付。注：必须要用公司账号打款缴费。

2、您缴纳费用后，请在线上传银行缴费回执单电子版。我们确认缴费无误后，将会在五个工作日内寄出合同并开通店铺。

您的信息已提交，请等待缴费确认。

图 7-21　支付界面

7.5　案例分析：从"富二代"到电商"创一代"，福建"95 后"小伙陈宗佑的电商创业传奇

与 5 个同学一起苦苦钻研 2 年多，自建系统，获得 ACM 国际大学生程序设计竞赛三等奖；因为父亲的一条短信，他毕业后放弃两家知名互联网企业的面试机会，回家继承家业；2020 年 7 月，他在拼多多新开了一家网店，营业额从 0 元到 3 200 万元，只用了短短 3 个月……

他叫陈宗佑，一个 1995 年生于福建漳州平和县的小伙子。如今，他是拼多多店铺"集锦园生鲜旗舰店"的店主。他的店在 3 个月内，卖出了 2 000 多万斤漳州平和琯溪蜜柚，其中两个月位列拼多多全平台柚子销售榜第一。

今天，陈宗佑有一个更大的梦想：与更多平和县的年轻电商创业者一起，把平和柚子的品牌做大做强，让它成为当地农民的致富果。

父亲凌晨的一条信息，让他走上了继承家业的道路

福建漳州平和县与福建、广东两省八县相连，素有"八县通衢"之称，琯溪蜜柚是该县的三大绿色品牌之一。当地有"中国琯溪蜜柚之乡"之称，但仍是个经济欠发达县。这里每年最热闹的时候是柚子丰收的时节，此时，来自全国的水果供应商都会云集这里。

像水果商这样的职业，是陈宗佑之前从未想过的。"做拼多多之前，我做了很多人生规划，唯独没有电商。"毕业于厦门一所大学软件工程专业的陈宗佑说，自己家境相对不错，大

一玩了整整一年游戏,大二时突然醒悟,认为"应该干点正事",于是他和 5 个志同道合的同学决定参加国际大学生软件设计领域含金量最高的 ACM 国际大学生程序设计竞赛。但在这之前,学校没人参加过,更不知道比什么、怎么比。

"我们六个人刚好分两组,就自己掏钱买书、上网查询,一点点摸索、学习。"陈宗佑说,他们沉浸其中,顾不上过周末和假期,连过年也只是回家待几天就回到学校。近两年半的时间里,6 个人的主要精力就是研究比赛。随着对竞赛规则的熟悉,他们还自己研发了一套在线判题系统,"这个系统可以判断谁的代码写得好,又快、又正确、运行时间短"。他们研发的这套系统今天仍然被用于母校的教学,最近一个月使用了 8 500 多次。作为创始元老,他们 6 个人拥有一项特权:登录名前缀为"admin-"。

功夫不负有心人。陈宗佑等 6 人拿到了 ACM 国际大学生程序设计竞赛福建赛区的三等奖,为母校创造了一项纪录。但获奖的喜悦还未消退,毕业已经来临。

陈宗佑说,他本来想从事软件设计相关的职业,做一名码农,六个人的团队中已有四人在国内的知名互联网企业工作。2016 年 7 月的一天,他原本要去两家知名的互联网企业面试,但当天凌晨 5 点多,他突然接到父亲的短信,"醒了吗,我想和你谈一谈"。

这一谈,就是几个小时。

陈宗佑的父亲是国内一家知名水果连锁企业的一号供应商,每年给该企业供应数千万斤的漳州平和柚子。父亲希望作为长子的他能回家学做水果生意,将来继承家业。

"我父亲白手起家,从摆地摊开始,一步步走到今天。经过慎重考虑,我决定听父亲的,回家帮父亲打理生意。"陈宗佑知道,父亲 18 岁就到深圳打工,自他出生后,父亲就开始尝试做水果生意,先是摆地摊,后面推着车子到处推销、送货上门,他也从小就帮着父亲送货。"当时,深圳欢乐谷、世界之窗、民族村、大小梅沙等景区的水果都是我们家送的。"

研究电商三年多　只身闯荡拼多多

回到平和县的老家后,陈宗佑经过思考,认为家里的生意必然要走线下和线上两条路。父亲打拼数十年,线下渠道已经很完善,他就决定研究线上销售。

"2016 年到 2019 年,3 年多时间里,我几乎每一年都有一个重点,都在紧跟线上销售的热点。"陈宗佑说,2016 年下半年,他尝试做微商,开店、找果、打包、贴单、找快递公司发货……全链条就他一个人,当年卖了几万斤柚子,赚了四五万元;2017 年和 2018 年,依靠父亲打下的线下供应链,他又尝试做代发,专为其他电商商家供果,两年时间发出了近 20 万件柚子。

2019 年,陈宗佑接触到了拼多多。因为老家地处优质农产品原产地、供应链完善,自己又是农业"新二代",2019 年下半年,拼多多的工作人员到平和县找他,提议他帮其他商家代发的同时,也可以自己开网店。

"拼多多的人来了 3 次,我就想试一试。没想到效果真的挺好,日销量很快就冲到六七千单。我是 10 月下旬开店的,当年卖了 100 多万箱。"实践出真知,陈宗佑认识到了拼多多平台的巨大潜力,但他平时还要帮父亲打理生意,难以两边兼顾,他决定与父亲谈一谈,希望专心在拼多多上发展。

100 多万箱的销量,跟父亲的生意相比只是"小巫见大巫",父亲希望他做好线下供应商,拒绝了他的提议。陈宗佑决定用事实说服父亲。

拼了 3 个月,体重瘦了十几斤,营业额破 3 000 万元

2020 年 7 月,酝酿了近半年,陈宗佑出手了。他在拼多多新开一家店,取名"集锦园生鲜旗舰店"。

开弓没有回头箭,要做就做最好。他明白,只有做出成就,才能说服父亲。但电商平台上竞争激烈,要想取胜,必须走差异化路线。在开店前,陈宗佑筹集了数十万元资金,收了一批柚子,投放到广东佛山、东莞和广西等地的水果批发市场。经过近一个月的前期铺垫,取得了很好的反响。而他利用那段期间,把产品、快递、包装等各个环节一一理顺。

2020 年 7 月 27 日,"集锦园生鲜旗舰店"上了第一个柚子链接。从 7 月 27 日到 8 月 3 日,这家店就由陈宗佑和他妹夫再加一个客服管理。"订单量很快就冲到日销 3 000 单,每天睁眼就是手机和电脑的各种软件铃声,客服说连上厕所的时间都没有。8 月 15 日一天,柚子销量已经超过万单,客服也从 1 人增加到 4 人。"陈宗佑记得,出货的最高峰出现在 9 月份,店铺日销量涨到 4 万单,他和妹夫每天负责打单、联系工厂下单、发货,还要抽空招聘、培训新的客服,都是次日凌晨三四点才下班。早上 8 点闹钟一响,便迅速醒过来,登录拼多多界面,回复顾客的询问……在那段时间里,陈宗佑的体重一下子掉了十几斤,至今没有恢复过来。

辛苦的付出,换来的是丰厚的回报。8 月份,他们营业额冲到 500 多万元;9 月份达到 1 300 多万元;10 月份近 1 000 万元……陈宗佑统计过,从 7 月底至今,他的拼多多店铺营业额已经超过 3 200 多万元,卖出了 2 000 多万斤平和琯溪蜜柚。团队人数增至 16 人,日销量稳定在 1 万至 2 万单。

终结中间商"围猎"　打响家乡品牌

见证父亲白手起家的经历,陈宗佑知道,营业额三个多月内从 0 元到 3 000 多万元,销量冲到 2 万单,这在传统商业领域是相当难实现的。但这样的奇迹通过电商却能实现,这就是电商的魅力。

陈宗佑用营销成绩向父亲证明了自己的选择是对的,父亲的态度也发生了转变。"之前我找父亲要货,父亲总是不屑,经常劝我好好跟他学。现在我跟他要货,他二话不说,直接给了。"

现在,陈宗佑在策划一桩更大的事业,依托拼多多平台,保护平和琯溪蜜柚的品牌,把品牌打出去。他说,柚子是平和县当地农民最主要的经济来源,但该县经济欠发达,农民既要承担自然灾害和市场不确定性的风险,又要把相当一部分利润"送"给中间商,辛苦一年却难以致富。他看见,每年柚子丰收季节,水果商就云集平和来收货,像"围猎"一样。过了柚子季节,这些商人又会转入另一个水果产区,继续围猎。

今年因陈宗佑的"入圈",当地抵挡住了一波外地水果商贩大佬的"入侵"。"我是平和人,我希望平和柚子的行情可以由我们平和人掌握,让更多的平和农民致富。"他说,他希望除了自己的网店做大做强,还希望与当地更多的年轻人通过拼多多等电商渠道,一起保护好平和柚子品牌,擦亮这张平和的农产品名片,让价廉物美的源头好货走进国内千家万户。

陈宗佑的故事,是新农人依靠拼多多创业致富的一个典型事例。据估计,2020 年,作为国内最大农产品上行平台的拼多多,农产品销售规模将增至 2 500 亿元;截至 2020 年 6 月底,拼多多平台已经直接带动全国超过 10 万名新农人返乡创业。有了电商助力,农业、农村和农民正在迎来新的春天。

案例来源:东南网.

>>> 第8章 B2B 创新创业

8.1 认知 B2B 业务

B2B 电子商务是企业与企业之间通过互联网进行产品、服务及信息交换的一种商务活动。B2B 电子商务使企业之间的交易减少了许多事务性的工作流程和管理费用,降低了企业的经营成本。网络的便利性及延伸性使企业扩大了活动范围,企业跨地区、跨国界的发展更为方便,成本更加低廉。

2021 年 10 月 9 日,中华人民共和国商务部、中央网络安全和信息化委员会办公室、中华人民共和国国家发展和改革委员会印发《"十四五"电子商务发展规划》,指出支持 B2B 电子商务平台加速金融、物流、仓储、加工及设计等供应链资源的数字化整合,培育产业互联网新模式新业态。鼓励工业电子商务平台向数字供应链综合服务平台转型,提供线上线下一站式服务,解决采购、营销、配送、客户服务等业务痛点。鼓励企业依托电子商务平台发展可视化、弹性化供应链业务体系,提升供应链快速响应能力。中国工业品 B2B 市场产业链图谱如图 8-1 所示。

图片来源:艾瑞咨询。

图 8-1 中国工业品 B2B 市场产业链图谱

8.2　B2B 创新创业的机会

8.2.1　政策导向

目前我国正处在高校扩招以及社会就业率不断降低这一矛盾时期,岗位竞争激烈,且大学生就业压力大,因而各大高校需要确保高精尖创新创业人才培养计划的顺利实施,并引导大学生尽可能地发挥自身潜力,敢于不断挑战与创新,在完成自主创业的同时,更要为社会提供就业机会。因此,高校要对有关影响因素做深入性探讨及分析,促进大学生自身创新创业能力提升,从而进一步增加大学生创业成功率。

国内最早期的创业教育是随着改革开放的推进而不断发展的,一直到 21 世纪初期,我国才逐步完成对创业教育理念的进一步创新,而此阶段的教育目标主要是通过创业带动学生就业。在此之后,教育部才再次明确了创新创业教育的培养目标,主要是指面向广大学生的一种普适性教育,并逐步培养更多有强烈创新意识、充分专业技能以及创新精神的综合型高素质人才。

8.2.2　市场环境

相较于其他的电子商务模式,B2B 电子商务通常具有交易额大、关联对象较少、合作关系相对稳定、交易技术更专业化等特点,在交易的具体形式上,基于价值共赢的立场,B2B 电子商务也相对灵活。各行各业 B2B 交易市场的涌现,不断将市场两端的买家和卖家聚合,而作为两端的中间桥梁,B2B 交易市场加强了买卖双方的信息交互,平衡了供需关系,促进了资源的合理分配。随着电子商务与传统行业的结合,电子商务活动的应用范围不断扩大,企业间的联系也愈发紧密,由此逐步带动了市场贸易大方向的变革。可以说,在电子商务的应用和探索领域,B2B 电子商务模式一直保持着较高的活跃度。

在互联网尤其是移动互联网蓬勃发展的背景之下,我国得益于互联网经济的人口红利和贸易方式的转变,成为全球最大的互联网市场,成为企业和资本市场竞相追逐之地。以信息流为基础的新经济形态逐渐凸显,作为其中的重要组成部分也是典型代表,电子商务的发展都具有深远的历史意义。网络技术的不断推陈出新,智能手机的加快普及,以及各类网络应用的爆发式增长,都为电子商务的应用深度和广度提供了有效保障。毫无疑问,企业间商务活动的形态与方式还将持续进化。

8.2.3　教学目标设定

大学生主动完成创新创业教育就是为了能够满足当今社会对人才发展的要求。因此，研究人员对创新创业教育等方面的研究也就愈发重视，而创新创业教育目标在一定程度上能指导教育活动。目前对创新创业教育培养的目标存在不同的看法：第一种看法主要是强调对大学生的创新意识进行有效培养，确保大学生能够拥有企业家精神；而第二种看法则是强调将创新创业目标同社会实践结合起来，进而全面培养大学生的专业知识技能以及创新意识等。大学生若要得到长远稳定的发展，需要确保自身能拥有创新创业的意识，并主动接受创新创业等相关知识的教育，在具备相关理论知识的同时再开始参与社会实践，之后要对创新创业经验做系统的分析总结。因而，大学生创新创业教育的主要目标是引导大学生尽快树立起创新创业意识，并合理转化有关创新创业相关知识，然后同社会实践联系起来，最后形成系统且全面的创业经验。

8.3　B2B 创新创业的选择原则

8.3.1　知己知彼原则

大学生创业者在选择创业项目时需要铭记 4 个字：知己知彼。

所谓知己，就是指大学生创业者在选择创业项目之前，应该对自己的状况有一个清楚的认识和判断。例如，自己可以提供多少创业资金，自己的兴趣和爱好是什么，自己的知识积累和人脉状况如何，自己在性格上有哪些优势和弱点等。从大学生创业者自身的角度来看，自我认识越深入详尽，就越容易找到适合自己的创业项目。

所谓知彼，就是要了解创业地区的社会经济环境。既要认真分析当地的发展政策（包括产业结构政策、金融政策、税收政策等），又要认真分析当地的消费情况（如居民购买力水平、购买习惯等），还要认真分析当地自然资源和人文资源（包括具有市场开发价值的工业原料和农林渔牧产品、传统的生产加工技术、独特的自然环境和人文景观等）。

案例：

创业小案例：要认清自己的能力

李孟炎在大学学习的是企业管理，毕业后曾在一家销售轴承的公司工作了 1 年。因为一直做销售，所以李孟炎认为自己对与人打交道的知识和技巧已经全部掌握了，于是，他渴望自主创业。一个偶然的机会,李孟炎得知同学小谢的家中有人做过机械轴承的销售,而且收入颇丰,小谢也称自己有过相关的工作经历,有一些老客户可以联系。李孟炎心动了,很快就选择了销售机械轴承作为自己的第一个自主创业项目。准备好创业的启动资金和相关的合法手续后,李孟炎租了一个 70 多平方米的办公室开始他和小谢的创业之路。由于马上就要开展会了,白天李孟炎和小谢便开始整理各种产品资料、报价单等,晚上就通过网络和电话的形式向新老客户宣传公司。转眼,机械设备展览会就正式开始了,他们向往来客商递送资料,很快他们就收集了几百张名片,两个人高兴极了,他们觉得自己已慢慢进入了状态。借着展会的后续效应,每天都有十几个客户打电话或上门谈业务。可是过了 1 个多月,公司还没有接到订单。李孟炎有点着急了,心想自己是不是选错项目了?随后,他和小谢向业内人士请教,并分析原因,最后他们才知道机械轴承这个行业情况很复杂,与他们想象的完全不一样。3 个月过去了,公司只接到几笔小额订单,完全不能维持公司的正常运营,李孟炎和小谢不得不关闭公司。

事后,李孟炎说,如果自己能够静下心来认真对创业项目进行评估,不盲目创业,就不会有此次失败的创业经历。

8.3.2　量力而行原则

创业是一种风险投资,每位大学生创业者都应该遵循量力而行的原则。紧密结合自身实际,发挥专业特长。俗话说,隔行如隔山,创业不能凭一时热情,不能盲目模仿他人成功经验,应找到属于自己的事业舞台,充分考虑自身实际,结合自己的专业特长和兴趣爱好,选择自己熟悉的行业范围,找到合适的切入点。若大学生创业者是借钱创业,就更应该规避风险较大的创业项目,把为数不多的资金投入风险较小、规模较小的创业项目当中,从而积少成多,逐步发展。

案例:

"逼上"的创业路

小章和小尚是高中同学,高考时两人考取了同一所地方专科学校。毕业后,两人选择了同一个城市的工作,但没过多久,小章所在的国有企业因经营管理不善被迫破产重组。此时小章觉得,花费了家里这么多年的微薄积蓄,不仅不能回报家人,反而连自己都陷入了山穷水尽的尴尬境地。最终小章选择了离开那座城市,孤身一人到北京发展。

小章在北京凭着自己的英语专业知识,找到了一份翻译工作。工作期间他认识到,自己的英语基础还是比较薄弱,如果不努力提高,很难依靠既有的专业知识达到自己的职业发展目标。于是他参加了对外经贸大学的业余学习来提高自己的英语水平。不料,小章工作的翻译公司因股东矛盾,最终同样被宣布解散。他又一次面临着失业,但这次他再也不用像以前那样焦虑不安,他已经充分了解了翻译公司的整个操作环节,同时,他的业余学习也圆满结束。

此时,小章向远在异地的小尚发出了邀请,建议小尚移师北京,两人合作创办属于自己的翻译公司。彼时,远在外地的小尚经过多年发展,已经有了初步成果,他也希望为自己找到一个更大的发展平台。于是,两人一拍即合:小尚带着5万元积蓄来到北京,小章则集合自己原来的同事,启动自己积累的资源,满怀激情地投入新企业的创办中,两人的合作进展顺利。小尚宽厚机敏,负责公司业务的开拓;小章严谨细致,专业水平高,负责公司业务的实施。两人相互配合,相得益彰,公司经营很快就步入正轨。

回顾创业的经历,两人感受最深的是相互之间的信任、理解与彼此的敬业和勤奋。那时,他们把所有的时间和精力都投入到了企业的发展。短短两年,两人的翻译公司就在业内站稳了脚跟,创出了品牌,业务也由单纯的翻译服务,扩展到投资咨询、国际贸易,业务范围由北京扩展到了上海、西安和天津。

案例来源:CN职场指南网.

8.3.3　因时而动原则

在开创自己的一番事业前,大学生创业者应该了解国家目前正在扶持、鼓励和限制的行业。大学生创业者若是选择了国家政策扶持、鼓励的行业,企业今后的发展将更加顺利。

因此,选择创业项目时要因时而动,大学生创业者应密切关注以下两个时间段的市场行情。

①当前行情,包括当前的市场需求、市场空白和市场上畅销的产品。大学生创业者若想选择当前畅销的产品,则一定要冷静分析,明确其畅销的真正原因。

②未来前景,大学生创业者应仔细分析行业未来的发展前景,如该行业是否符合国家产业政策,是否符合人们的消费发展趋势等。

除此之外,大学生创业者在选择创业项目时还要考虑产品成本、价格与利润,如产品或服务成本、售价、毛利、毛利率等,毛利率低于20%的项目,大学生创业者要谨慎考虑,因为利润始终是创业的关键因素之一。

8.4　B2B创新创业的业务流程

万众公司是一家从事服装生产加工的小企业,公司决定借助1688拓展业务,由小王负责此项业务。假如你是小王,你打算怎么做?

8.4.1　1688会员注册

本任务的目标是了解和掌握国内影响最大的B2B模式电子商务平台——1688网站普

通会员注册流程和诚信通会员注册流程。以下分别讲解这些内容和具体的操作方法。

①在 IE 浏览器中键入网址，进入网站，如图 8-2 所示。

图 8-2　1688 网站主页

②单击 1688 网站主页的"免费注册"按钮，可选择"企业账户注册"或"个人账户注册"，设置会员名、登录密码，输入手机号码进行验证，单击"同意并注册"，如图 8-3 所示。

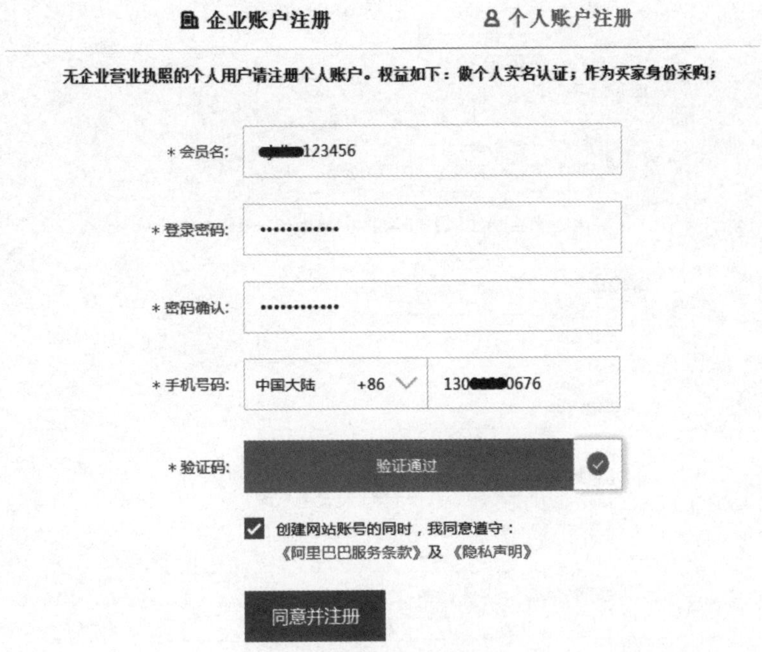

图 8-3　1688 账户注册界面

③系统会向手机发送校验码，录入校验码，单击"提交"按钮，完成注册，如图 8-4 所示。

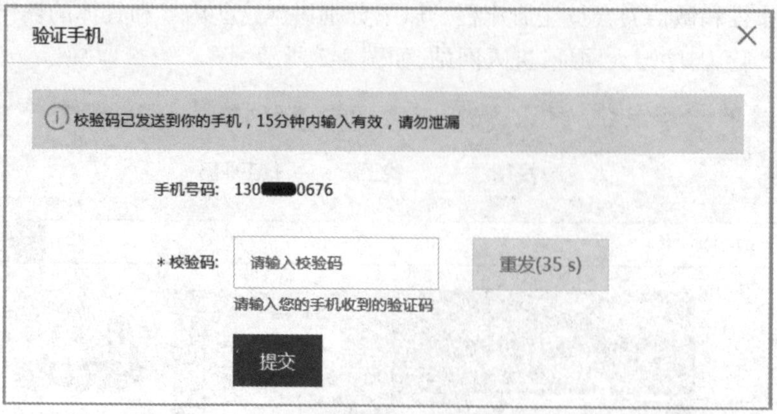

图 8-4　填写校验码信息页面

④系统显示注册成功,并要求填写基本信息,保存,如图 8-5 所示。

作为 B2B 网站,1688 鼓励企业会员申请诚信通,这样可以由普通会员升级为诚信通会员。单击页面右上角的"诚信通",进入诚信通首页,也可通过相应的网址进入诚信通首页,如图 8-6 所示。

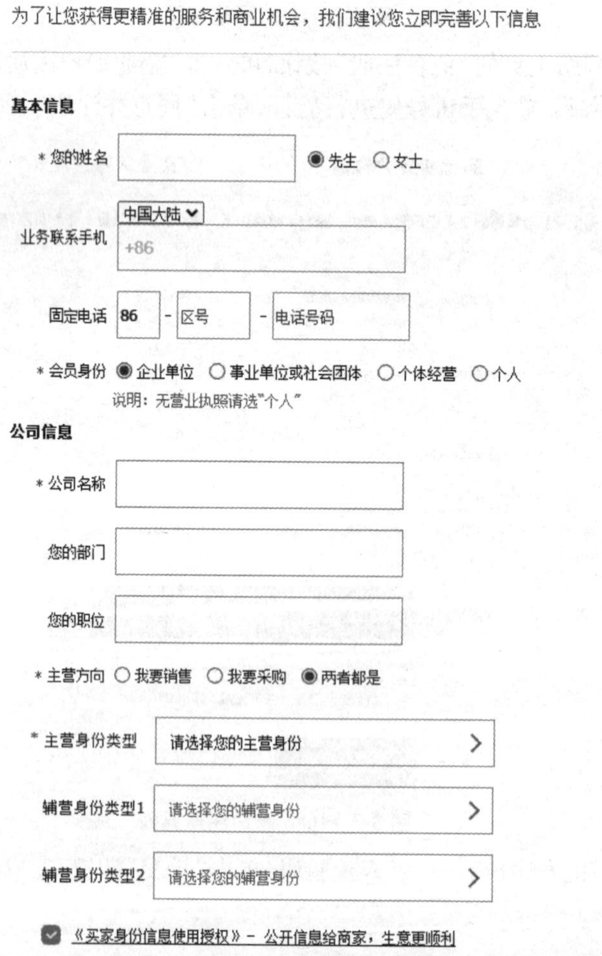

图 8-5　注册成功并填写详细信息

图 8-6　诚信通首页

⑤首页"产品介绍"里面有诚信通功能介绍，如图 8-7 所示。

图 8-7　诚信通功能介绍

⑥单击"办理诚信通"按钮，按照下列步骤，即可进入诚信通申请办理界面，如图 8-8 所示。

图 8-8　申请诚信通会员

⑦订单付款成功后,需要将公司名,申请人姓名、性别、职位、各种通信方式等资料提交给1688平台,1688平台将企业的资料转交认证公司认证。

⑧认证公司受理并联系企业。

⑨企业将营业执照和认证申请人授权书传真给认证公司。

⑩认证公司多渠道交叉认证,严格审核。

⑪通过认证者,1688平台开通诚信通服务。一旦诚信通会员申请者通过专业认证公司的认证,1688平台就会在第一时间对诚信通会员申请者提供各种诚信通会员才有的资讯与服务。

⑫使用会员账号登录1688网站,建立网上商铺、发布产品。此时,申请成功的会员会拥有诚信认证标志,如图8-9所示。双手相握的图标就说明该企业是诚信通会员,这个标志在身份上区别于普通会员,也是会员获得买家信赖的基础。

图8-9　诚信通标志

8.4.2　1688网站卖家操作

本任务的目标是了解和熟悉"我的阿里"专栏的内容和特点,掌握"我的阿里"的基本信息管理流程,以及掌握1688网站卖家操作基本流程。

①在IE浏览器中键入相应网址,出现1688网站主页,单击"登录"或者主页导航条上的"我的阿里"按钮,输入会员名和密码,进入"我的阿里"主页,如图8-10所示。

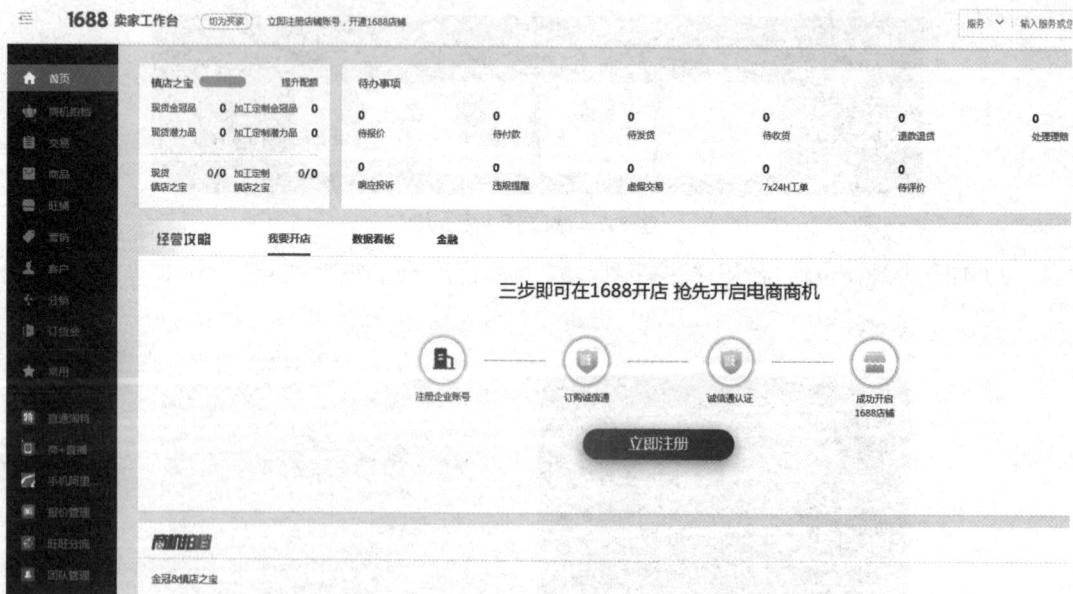

图8-10　"我的阿里"——卖家工作台

②可以在"账号管理"——"账号信息"下修改注册时填写的信息，如图 8-11 所示。

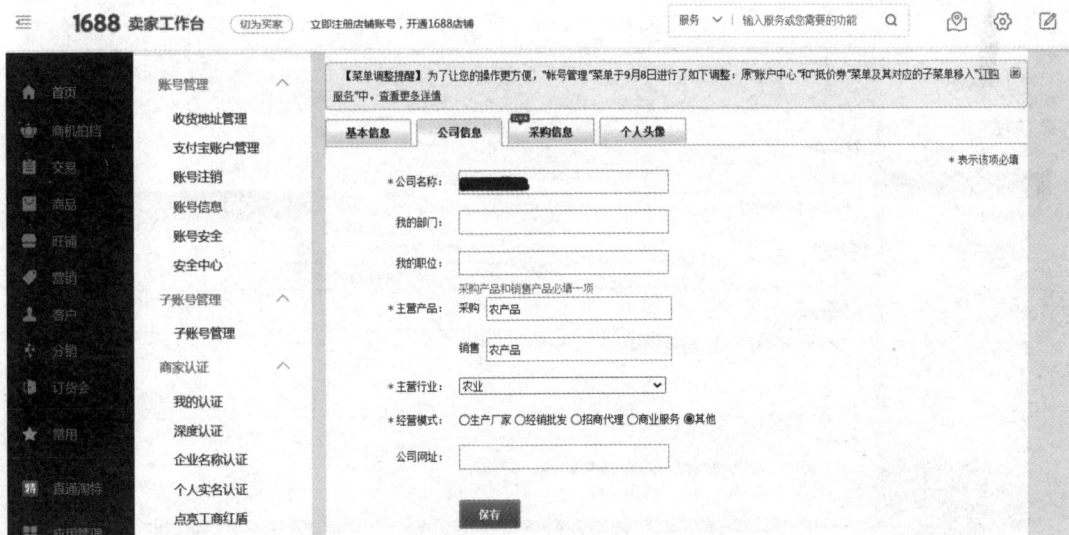

图 8-11　修改公司信息

③项目修改后单击"保存"按钮，系统弹出资料修改成功后的窗口。

④在"我的阿里"栏目下，有"买家中心""卖家中心""服务"等项目，您可以通过这些类目进行您的操作，如图 8-12 所示。

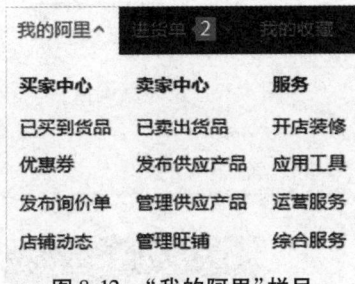

图 8-12　"我的阿里"栏目

⑤1688 的订单分为"已买到货品"和"已卖出货品"，分别在"我的阿里"栏目下的"买家中心"和"卖家中心"类目中。如果顾客想要对已购买的商品的订单进行修改，则可到"已买到的货品"的订单中直接进行各部分的修改。

⑥在 1688 中，还可以发布采购信息和供应产品信息。

a. 发布询价单。

单击"我的阿里"→"买家中心"→"采购"→"发布新询盘"，发布成功后，供应商便可以看到招标单，并进行报名，如图 8-13 所示。

b. 发布供应产品。

单击"我的阿里"→"卖家中心"→"发布供应产品"，会提示需先开通旺铺才能发布供应产品，发布成功之后，会有更多的商家看见商品信息，如图 8-14 所示。

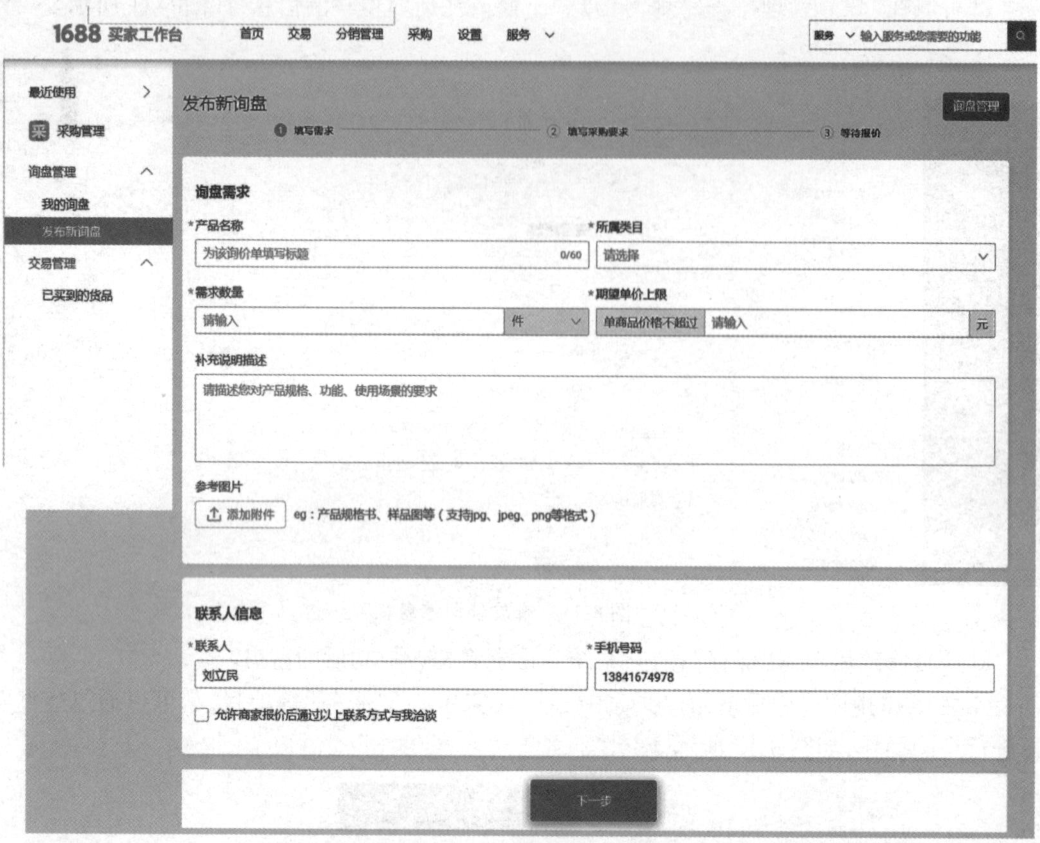

图 8-13　发布新询盘

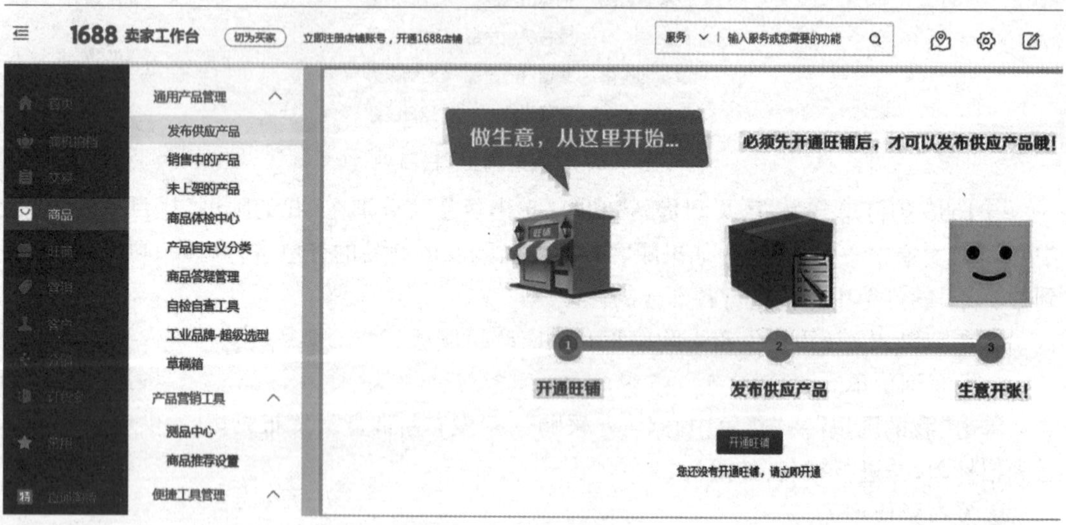

图 8-14　发布供应产品

⑦用户除通过信息检索外,也可以通过搜索框上方的产品、供应商、求购、生意经对商品进行检索,如图 8-15 所示。

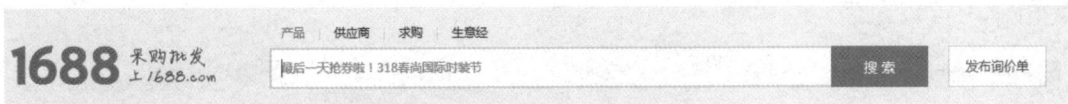

图 8-15 商品信息检索

⑧如果您的公司是供货商,则可以单击页面右上角的"我是供应商"按钮,进行商家认证,并且我是供货商主页中还有"网商成长类目",对你有帮助指引的作用,如图 8-16、图 8-17所示。

图 8-16 商家认证

图 8-17 网商成长类目

⑨生成订单后,买卖双方可直接通过支付宝进行货款交割。主要交易流程有:卖家添加运费、折扣等订单信息;买家付款给支付宝安全账户;卖家发货;买家收货并确认(从支付宝安全账户中划款给卖家);最后交易成功。

⑩进入"支付宝商家中心"→"账号中心",可以对支付宝商户信息进行设置,如图 8-18

所示。

图 8-18　商家支付宝账户信息

8.4.3　1688 网站买家操作

本任务的目标是了解、熟悉并掌握 1688 网站买家操作基本流程。

①在 IE 浏览器中键入相应的网址，出现 1688 网站主页，单击"登录"按钮，输入会员名和密码，或者使用手机阿里/淘宝扫码登录，如图 8-19 所示。

图 8-19　会员登录界面

②可以在搜索栏中直接搜索想要购买的商品，或者通过页面左侧的"品类市场"，也可以通过搜索栏上方的"找货源""找工厂""找工业品"等类目检索商品，如图 8-20 所示。

③当查到所需要的商品时，将鼠标悬停在显示商品图像上面，图像上会出现"找相似款"字样，单击则跳转页面至商品相似款/同款页面，会同时出现 1688 网站中出售的所有同款商品，可以根据价格、地区等商品参数对所需要的商品进行挑选，也可以分别对各个商家进行详细咨询了解，如图 8-21 所示。

图 8-20　商品检索页

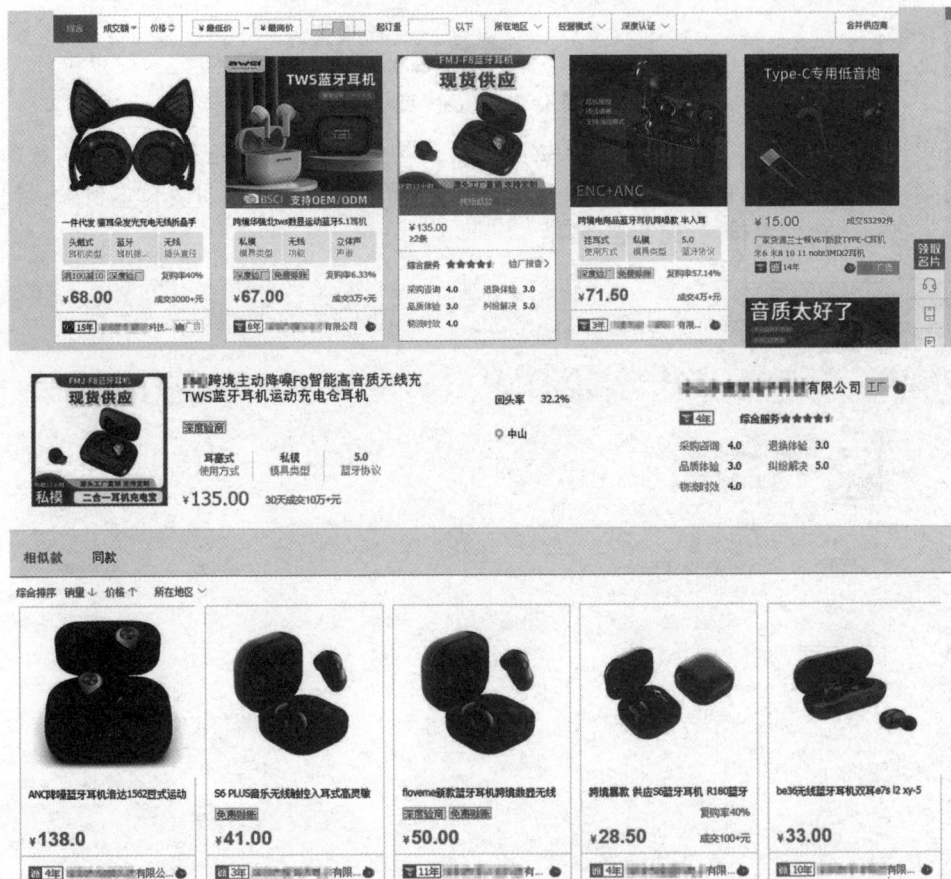

图 8-21　商品相似款/同款页面

④选定商家的商品后,单击进入商品主页,仔细阅读该商品的订购说明后,选择购买商品的属性,即某款或某个型号及购买数量,如图 8-22 所示。

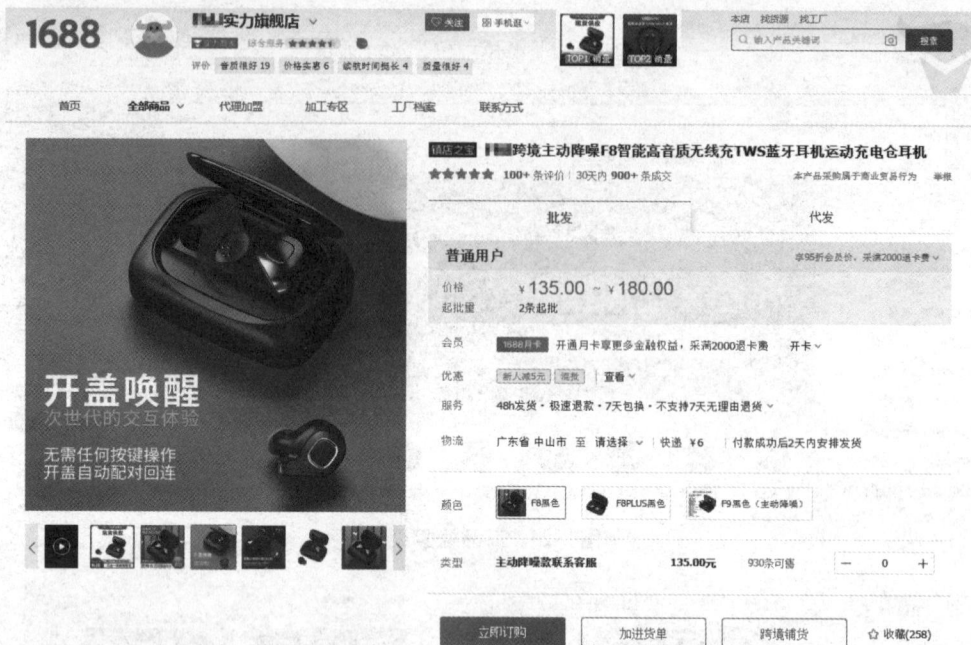

图 8-22　商品主页

⑤单击"立即订购"，用户如果确认货品单价和购买数量，一旦提交，即表示同意购买。因此必须谨慎操作，否则将被视为违约。最后确定交易金额。交易通过支付宝付款，货款和运费均可通过支付宝支付，如图 8-23 所示。

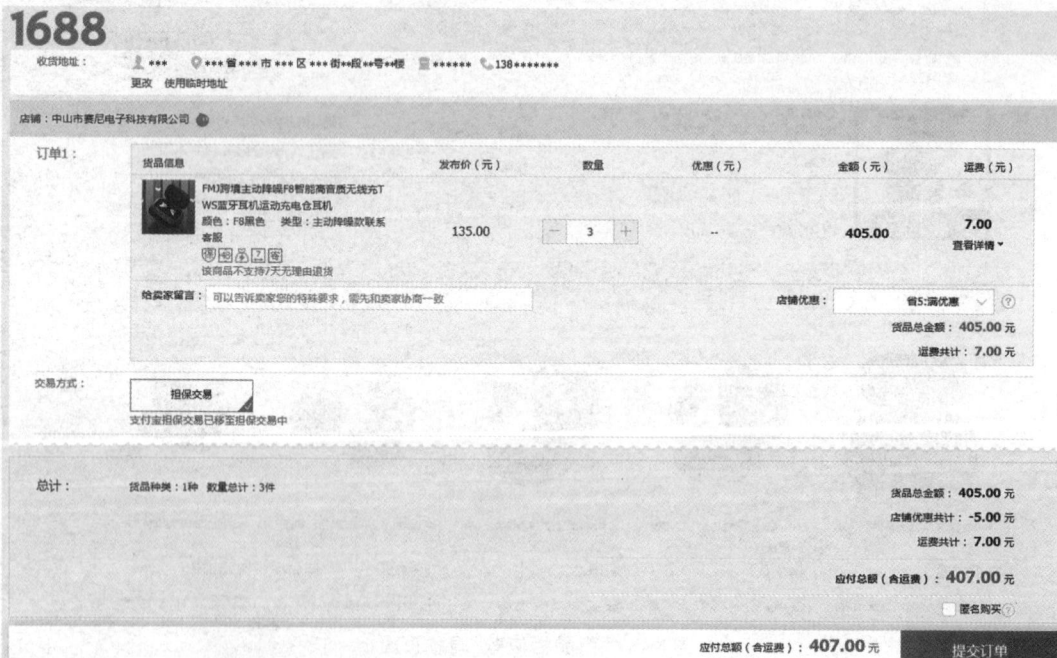

图 8-23　网上订货

⑥对于买家，阿里巴巴网站同样提供订单管理服务，即"进货单"。买家购买产品之后，

可以进入"进货单"中,对生成的订单信息进行管理。

8.4.4　网上贸易通信工具操作

本任务的目标是了解和熟悉网上贸易通信工具软件的功能和技巧,掌握软件的基本使用方法。

①在 IE 浏览器中键入相应网址,进入阿里旺旺首页,如图 8-24 所示。

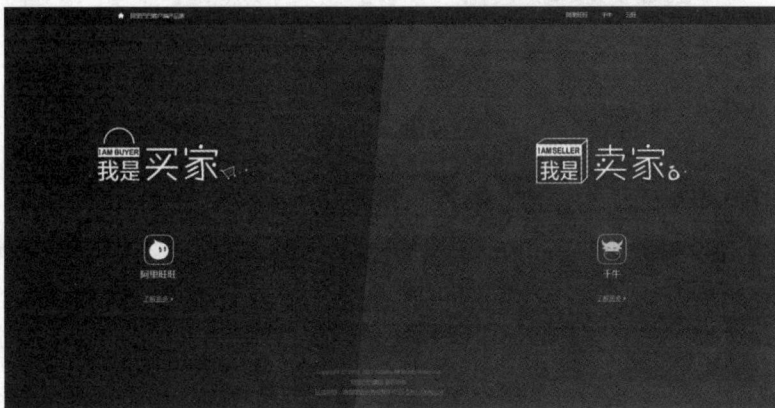

图 8-24　阿里旺旺首页

②选择相应身份,买家选择下载"阿里旺旺",卖家选择下载"千牛",如图 8-25 所示。

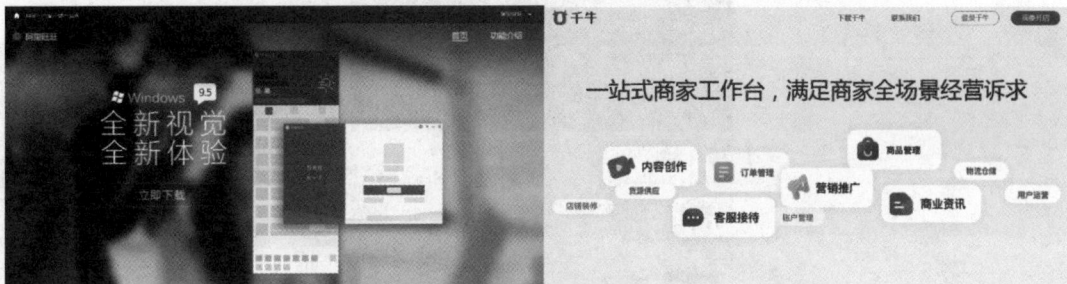

图 8-25　下载软件

③下载完毕,双击安装文件,安装阿里旺旺软件,如图 8-26 所示。

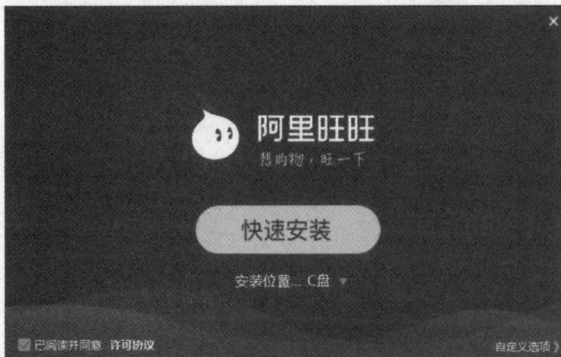

图 8-26　安装阿里旺旺软件

④安装完毕后,运行阿里旺旺软件后,弹出登录界面,如图8-27所示。

图8-27 登录界面

⑤单击"立即登录"按钮,进入联系人管理界面,如图8-28所示。

⑥一旦找到感兴趣的商品,双击阿里旺旺上卖家的名字即时联系卖家。如果对方在线,可以即时通信,发送文本消息,交流产品信息,商业洽谈;如果对方不在线,可以留言或给对方发送短信,如图8-29所示。也可以随时打开"我的淘宝",即时查看自己的订单,如图8-30所示。

图8-28 联系人管理界面

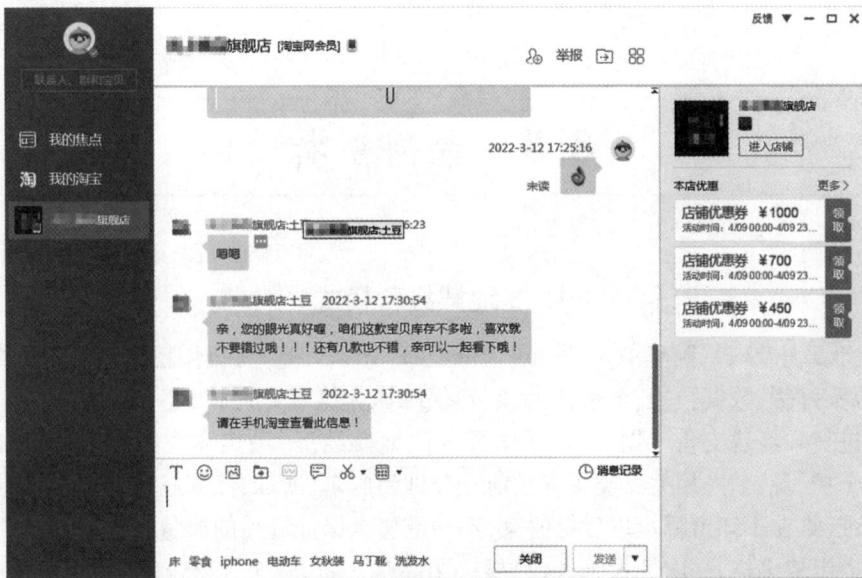

图 8-29　阿里旺旺洽谈对话框

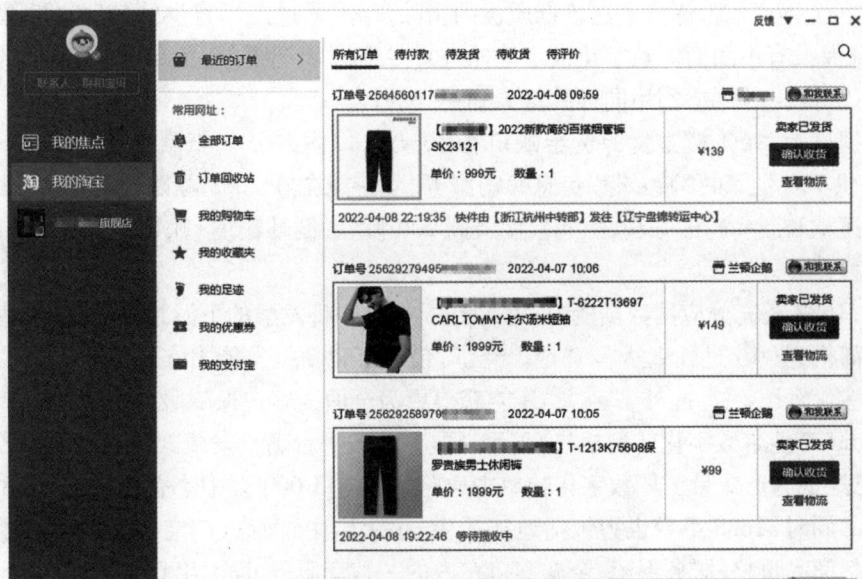

图 8-30　阿里旺旺——我的淘宝

8.5 案例分析

1688 地摊经营模式

2020 年 5 月 29 日,阿里 1688 发布"地摊经济"帮扶计划,将提供超过 700 亿元的免息赊购,通过源头好货、数据智能、金融扶持、客户保障四大维度赋能,为超 3 000 万"摊主"提供全方位的进货和经营支持。据 1688 数据显示,"地摊经济"最热品类为日用百货、内衣、数码、美妆、个护、玩具等,相关品类买家数前三分别为广东、浙江、江苏三省。

进货难,难在不知道哪里进货更便宜,不知道怎么保证货品的质量相对稳定;资金难,难在夜市品类组成多样,一次性投入大,只要一个品类压货,资金风险就不可控;经营难,难在不知道消费者喜欢什么,不知道该卖什么、能卖多少……

1688 在全国产业带深度遴选价低质优的精品货源,通过工厂直供的"新批发"模式触达"摊主",确保没有中间商。数字化夜市地摊进货专区同步上线,选品专为"地摊经济"优化,优品优质优价,让"摊主"们用同样的价买到更好的货。

有数据显示,96% 摊主货源资金缺口在 10 万元以内,"扶一把就能活"。1688 为全国"摊主"提供 700 亿元的"诚 e 赊"免息赊购服务,支持摊主在 1688 赊账进货,商品卖出的资金再用于还款和新一轮的采购,赊购额度最高 200 万元,循环额度+账期保证了"摊主"资金链健康平稳运转。

此外,1688 还充分应用数据能力,为"摊主"推送即将发酵的下游趋势热点,帮助"摊主"提前发现商机,决策"进什么货"。"地摊经济"借数字化新批发能力实现智能化,让"买家更想买,'摊主'卖更多"。此外,"摊主"还能获得更为全面的客户保障服务。

商务部《产业带数字化转型报告》显示,阿里 1688 平台新批发模式覆盖全国七成制造业产业带,已经成为产业带工厂数字化转型主通路。超过 3 000 万中小企业依靠 1688 货源供应链经营。同时,1688 平台也为包括地摊摊主、小店店主、微商、淘宝卖家在内的零售从业者提供包括商品价格、服务保障、金融支持在内的一整套服务,助力生意经营。

9.1　电子商务创新创业综合案例

中国平安
PING AN

平安保险新产品设计
"挂不怕"励志险 App

商
务
策
划
书

参赛团队:毛毛星球

项目名称:平安保险新产品设计——"挂不怕"励志险 App

校内老师:王凤羽、黄艳青

企业导师:郭　盛、刘劲松

团队成员:毛郭洋、杜梦蝶、杨　慧、任　静、李万伟

前　言

中国平安保险股份责任公司自 1988 年成立以来,至今已经发展成为金融保险、银行、投资等金融业务为一体的整合、紧密、多元的综合金融服务集团。中国平安旗下已有"平安 WiFi""平安一账通""平安手机银行""平安壹钱包""平安天下通"等数十款手机 App。中国平安的保险业发展日趋成熟,开拓新的业务领域与服务已经成为其现阶段发展的主要目标。

随着经济发展和教育程度的不断提高,大学生的数量呈快速上升趋势,如何满足当代大学生对大学生活、学习的多元化需求已经成为当今大多数创业者的努力方向。对于挂科保险行业,高校市场空隙较大。因此,为中国平安设计一款打入校园市场的 App 显得尤为重要。经过我们团队实地调研、数据分析发现,如今在大学期间考取各种等级证书职业资格证书的大学生呈大幅增长的态势。各种等级证书、资格证书的挂科率也逐年增高。

本团队通过对考生的考前心理动态分析发现:没有考生希望某次考试挂科,但每个考生都害怕考试挂科,害怕挂科而购买挂科险,买的是一份安心,而对考试有把握的考生购买高分险,买的是一份信心。考试时的心态严重影响着考试的通过率,购买挂科险能够很好地减轻或克服恐惧考试的心理问题。因此,我们认为大学生为减轻因考试费用带来的经济压力、提高自己的考试通过率而为自己买一份挂科险或者高分险是非常有必要的。

中国平安保险产品新设计——"挂不怕"App 旨在以移动互联网(App)为载体,为大学生提供一个方便、快捷的减轻考前压力、购买考试险与积极备考的学习交流平台。本项目是一款为平安保险公司专门针对大学生群体而设计的新式保险服务手机 App。"挂不怕"App 以挂科险和高分险作为主要业务品种,保险范围涵盖了当前高校绝大部分技能考试和普通课程考试。业务包含了以挂科险、高分险在内的新奇保险,通过全线上交易,完成从投保到赔保的全部过程。考生可根据自身实际学习状况选择挂科险或高分险进行投保。在考试成绩公布后,"挂不怕"App 依照所签署的保险合同进行赔付或奖励,具有广泛的市场前景。

目　录

第 1 章　项目摘要

第 2 章　项目环境分析

第 3 章　项目市场分析

第 4 章　项目 SWOT 分析

第 5 章　产品及服务

第1章　项目摘要

1.1　项目简介

本项目是一款为平安保险公司设计的针对大学生群体的新式保险服务手机 App。"挂不怕"App 以挂科险和高分险作为主要业务品种，保险范围涵盖了当前高校绝大部分技能考试。考生可根据自身实际学习状况选择挂科险或高分险进行投保。在考试成绩公布后，"挂不怕"App 依照所签署的保险合同进行赔付或奖励。

本团队根据 4P、4C 等理论以及 4I 模型以及直复营销、体验营销等理论基础，分析平安保险公司旗下 App 的运营现状和问题，并结合 SWOT、STP 的相关分析，提出了以客户体验为核心的 E-BIO 营销理念，探讨落实了基于该理念的营销策略及保障措施，为中国平安公司校园考试类保险发展提供可行性参考。

本项目借助互联网+平台，设计符合大学生审美和需求的个性手机 App。业务不仅包含了以挂科险、高分险在内的新奇保险，还为大学生提供复习资料、学习论坛等多元化的学习交流平台，通过全线上交易，完成从投保到赔保的全部过程。

1.2　导师简介

1.2.1　校内导师

王凤羽，汉族，1974 年 2 月出生，中共党员。长江师范学院教授，管理学院副院长。研究生学历，教育学硕士，管理学博士，西南大学农林经济管理博士后流动站博士后。重庆理工大学硕士生导师，重庆市社会科学专家库专家，重庆市涪陵区人大常委会预算审查监督咨询专家,重庆市涪陵区第四届科技拔尖人才,中国农业企业经营管理教学研究会常务理事,主要从事财政金融管理、财务管理与投资战略方向研究。目前,主持在研国家社科基金西部项目1项,主持完成省部级科研项目1项,主研完成省部科研项目1项。主持在研省部级科研项目5项,校区级科研项目2项。主持完成重庆市重点教改项目1项、校级教改项目1项。指导大学生第六届电子商务"三创"大赛获得二等奖1项,三等奖1项;指导中国电子商务学会主办第三届"发现杯"全国大学生互联网软件设计大奖赛获得全国总决赛三等奖;第二届"网中网杯"大学生财务决策大赛西部赛区三等奖;2012年首届"网中网杯"全国大学生财务决策网络大赛本科组二等奖;2013全国证券投资模拟实训大赛西部赛区团体一等奖;财会技能大赛西部赛区亚军。被遴选为重庆市社会科学专家库专家、涪陵区第四届科技拔尖人才、邮储银行杯中国互联网协会第八届全国大学生网络商务创新应用大赛全国总决赛评委、大学生第六届电子商务"三创"大赛重庆赛区评委。

黄艳青,汉族,1985年3月出生,中共党员。长江师范学院管理学院团总支书记。曾荣获2014年获长江师范学院2014年暑期带薪实习优秀指导老师;2014年重庆高校辅导员全员培训期间被评为优秀学员;2014年获长江师范学院思想政治理论课教师教学技能大赛三等奖;2015年荣获重庆市大学生"校园之春"文化艺术体育活动优秀指导老师称号;2015年被评为长江师范学院暑期"三下乡"社会实践活动中被评为先进工作者;2015年获长江师范学院思想政治理论课教师教学技能大赛二等奖;2016年获长江师范学院第三届辅导员技能大赛优秀奖;2016年被推报为重庆市暑期"三下乡"社会实践活动先进工作者;2016年被推报为重庆市大学生"校园之春"文化艺术体育活动优秀指导老师称号。

1.2.2　企业导师

郭盛,现任中国平安财产保险股份有限公司重庆市分公司涪陵支公司总经理,从事人寿保险工作已超过30年,其间积累了丰富的保险从业经验。全面掌握保险专业知识、具备较高的专业素质、富有敬业精神及保险职业责任感,熟悉保险相关行业的风险管理,了解新型保险险种的申报系列流程,有很多实践经历。曾多次指导校企合作大学生创业项目,多次进以企业家的身份进高校课堂开授讲座课程,取得了热烈的反响。

刘劲松,现任深圳市微微网络科技有限公司副总裁。1982年获天津大学石油地质专业学士学位。1998年江汉石油学院勘探与普查专业硕士研究生。2003年获中国石油大学油田开发博士学位,是原中国石油天然气股份有限公司华北油田研究院主任,中国石油天然气股份有限公司勘探与生产分公司质量安全环保部主任,北京宏世创能科技有限公司总经理,北京山河恋源科技发展有限公司CEO。

1.3　管理团队

团队领导层由5位责任心强、充满热情和激情的在校大学生组成。团队5人无论是从性格上还是能力都非常互补,5 人相互欣赏和认可,但在决策上有核心领导人物,且团队执行力高,具有卓越的创新能力和市场洞察力。本团队汇集朝气蓬勃的新时代创新型人才,奇思妙想碰撞的火花源于我们专业的多元化,成员来自 4 个不同的专业,分别是市场营销、公共事业管理(人力资源方向)、财务管理(会计)、视觉传达设计,不同的专业背景又为我们团队提供了丰富的知识储备,为项目的创立与发展提供了更大的可能性,我们敢于超越、摆脱传统互联网产业的束缚,创新互联网交易新产品。我们坚信:创新推动发展,创业成就梦想,新科技才能引领高品质生活,享受人生。

成员 1:毛郭洋,担任团队中的总经理,市场营销(市场管理与开发)本科专业。积极参加各类活动竞赛,曾获电子商务大赛校级二等奖、大学生创新创业校级立项。现担任管理学院团学会副主席,拥有较强的组织协调能力与语言表达能力,在团队管理方面有一定的工作经验,主要负责项目团队的组织协调、市场调研与分析工作。

成员 2:杜梦蝶,担任团队中的策划总监,市场营销(房地产策划)本科专业。曾荣获一站到底职场挑战赛市级三等奖、大学生创新创业校级立项。现担任管理学院团学会干部,拥有较强的逻辑思维能力与创造力,并且多次获得奖学金,拥有丰富的专业知识,主要负责项目的营销策略与推广方案工作。

成员 3:杨慧,担任团队中的财务总监,财务管理(会计)本科专业。曾荣获重庆市电子商务大赛市级三等奖、遇见未来的你创业大赛校级一等奖。曾担任财经学院团学会组织部部长和党支部办公室副主任等干部,并多次获得奖学金,拥有丰富的财务管理方面的专业知识,主要负责项目的财务状况与风险分析。

成员 4:任静,担任团队中的人力资源顾问,公共事业管理(人力资源管理)本科专业。在校期间积极参加各种学科竞赛,曾在第三届"发现杯"全国大学生互联网软件设计大赛奖中,荣获西南赛区"二等奖"和全国总决赛"三等奖"。现担任管理学院团学会副书记,具备较强的沟通协调能力、组织领导能力以及实际动手能力,主要负责项目的环境分析与公司运营与管理。

成员 5:李万伟,担任团队中的设计总监,视觉传达设计本科专业。拥有丰富的专业知识与能力,能够出色完成团队中 App 界面设计的工作。曾荣获 Logo 重庆市元素 E 家特等奖、三创国家立项和各类 Logo 设计大赛中标奖。现担任美术学院团学会学习部部长,拥有较强的学习能力与组织协调能力。

1.4　产品功能简介

本项目的产品主要有四大板块,具体内容如下。

1.4.1　社　区

社区板块以满足当代大学生考证需求为主,将大学生考证需要的资源用到的一些单独软件才能提供的功能,整合为一个板块中去,既方便了大学生的日常使用,还能提高大学生用户的软件忠诚度,增强用户黏性。

1.4.2 考 险

随着中国保险业的发展,中国平安保险新设计——"挂不怕"App 保险,作为一种新生产品,将逐渐成为一种发展趋势。平安保险公司研发团队根据考生考证出现的两种极端,并进行精确的研究与分析,将围绕考生挂科和高分两种情况设计本产品,同时来激励考生积极考证,不断挑战自我。

1.4.3 校 园

本板块主要以"挂不怕"策划开展的各类线上线下校园活动为主要内容,通过系列校园活动使软件功能多元化,让用户在学习过程中能浏览或参与一些有趣味性的活动,增强用户体验。同时板块后期会与各校园 App 合作,在本板块增加大学生在平日里经常用到的一些单独软件才能提供的功能的软件链接,这样既减少软件开发成本,又方便了大学生的日常使用,还能提高大学生用户的软件忠诚度,增强用户黏性。

1.4.4 自习室

自习室板块主要分为刷题模式与监督模式,刷题模式为用户提供相应考试的复习资料与模拟刷题系统,该学习模式不受时间与地点的约束,能够有效地提高用户的学习效率。监督模式通过系列奖励措施,监督用户现实中的学习,远离手机,有效地提高用户学习的积极性。通过两个模式相互促进,实现线上线下学习相互促进的方法,进而提高考试通过率,为考试险的赔率提供支持。本板块采取前期免费试用,当客户群达到一定数量时采取部分功能免费,若要使用全部功能则需要收费或购买考试险赠送该服务。

1.5 目标市场

前期:长江师范学院有意愿参加等级或资格考试的在校大学生。
中期:西南片区高校有意愿参加等级或资格考试的在校大学生。
后期:全国 2 400 万有意愿参加等级或资格考试的在校大学生和成人考试群体。

1.6　发展前景

　　"挂不怕"适应所有在校大学生,拥有 2 400 万的潜在用户,能为大学生提供各类等级、职业资格考试保险、学习论坛、复习资料、课表等其他一些校园服务。下载本软件可以节约其他单方面功能性软件所占的手机内存,提高手机运营速度,在功能和实用性上有效满足各个学生群体;"挂不怕"App 不仅是一个卖考试保险的软件,更是一个旨在建立一个增强考友之间联系、提供考试复习资料、提高考试过关率的学习平台,这符合学校对学生的培养方案与主流的价值观;据调查,针对大学生考试的考试险类服务 App 在市场上目前并不多,但大学生们确实有该方面的需求,因此本项目竞争力强、需求大、威胁小。本项目为中国平安保险集团股份公司旗下产品,拥有充足资金支持与技术支持。综上所述,"挂不怕"App 有着非常好的发展前景。

1.7　投资与财务

　　股本结构中,由平安保险公司投入研发资金 40 万元,并且引入战略伙伴入股 10 万元。为以后扩大规模做好充分的准备,一边建立市场通路,降低经营风险。

1.8　发展战略

　　前期:以长江示范学院为试点,采用小范围线下地推的方式,进行推广,建立一套完善的推广方式并不断测验 App,优化用户体验、提高服务质量。

　　中期:扩大推广规模、占领重庆乃至西南片区各大高校片区,并保持一段时间的项目沉淀、稳固已有市场,优化公司内部结构。

　　后期:用资本推动项目发展,向全国的市场进行推广,覆盖 2 400 万大学生群体。

第 2 章　项目环境分析

2.1　宏观环境分析

近十年来,中国保险行业发展的外部环境发生了巨大变化,国民经济持续高速增长、国家政策大力扶持产业发展、社会人口素质进步,同时环境不确定性因素增强、信息技术和金融衍生工具等方面的技术发展日新月异,这些都为保险业的发展创造了良好的外部环境。

2.1.1　政治环境

任何一国保险业的发展必须在本国的基本政治制度和政策框架内进行,政治环境对保险供给和保险需求都有巨大的影响,尤其是在我国这样的经济转轨国家。改革开放以来,我国保险业的政治环境日渐稳定、和谐,2006 年 6 月 15 日《国务院关于保险业改革发展的若干意见》(以下简称"国十条")出台,更是掀开了保险业发展的新篇章,我国保险业迎来了前所未有的黄金政治环境。我们应抓紧这一有利时机,尽快出台与"国十条"配套的政策和措施,提高国民风险意识,增强保险公司竞争力与活力,进一步扩大保险市场的对外开放,实现我国保险业的跨越式发展。"国十条"的出台,掀开了我国保险发展的新篇章,保险业迎来了前所未有的黄金政治环境。

首先,"国十条"明确了保险业在新时期的定位和意义:"保险具有经济补偿、资金融通和社会管理的功能,是市场经济条件下风险管理的基本手段,是金融体系和社会保障体系的重要组成部分,在社会主义和谐社会建设中具有重要作用。""国十条"从理论和实践上解决了保险业发展的定位问题,澄清了对保险业在经济社会发展全局中的地位和作用的一些模糊认识,为保险业更好地融入经济社会发展全局、实现做大做强的战略目标提供了理论依据和实践基础。

其次,"国十条"提出了保险业改革发展的指导思想、总体目标和主要任务:"以邓小平理论和'三个代表'重要思想为指导,坚持以人为本、全面协调可持续的科学发展观,立足改革发展稳定大局,着力解决保险业与经济社会发展和人民生活需求不相适应的矛盾,深化改革,加快发展,做大做强,发展中国特色的保险业,充分发挥保险的经济'助推器'和社会'稳定器'作用,为全面建设小康社会和构建社会主义和谐社会服务。""建设一个市场体系完善、服务领域广泛、经营诚信规范、偿付能力充足、综合竞争力较强,发展速度、质量和效益统一的现代保险业。围绕这一目标,主要任务是:拓宽保险服务领域,积极发展财产保险、人身保险、再保险和保险中介市场,健全保险市场体系;继续深化体制机制改革,完善公司治理结构,调整优化结构,转变增长方式,不断提高服务水平;加强保险资金运用管理,提高资金运用水平,为国民经济建设提供资金支持;加强和改善监管,防范化解风险,切实保护被保险人合法权益;完善法规政策,宣传普及保险知识,加快建立保险信用体系,推动诚信建设,营造良好发展环境",指明了我国保险业在未来一定时期的发展方向,是保险业适应新形势的行动指南,标志着我国在探索建设中国特色保险业发展道路上迈出了重要步伐。

"国十条"的出台是我国保险业具有里程碑和划时代意义的一件大事,对保险业发展将产生深远的影响。

2.1.2　法律环境

《中华人民共和国保险法》(以下简称《保险法》)于 1995 年 6 月 30 日颁布,同年 10 月 1 日起正式实施,这是中华人民共和国成立以来的第一部保险基本法。保险法颁布至今,历经 3 次审议通过的新版《保险法》共 8 章 187 条,较现行《保险法》的 158 条增加了许多新的内容。与旧版相比,新《保险法》的一大变化就是在规则完善和制度设计上更加注重对广大投保人、被保险人和受益人利益的保护。新修订的保险法更强调保护投保人、被保险人的合法权益,并将于 2009 年 10 月 1 日起正式实施。新《保险法》最核心的三大变化是突出了保护被保险人,突出了加强监管和防范风险,突出了拓宽保险服务领域,对保险业的依法合规经营提出了更高的要求。新《保险法》明确了保险双方当事人的权利与义务,有利于减少保险合同纠纷,为保险业保驾护航,也为本项目奠定了牢实的基础。

2.1.3　经济环境

经济发展趋势影响保险业的繁荣与否,保险业作为国民经济的"助动器"和"稳定器",在国民经济中发挥的作用日益明显;保险业也是每一个公民的个体各方面发展的安全后盾,为他们保驾护航,每一个个体的健康发展就是整个国家的健康发展。保险业的发展对经济的需要犹如树木的成长离不开土壤。国民经济全局发展是发展保险业的前提,国民经济全局发展为保险业提供了充足的保源。国际国内的经济格局的变化无时不触动保险业发展的神经。全球保险市场的发展历史表明,各国的经济增长与其保险业的发展是正相关的。

1)国民经济全局发展为保险业发展提供了良好的政策支持

保险业是政策敏感度很强的行业,有关立法、政策和制度等因素是保险业发展的社会、政治和法律环境,以及社会保障政策、货币金融政策、财政税收政策等因素也对保险业产生直接的影响。就财政政策而言,财政政策中的税收政策、转移支付政策对保险业的发展,包括对公司盈利、偿付能力和承保能力的改进有着直接影响,因此,保险业的税收政策是否合理和完善,关系着保险产业政策的实现以及保险业的发展。营业税政策的调整,对保险业的承保业务和投资业务产生了有利影响,为保险企业改善盈利状况提供了较好的税收政策环境。就货币政策而言,不同的货币政策对保险业的发展尤其是对新型险种的开发、保险需求的引导以及投资收益有着重要影响,对保险业来说主要是中央银行的利率。除财政政策和货币政策外,所有制结构调整、国企股份制改革、社会保障体制的改革也对保险业产生了影响。同时,保险监管的加强,对规范和发展保险业有了很大的促进作用。

2)改革开放以来不断稳定的金融环境

改革开放以来,随着中国金融体制改革深化,中国居民金融资产结构不断调整,银行、证券、保险等金融部门之间的联动越发紧密。经济增长促进了金融资产持有总量的增加,推动了保险需求的快速上升。比如,由于 2002 年金融市场尤其是证券市场的不良表现,居民金融资产持有结构进一步调整,除银行存款继续增加外,金融资产投资渠道逐步从证券市场转向保险市场,使 2002 年保险业发展迅猛增长。

3)国际化进程的突破,入世使保险业进入实质性发展阶段

我国已加入世贸组织,按照有关约定,我国保险业将进入全面开放的新阶段,这将有利于扩大保险市场规模,打破垄断局面,促进国内保险公司在经营、管理、产品、技术和服务等方面的进步。加快国内保险公司体制改革步伐,缩小与国际保险业的差距;改变我国保险业的增长方式,增加市场主体,加快我国保险业的国际化进程。同时,也给我国保险公司带来了冲击和挑战。国民经济全局发展提高了国民保险意识。加入世贸组织后,中国经济开始全面融入世界经济,各种制度将与国际接轨,各项社会保障制度的改革更加深入,国家医疗制度和养老制度的改革,越来越多的部分将由人们自己来承担。国家今后除有可能向所有国民提供最低限度的生活津贴,以保证一张"安全网"的存在外,人们将不得不依靠自己的力量及早安排晚年生活。这时,保险作为一种经济保障制度已逐渐为人们所接受。

2.1.4 互联网环境

移动互联网已从根本上颠覆了胶片、零售、报纸、唱片、邮政和书店等传统行业的产业格局及商业模式,彻底地改变了网民的生活状态,其中一方面体现在人们思想观念、思维方式和生活方式的改变;另一方面则表现在通过这些改变而衍生出新的商业模式和服务方式。所以传统商业的移动互联网化,也将是未来企业发展的潮流所向,而保险作为金融领域市场化程度最高、竞争最激烈的行业也在所难免遭遇这场变革。先进的无线传输技术和移动终端已在人们的生活中普及开来,移动互联网时代随之登上历史的舞台,近些年移动互联网营销也逐渐成为热门的研究学科。与传统营销相比,具备了精准性、交互性、及时性、经济性、广泛性等特点的移动互联网营销,对传统营销和互联网营销的发展有很大影响,它也逐步发展成为未来保险行业业务成长的重要渠道,同时也给保险企业带来了诸多的机遇和巨大的挑战。

网络消费者分析如图 1 所示。

我国互联网保险消费者

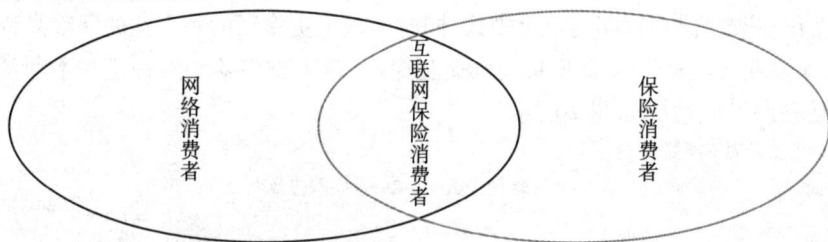

我国网民年龄在20~39岁的占比高达55.30%

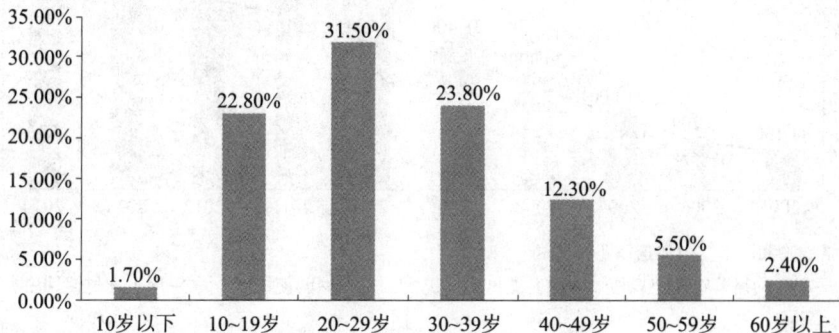

图1 网络消费者分析

2.2 微观环境分析

随着网络技术的普及,互联网、大数据等字眼成为现下的经济热点,各行各业纷纷加入网络技术的大军,保险行业也不甘落后,各保险公司、保险中介公司等积极探索互联网营销之路,以促进我国互联网保险飞速发展。从 1997 年我国第一家保险信息网站成立,迄今不到 20 年时间,互联网保险的发展突飞猛进,不仅保费规模、投保人数迅速增长,保费规模从 2011 年到 2013 年增长超过 800%,同期保险消费者人数增长了 600%。各保险市场主体积极探索多种营销模式,目前我国互联网保险营销渠道呈现多元化形式,主要分为两大类:其一传统互联网保险营销渠道,包括保险公司的官方网站和保险中介机构建立的专业第三方互联网保险营销平台;其二移动互联网保险营销渠道,包括保险微信营销平台和保险公司开发的官方 App 等。

科技作为推动社会进步的生产力,一次又一次地给人们的生活带来了巨大的变革。在我国互联网的覆盖率超过了40%。这也给予了我国的互联网及相关产业巨大的发展机会。互联网的快速发展改造着传统工业、商业的生产和交易方式,进而形成了新的消费模式和商业模式,站在历史的潮流之上,互联网时代保险行业也面临着其对自身经营模式的改造。保险传统的营销模式只有保险公司直销和通过代理人代销,这两种模式由于中介代理人员形象口碑不佳、专业技能欠缺,以及越来越多第三方网站的分流使得传统模式对保费增长的贡献呈下降趋势,互联网扩展了保险业的前端销售渠道,优化了保险中间环节,出现了移动展业和移动理赔,通过大数据正在改变保费后端的定价模式,同时出现了更多新的私人化的保险品种,在互联网的改造下,保险业已经从人人交互向人机交互探索,越来越多新的险种正在不断涌现。

我国互联网发展情况如图 2 所示。

我国互联网普及率不断提升

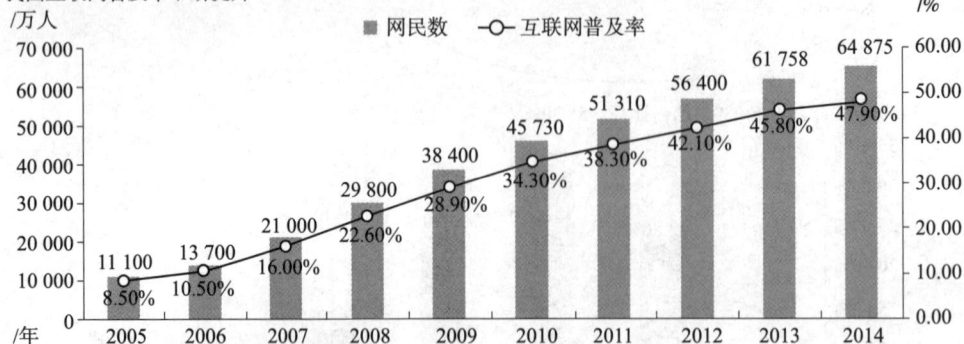

我国网络购物和网上支付渗透率不断提高

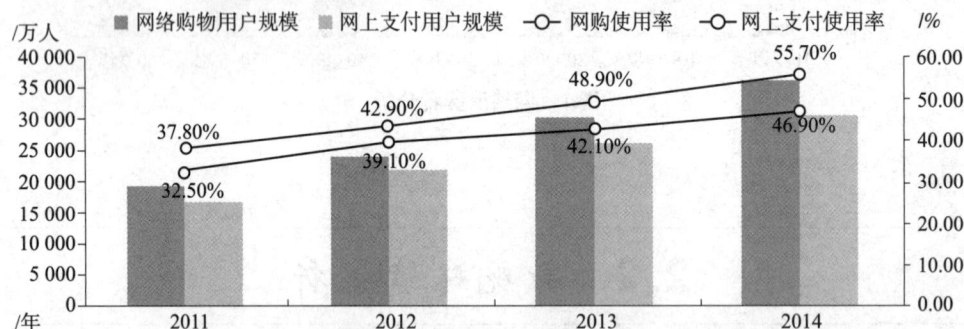

图 2 我国互联网发展情况

互联网保险发展现状如图 3 所示。

我国互联网保险费占比已达4.24%

我国互联网保险发展历程

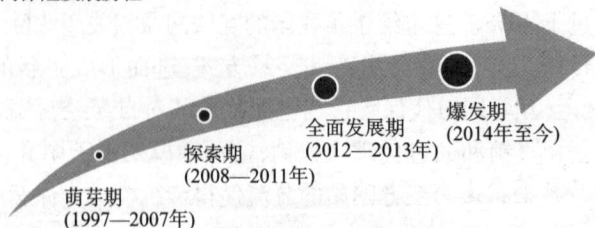

萌芽期
(1997—2007年)

探索期
(2008—2011年)

全面发展期
(2012—2013年)

爆发期
(2014年至今)

图 3 互联网保险发展现状

2.3 竞争者环境分析

2.3.1 主要竞争对手

挂不怕"励志险"App 的主要功能有提供考试险服务、考试资料分享平台、学习交流论坛、监督学习功能和校园活动推送。我们的市场调研发现，目前市场上还未出现集上述功能于一体的产品，只有具备其中单个功能的产品。由于市场存在"先入为主"的概念并且他们有着较为成熟的运作体系，故这些产品和我们的项目之间仍有着竞争关系，我们将从各个相似的功能出发进行主要竞争对手分析。

1）与"考试险"相似概念的产品

（1）淘宝"大学英语四六级考试险"活动

淘宝"大学英语四六级险"是针对 2015 年 12 月 19 日开考的大学生英语四六级考试的考生用户，为安慰挂科考生、奖励学霸考生而推出的活动，考生用户参与本活动可以在符合兑换条件的情况下，获得有商家提供的安慰礼包或奖励礼包。该活动的目的不是盈利，而是作为淘宝推广活动吸引更多大学生群体来淘宝购物。优势是达到了活动目的，吸引了部分年轻消费群体。劣势是它不是一款保险，只是活动，赔付的不是保金而是合作商家的礼包，礼包内容为代金券和兑换券，合作商家也较少，赔付远不及保金有吸引力。

（2）支付宝四六级考生意外综合险

支付宝四六级考生意外综合险是众安保险在支付宝校园生活板块里给广大考生限量提供的 100 万份考试险。在新版支付宝-校园生活中认证过的在校生都可以免费领取。领取这份保险的同学，如果因备考期的意外导致缺考（保险责任是意外身故、伤残、意外医疗、交通费），可以得到保险公司的赔偿。优势在于这款保险来源于专业保险公司，赔付有保障。借助支付宝平台，达到了众安保险的宣传目的。劣势在于缺少趣味性，保险责任有限，吸引力不够。

（3）大学学生间的"考试险"活动

在有些大学学生间有"考试过关险的"活动，其优势在于更加符合学生需求。劣势是没有专业的保险公司进行保障，没有保险精算师进行专业精算，保险赔付条例设置不够合理。同时，作为活动没有官方的解释，故部分专家对这种保险的存在意义存在争议。

2) 与"考试险"相似功能的产品

(1)"我要当学霸"App

"我要当学霸"App 是一款督促学习的手机软件,通过创新的方式,解决了学习时玩手机这一困扰广大青少年的问题。该应用能有效提高学习效率,杜绝边学边玩手机的情况。每天的活动推送让用户节约玩游戏的时间来扩展知识面;社交系统也便于结交良友,共享学习资料;可以用它设置学习时长,启动学霸模式,锁定手机,如想放弃必须接受各种惩罚;也可以给自己设定早睡时间,到点后手机将被锁定;另外,软件还有考试倒数、每日学习提高等功能。

优势:①这款 App 于 2012 年上线,上线至今积累了大批忠实用户,客户群稳定。

②各项功能正在不断更新完善:更新了高效的番茄工作法,有效提高学习效率,另外增加了学生圈作为交流学习、分享生活的平台、作业问答板块、学习资料平台、每日分享经验心得、新闻资讯、变态闹钟、学习规划、考试倒数等多种功能。多种功能更大程度满足学生需求。

劣势:软件盈利方式较为单一,导致软件过于强调部分收费功能,硬性收费的板块降低了用户好感度,同时会员利益包吸引力不足。该软件盈利方式为广告和会员,但广告后显示不是广告简介,而是自动下载广告中的 App,有损用户利益。挂不怕"励志险"以销售考试保险作为主要盈利点,盈利模式多样,不以广告为主要盈利点,更加强调用户体验。

(2)"超级课程表"App

"超级课程表"是广州超级周末科技有限公司旗下一款针对大学生市场的校园应用。课表交友新方式,认识同班同学;快速了解大学新鲜资讯,让学生充分享受大学生活。软件内置许多实用功能,查看课表、记录课堂笔记、成绩查询等问题统统解决;还有配置了不少服务型功能,社团活动、二手交易、失物招领等应有尽有。还能根据以往每堂课老师的点名频率进行点名预测。课表交友新方式,可以向同班同学发送私信,帮助同学认识到同一节课任意教室范围内的同学,方便同学间即时、便捷地联系交流。扩展交际圈,一手掌握校园新鲜事。

优势:①超级课程表(Android/ iOS)的注册用户已达到 200 多万。超级课程表在学校进行推广顺利,与学校官方直接合作,有着直接优势,支持 1 400 多所高校的课表自动录入。这是其竞争对手所不能及的,其他同类产品最多只能支持 200 所热门高校。

②该款 App 通过网络数据的产生以及客户注册量来盈利。该应用关注在新生用户群体中的推广,这部分人群较为活,每年增加的用户数稳定,保障了盈利。

劣势:超级课程表为了宣传推广,使用不适合的标语,虽然很有话题符合大学生性格特点,但助长学生不良风气,背离了超级课程表的初衷(做全国最好用的课程表软件),其次出卖了超级课程表的不纯动机。挂不怕"励志险"所有内容围绕助考展开,致力于解决考生考试前由于心理压力和经济压力发挥失常的情况,积极向上,利于学风建设。

2.3.2 潜在竞争者

我国互联网保险未来渗透率会进一步提高,销售渠道入口将进一步向场景化方向发展,市场集中度将进一步下降,保险产品向个性化和定制化方向发展,保险公司将给予大数据拓展增值服务。

1)来自保险行业内部的竞争

保险公司面临的新进入者包括国内公司和国外公司。由于近来保险监管部门大大放松保险公司的进入政策壁垒,估计今后几年,会有大批国内保险公司注册成立。随着WTO承诺的兑现,外国保险公司的进入也只是时间顺序问题。从总体上来说,国外保险公司从资金实力、产品开放技术、展业方式。业务管理水平等方面都大大强于国内保险公司。在中国开放保险市场以后,中国的内资保险公司要与这些十分强大的外资保险公司进行竞争,其严峻性是显而易见的。所以,随着时间的推移,保险行业的竞争会越来越激烈。

2)来自保险行业外部的竞争

中国保险业所面临的挑战还来自国内银行与非银行金融机构。出于历史原因,国内的消费者对银行的熟悉程度大大高于保险公司。除此之外,国人长期形成的储蓄习惯也给银行带来了无与比拟的优势地位。从长期来看,银行与其他非银行金融机构也都是保险公司强有力的竞争对手。

互联网保险产业链如图4所示。

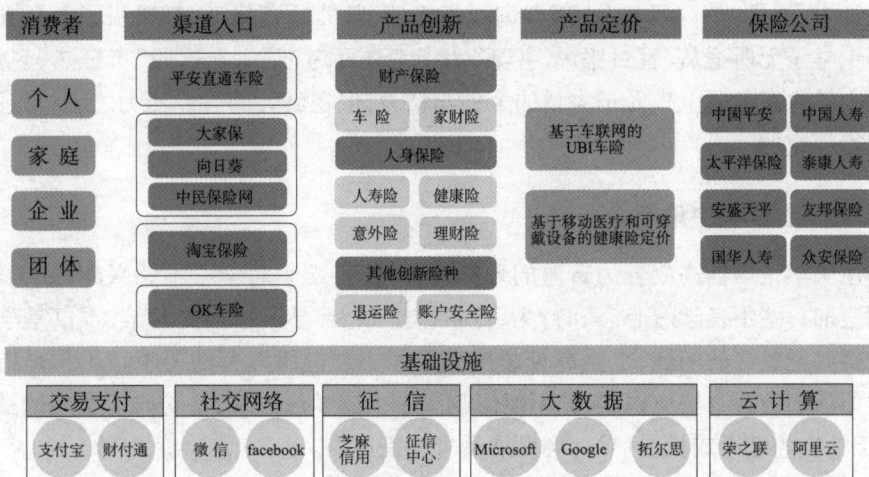

图4 互联网保险产业链

2.4 消费者分析

2.4.1 消费者心理分析

本作品是一款为平安保险公司设计的针对大学生群体的新式保险服务手机 App。"挂不怕"App 以挂科险和高分险作为主要业务品种,保险范围涵盖了当前高校绝大部分技能考试和普通课程考试。考生可根据自身实际学习状况选择挂科险或高分险进行投保。在考试成绩公布后,"挂不怕"App 依照所签署的保险合同进行赔付或奖励。

通过关于大学生考前心理动态的调研,我们发现:每学期,每个大学生都会参加两门以上的技能考试;接近一半的学生都有挂科的经历;所有考生都不希望某次考试挂科,并且每个考生都害怕挂科;由于恐惧心理及紧张情绪,很多同学在考试中都出现了失误。"挂不怕"App 旨在通过保险服务,减轻大学生考前心理压力,也减轻挂科带来的经济压力,鼓励大学生积极应试。挂科险,买的是一份安心;高分险,买的是一份信心。

1)从大学生价值层面的角度

近几年,越来越多的学生加入考证行列。不论是有硬性要求的大学英语四六级证书、计算机一级证书,还是"热门行业"心理咨询师资格证、营养师资格证,都吸引了大批在校学子报考。不少学子无所适从、盲目跟风,甚至"为了考证而考证"。在这股"考证热"风潮下,经济有限的大学生在考证上投入了大量的金钱与精力,但在巨大的就业压力之下,考证的通过率却是值得深究的。

2)从认知心理学的角度

大学生厌学是当前高校较为普遍的现象,厌学使得学生对学习不感兴趣,缺乏热情,以及存在相应的一些不良学习心态和行为,分析厌学原因,寻求适当的对策,不仅是学校管理人员和教师共同关心的问题,也是高校学风建设和心理健康教育的要求。厌学是指学生消极对待学习活动的行为反应模式,其不但影响了学生的学习成绩,还妨碍了学生的社会化进程,不利于学生的健康成长,且对社会发展具有不良影响。

3)从精神分析心理学角度

由于大学中的考核的方式与中学有所不同,大学生的学习状态也较高中有所下滑,因此大学生挂科可认为是一种正常的现象。但挂科的影响却不容忽视,挂科最严重的影响可能就是拿不到大学学位证、毕业证,无法毕业。挂科也会直接影响大学生的成绩排名,使其与奖学金、助学金、竞选班干部、入党、保研、推荐工作、出国留学等好事全部失之交臂。挂科还会对大学生的心理造成巨大的伤害,例如会造成大学生有羞愧、恐惧、痛苦、自暴自弃等不良情绪。一般大学生得知他们挂科都是在期末考试后的暑、寒假里,这样挂科会对他们进行长时间的身心折磨,还对大学生的就业也将造成十分的严重影响。

2.4.2　消费者行为分析

随着互联网技术的不断更新,智能手机和移动互联网已经嵌入了人们生活的方方面面,大学生这一群体的消费行为也随之发生了很大的变化,人们的消费选择比较自由,市场上各个商品基本上都能满足消费者的需要,消费者的消费选择已经完全接近自由消费,但是消费距离成为一个新的消费困难,人们的消费偏好逐渐倾向消费的便利性。

消费者的购买特征由原来的习惯性购买逐渐转变为复杂性购买,人们不只着眼于产品的实用价值,还注重购买商品的成本价值,通过调研,我们发现大学生对考证、过级的通过率有一定的期待性,这对本项目的市场推广起了推进作用。"挂不怕"App 旨在通过保险服务,减轻大学生考前心理压力,同时也减轻挂科带来的经济压力,鼓励大学生积极应试。挂科险,买的是一份安心;高分险,买的是一份信心。

2.5　技术分析

产品技术支撑是指产品各个功能模块的实现方法,以及各种必要的接口的调用,如与第三方链接以及后台数据库和服务器,具体描述如下。

1) 系统组成

整个系统主要由两部分组成:置于用户手机上的客户端和置于公司的后台数据库服务器。

2) 运行环境需求

硬件:智能手机、智能设备。

软件:Android 平台、数据库管理系统、后台服务器、校园网及教务系统数据库接口、资料库接口、各大电商平台数据库接口、支付接口等。

3) 开发环境需求

"挂不怕"App 前期主打安卓系统平台市场。因此,本软件开发过程中运用到的主要有Android SDK、JDK 开发环境、Eclipse 开发软件以及基于安卓系统的测试机。

4)用户模块

(1)添加用户信息

使用者:用户。

目的:添加单个用户信息。

基本事件流:

①用户进入注册界面,选择相关需求与兴趣,本用例开始。

②系统显示注册输入界面,提示用户输入用户名以及密码,确认以及密码以及手机号,单击发送验证码;用户输入收到的验证码。

③系统验证用户信息是否可用,若可用,则增加该用户信息,本用例结束;否则,提示错误并让用户重新输入。

添加用户信息流程图如图5所示。

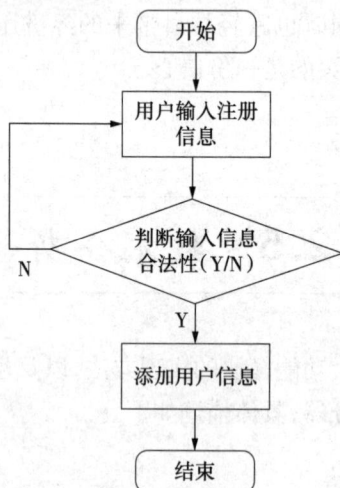

图5　添加用户流程图

(2)用户登录

使用者:用户。

目的:用户登录,便于执行预订等操作。

基本事件流:

①用户进入登录界面,本用例开始。

②系统显示登录输入界面,提示用户输入用户名以及密码。

③系统验证用户输入信息是否正确,若正确,则登录此用户,本用例结束;否则,提示错误并让用户重新输入。

用户登录流程图如图6所示。

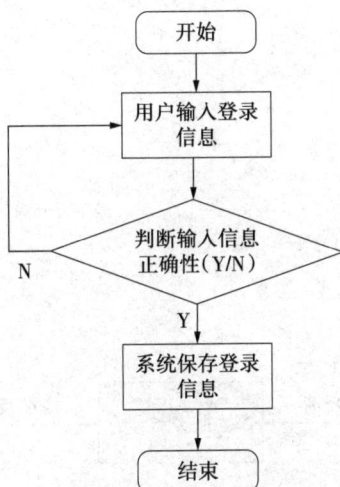

图 6　用户登录流程图

（3）功能使用

使用者:用户。

目的:用户使用产品中不同功能模块。

基本事件流:

①用户登录成功后,本用例开始。

②App 显示社区人气页面,用户选择相应功能模块。

③系统根据用户选择的功能模块跳转到相应模块并提供相应服务。

④使用完后默认返回主界面。

功能使用流程图如图 7 所示。

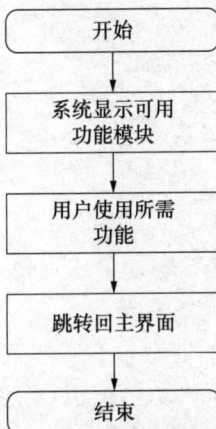

图 7　功能使用流程图

5）服务器模块

使用者:自动或公司。

目的:对所有数据进行管理。

基本事件流:

①接收外来数据。

②存储数据。

③提供数据。

服务器模块概要图如图 8 所示。

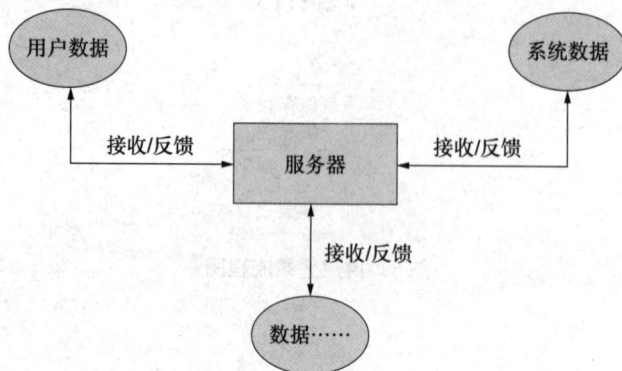

图 8　服务器模块概要图

第 3 章 项目市场分析

3.1 市场前景分析

全国每年的在校大学生约有 2 400 万人,并且在承持续增长趋势,据南开大学某教授研究发现,不包含学校要求考取的英语四六级等证书,89.3% 的学生打算或已经参加了各种职业资格考试。考过证的学生中,人均参加 1.95 门考试,平均每天花费 2.36 个小时用于备考,考证平均花费达 1 512.5 元,超过了 1 249.3 元的月均生活费。

从市场基数方面分析,加上英语四六级考试,近 100% 的学生需要进行等级考试或职业资格考试,这是一个庞大的市场基数。同时,随着经济水平与科技水平的发展,移动端的网络学习平台与消费平台越来越受大学生青睐的"挂不怕"不仅能够为大学生提供一个购买挂科保险的平台,更能够为他们提供一个学习交流的平台,以助于他们更好地通过考试。

从消费水平分析,大学生大学期间考证平均花费高达 1 512.5 元,对于每个月生活费 1 000～1 200 的大学生来说,这是一笔不小的开支。加之部分考生缺乏复习,挂科后重考,再次提高了考试的费用开支。所以,从节约考试费用来说,买一份挂科险或者高分险是非常必要的。

总的来说,"挂不怕"App 市场前景非常广阔。

3.2 STP 分析

3.2.1 市场细分

1)按地理变量细分市场

项目发展到后期,针对不同地区的考证状况会提供不同地区的考证复习资料与习题。

争取最大限度地提高用户的考试通过率。

2）按经济水平细分

面对拥有不同经济状况的大学生，我们为他们提供了不同档次的挂科险与高分险，能够满足所有大学生对考试保险的保金要求。

3）按功能需求细分

"挂不怕"App 总共有保险、交流、活动和学习四大板块，并且在项目发展后期，我们会与课程格子、美团外卖等校园 App 进行合作，满足绝大部分大学生对功能的要求。

3.2.2　目标市场

（1）长江师范学院大学生

前期我们以长江师范学院为试点进行"挂不怕"App 的市场投入，所以在项目发展前期，我们的目标人群是长江师范学院有意愿参加等级或资格考试的在校大学生。

（2）西南片区高校大学生

项目发展进入中期后，我们会将我们的目标人群定为西南片区高校有意愿参加等级或资格考试的在校大学生。

（3）全国高校大学生及社会人员

后期项目发展已经较为成熟，我们将进军全国市场，将目标人群定位为全国高校有意愿参加等级或资格考试的在校大学生以及参加社会各类成人考试的社会人员。

3.2.3　市场定位

"挂不怕"App 是为全国大学生提供一款购买考试险、提供考试复习资料和社交等功能的综合性校园服务手机 App。

3.3　分析总结

根据以上分析，"挂不怕"App 能够为大学生从大一到大四乃至社会人士提供一个购买考试险、提供复习资料和社交的综合性学习交流平台。用一个 App 实现多个 App 的功能、便利了大学生的大学生活。"挂不怕"App 能够深得大学生的喜爱，快速占领市场，获得广大的用户群体，并能在短时间内盈利，回收成本。

第 4 章　项目 SWOT 分析

4.1　SWOT 分析表

本项目 SWOT 分析表见表 1。

表 1　SWOT 分析表

	优势(S)： 1. 产品服务功能齐全； 2. App 采用扁平化设计； 3. 响应国家政策； 4. 校企合作, 利于推广	劣势(W)： 1. 软件开发实力不足； 2. 缺乏创业经验
机会(O)： 1. 竞争压力小； 2. 市场前景大； 3. 用户集中, 推广容易； 4. 政策扶持力度大； 5. 中国平安的支持	SO 战略： 1. 与学校合作, 从上而下推广； 2. 产品成熟后, 加大资金投入, 推广全国	WO 战略： 1. 初期 App 进行项目外包； 2. 对创业团队进行多方位的创业培训
威胁(T)： 1. 单一功能的 App 已成熟, 且占领市场； 2. BAT 等互联网巨头的挤压	ST 战略： 1. 主打多功能整合类 App； 2. 与互联网巨头进行合作	WT 战略： 1. 吸引人才的加入, 为团队增加新鲜血液； 2. 先入为主, 扩大先入优势, 稳固市场

4.2 SWOT 具体分析

1）优势 S（Strength）

①功能齐全，涵盖现在大学最常用的所有 App 功能，通过一个 App 能实现多种单一 App 才能实现的功能，能够有效吸引用户下载。

②App 采用扁平化设计，注重用户体验和感受，操作和界面设计简单明了大方且时尚新颖，能有效留住用户。

③适应政策，"挂不怕"响应了"大众创新、万众创业"的口号，能有效地帮助大学生创业，为建设创新型国家出一份力。

④校企合作，有利于 App 的推广。"挂不怕"主要是为中国平安设计的新产品，在打入高校市场前首先与学校洽谈合作，利用软件为学校带来的便捷，洽谈成功后，利用学校资源帮助推广。

2）劣势 W（Weakness）

①软件开发实力不足，软件开发需要请外包公司做，在软件运营过程中会出现意外情况。

②团队成员未有成功创业者，创业经验缺乏。

3）机会 O（Opportunity）

①竞争压力小。同类型的整合类 App 现在市场上几乎没有，只有支付宝曾经做过一个"英语四六级挂科险"的活动。但支付宝的该活动只能算"挂不怕"的一个子集。

②市场前景大。2 400 万的潜在用户和人均 1 512.5 元的考试费用，未来发展前景广阔。

③推广容易，目标用户为在校大学生群体，相对较为集中，推广成本较低，能快速地开发市场。

④政策扶持力度大。学校和政府鼓励创新创业，各方面政策条件都支持实体创业。

⑤中国平安的支持。虽然，目前并没有与中国平安达成共识，但是，作为一款市场广阔、没有竞争对手、商业模式清晰的好项目，我相信我们能够争取取得中国平安的支持。

4）威胁 T（Threat）

①单一功能的 App 开发较为成熟，会一定程度冲击"挂不怕"的用户群体。

②互联网巨头的挤压。BAT 等互联网公司模仿，他们有可能盗用同样的模式，投入巨资以后，会迅速挤压本产品的市场份额。

4.3　SWOT 分析总结

①与学校合作，从上而下推广。App 功能中的大学生创业孵化功能、学生会社团招新网上报名功能，能有效帮助高校达成建设创新型大学需要，还能帮助学生会提高纳新效率等。因此，在产品推广时，先与高校达成共识进行合作推广。

②产品成熟后，获取中国平安更多的资金投入，推广全国。度过产品发展初期，App 功能完善后，获得资金投入，快速推广到全国，占领全国的高校市场。

③初期 App 进行项目外包。研发初期，由于自身实力不足，软件开发能力较弱，因此只能花钱请外包公司进行开发。

④对创业团队进行多方位的创业培训。国家针对大学生创业有多样化的创业培训，也可寻求中国平安的帮助以提高团队的创新创业能力。

⑤主打多功能整合类 App。鉴于目前 App 市场上各种单一性的 App 已经非常成熟，但是多功能性的 App 还不成熟。因此，本公司主打针对大学生的整合型多功能 App，从而获得口碑，便于推广。

⑥吸引更多的人才加入，为公司注入更多的新鲜血液。在创业初期，吸引人才加入，用一定的原始股和齐全留住人才。

⑦先入为主，扩大先入优势，稳固市场。市场上目前没有此类产品，一旦项目打入市场，只要坚持创新与服务，就能利用先入为主的优势站稳脚跟。

第5章 产品及服务

5.1 产品背景

　　保险,是指投保人根据合同的约定,向保险人支付保险费。保险人对合同的可能发生的事故因其发生所造成的财产损失承担赔偿保险金责任,保险通常被用来集中保险费建立保险基金,承担给付保险金责任的商业行为。中国保险市场发展空间巨大,其特有的市场影响力已经逐渐显现出来。随着国民经济的持续增长,国家政策大力扶植产业发展,社会人口素质进步,同时环境不确定因素增强,信息技术和金融衍生工具等方面的技术发展日新月异,这些都为保险行业的大发展提供了良好的外部环境。特别是近 20 年来,保险在精算、投资等技术领域上都取得了长足的发展,这些都是与信息技术分不开的,信息技术的发展使保险行业在资金管理、产品设计、市场营销以及运营管理方面都上了一个台阶。资金管理更为有效,产品设计更加科学、灵活,运营方面,利用信息技术,大大提高了承保速度、理赔服务。市场营销方面,各家保险公司纷纷建立自己的网站,并在网站上销售简易保险。

　　其中中国平安保险公司是一家股份制保险企业,于 1988 年诞生于中国蛇口,已经发展成为融保险、银行、投资等金融业务为一体的整合、紧密、多元、德综合经营服务集团。虽然它的成立时间较早,拥有一定的客户群,在行业中处于领先地位,但它的这种优势只是相对的,而且不稳定,没有子产品针对考证保险,目前还不具备强大的核心竞争能力。由于当代学生对自我技能素质要求不断提升,全国近 89.3% 的学生在考证,市场潜力巨大。所以中国平安公司研发团队特针对学生考证人群推出"挂不怕" App 保险,以适应当代学生的需求。

5.2 产品概述

"挂不怕"是一款为大学生提供考试保险服务的手机 App。它旨在借助互联网+平台,鼓励大学生积极参加各类技能考试,减轻试前压力,从而取得理想成绩。同时缓解在校大学生因考试而带来的经济压力。

"挂不怕"App 主要由挂科险和高分险两种核心保险组成,保险担保范围涵盖了当前高校绝大部分的技能考试种类和普通课程考试。考生可根据自身实际学习状况选择挂科险或高分险进行投保。在考试成绩公布后,"挂不怕"App 将依照所签署的保险合同进行赔付或奖励。

"挂不怕"除了考试险这项主要功能,还致力于打造一个综合性的校园服务学习交流平台。为使用"挂不怕"的用户提供"挂不怕"BBS、校园、自习室等功能,能够基本满足大学生对于大学生活、学校交流的基本需求。

5.3 产品特色

①险种具有唯一性。"挂不怕"App 是首款针对大学生考试设计的保险 App。险种特别,市场空隙较大,竞争对手少,具有独创性,超前性。

②目标群体特色。"挂不怕"的目标群体主要为高校大学生,大学生拥有更加开放的消费态度,对新事物的接受能力强。同时符合当代大学生的心理需求与实际需求,不仅提供单一考险服务,还提供包含社区服务、校园咨询、自习资源等多种信息服务,区别于传统保险App,具有广阔的发展前景。

③商业模式特色。"挂不怕"App 迎合了互联网+的时代趋势,同时,嵌入互联网信息技术,丰富了互联网+的途径与渠道。

④界面设计特色。App 页面设计时尚新颖,更新速度快,风格选择多,符合大学生的审美需求;

⑤商业目标特色。本产品不仅是为了盈利,还立足于服务大学生,旨在帮助大学生树立敢于尝试、勇于拼搏的价值观,从而提高学校的学习氛围,为学校加强校园学风建设提供了可能性,同时非常符合社会主义核心价值观。

⑥校企合作。本项目与中国平安公司进行合作,后备资源丰富,项目可实施性强。

5.4 商业模式

"挂不怕"是一款半营利性的校园服务平台类 App，就 App 而言不对用户收取任何一分钱，每一位大学生都可以在实名注册后免费使用本软件。其具体的商业模式如下。

①广告模式与收入组合模式相结合，如图 9 所示。通过挂科险和高分险这两大主营业务，拓展出如社会论坛、校园活动和自习室等衍生业务，形成相应的收入组合模式。同时在产品成熟、用户数量攀升后可在不影响用户体验的情况下适当接一些软文广告，形成广告模式，增加盈利收入。

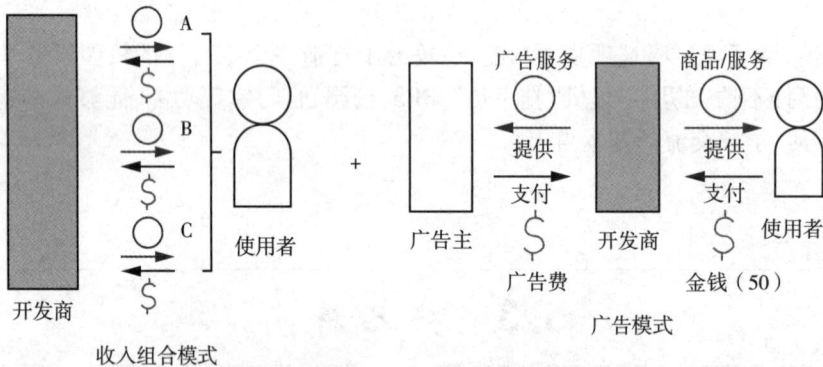

图9 广告模式与收入组合模式相结合

②B2C 与 O2O 相结合。本项目的考险部分主要是通过 App 销售相应考试保险，而用户则只需要在线上选择考险种类并与我们签订电子合同即可完成购买保险的全过程，此处我们采取了 B2C 的商业模式。O2O 的模式则是后期 App 与各第三方商家进行合作后，用户不仅可在线上了解并购买附近相关的店家与培训机构，更可以从线下商家实体店进行了解之后再决定是否购买。

5.5 产品功能

平安保险新产品设计——"挂不怕"励志险 App 功能及服务主要包括了四大板块。

1)板块一:社区

①热吧。将近期较为热门的考试科目集中起来并分类，用户可通过该选项找到自己所需的考试科目并订阅。后面即可在我的订阅中查看自己所订阅的热吧。

②活动。主要包含了本产品设计与举办的一系列大学生校园活动,用户可通过该页面了解、报名和参加我们的活动。活动结束后我们还会为他们提供相应的活动奖品。

③精选。根据考证人群对资格证的搜索热度,自动跳转考证人群帖子排名。此举不仅提醒考生及时关注相关动态,还能为考生整理出在当前考证下的一些趋势分析与比较。

④好友圈。结合 QQ 空间、微信朋友圈分享模式,将圈子定位于小范围内,给人陌生又熟悉的朦胧感觉。考证人群可以互相关注好友,浏览好友考证动态,给出相应评论,并与好友进行线上互动,同时自己也可以发表动态,充分给每个人自由空间。在交流过程中,支持发送即时电话、文字、语音、图片、表情等内容进行沟通互动,增强趣味性,迎合当代大学生需求。

2)板块二:考险

①挂科险。越来越多的大学生因过于专注其他事情,而忽视考证前的准备,浪费财力,并且随着考试过关率的降低越发没有信心。平安公司研发团队特采用精算师计算的赔率,激励考生投保。在此板块中,考生可以根据自己的实际情况选择投保标准。如果考生没有通过考试,则会提供相应的保障。

②高分险。有这样一群人是不屈从于低分的,他们在通过资格证考试的基础上,对自我的要求不断提高。平安公司研发团队特为这群人设计高分险,在此板块中,考生可以根据自己的实际情况选择投保标准。只要达到相对应资格证的高分,就能获得相应保险奖励。

3)板块三:校园

①校园风采。根据校园定位或用户搜索锁定用户所读高校,并将提前收集好的高校图片录入数据库,当用户定位成功时则自动呈现该高校的高校风景图片。

②资料购买。我们会在该页面售卖各类资格考试的复习书籍及资料,用户可根据自身的需求进行资料购买。这也是我们一重要盈利点。

③课程表。所有大学生每日必用功能,极大提高用户黏性。加强与“课程格子”或“超级课程表”的合作,从而减少软件开发成本并实现软件之间的用户共享。

④合作。本板块主要是给有合作意向的商家或者培训机构向我们表达合作意向的板块。

⑤附近。附近板块主要是给用户提供附近一些书店、考培机构的信息,并且根据合作意向,我们会在“附近”适当推荐与我们合作的商家。

⑥校历。用户可在此板块查询本校校历。

⑦火车票。大学生使用频率较低的功能,但这是大学生必备的软件之一。

⑧校园资讯。实时更新用户所在高校的一些高校资讯。

4)板块四:自习室

①刷题模式。运用互联网大数据时代的环境,将各类等级、职业资格证书的复习资料放入“挂不怕”题库。并研发考试模拟系统,该系统包括顺序联系、全真模拟、我的错题、我的收藏、易错题等模块,用户能够了解自己的薄弱所在,从而加强该方面的学习,从而最大限度地

提高用户的考试通过率。

②监督模式。用户在复习某门考试课程时不一定会采取线上复习的"挂不怕"方式,但必定会进行现实中的学习。因此,"挂不怕"运用手机 App 权限管理技术,监督用户手机使用情况,一旦用户选择监督模式并设定学习时间,用户则不能使用手机除接听电话的其他功能,一旦达成规定时间,我们就奖励其积分或考试险优惠券。从而有效地避免用户因手机诱惑而导致的复习问题并且提高了用户购买考试险的概率。

5.6 手机界面设计图

Logo 采用了黄色、白色和浅黄色三大主题色,与 App 界面相互呼应,时尚新颖。同时绿色表示畅通无阻,暗示用户使用了本 App 考试则会畅通无阻。

整个 Logo 的形状是由一个 G 的字母和一个类似与挂钩的形状组成,如图 10 所示。挂钩寓意将考试分数高高挂起,而字母 G 则是挂不怕的首字母。通过 Logo 用户会感觉到本App 的时尚与活力。

图10 挂不怕 App 的 Logo

挂不怕 App 界面设计展示如图 11 所示。

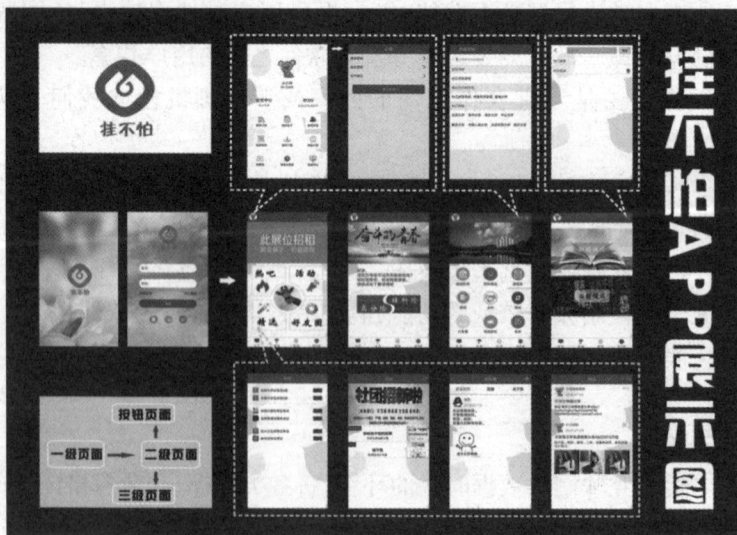

图11 挂不怕 App 界面设计展示图

5.7 盈利模式

1)主营业务盈利

(1)考险销售盈利

收集大量关于大学生等级、职业资格考试的考试数据,通过专业人员进行专业的细致的赔率计算,推出相应赔率的考试保险产品,用户通过"挂不怕"App进行购买挂科险或者高分险,从而赚取投保人的保险差额。

(2)复习资料盈利

在"挂不怕"App自习室模块,会将各种资格证书考试的练习题录入题库,并且开发考试模拟系统,让用户可以在"挂不怕"App进行习题练习或模拟考试。本模块将会采取部分收费模式,首先让用户免费体验,若使用效果明显后再收取用户能够接受的少量费用。

2)其他业务盈利

(1)换量赚差价

所谓换量就是你中有我,我中有你,采取互推的方式进行,将用户利用率达到最高方式。"挂不怕"App在校园板块会与各类校园App(如美团、课程格子、淘宝等)合作,在该板块添加各校园App的链接,从而达到互利共赢的目标。

(2)广告推送盈利

在自习室模块,我们设有专门的广告招商位,可滚动显示广告,因此接受社会各企业合法的商业广告。同时App进入界面也是一个利用率非常高的广告行为。因此,广告推送盈利也是一重要盈利点。

(3)第三方合作盈利

在项目发展后期,"挂不怕"App用户群逐渐增大,拥有较大的谈判资本,则可与第三方建立合作,比如培训机构和书籍出版商等,从而获得第三方合作盈利。

(4)货币时间价值

利用货币时间价值,将参保人的投保费进行财务管理与投资,赚取其中财务利息费和具体项目投资费。

第6章 营销策略

6.1 营销目标

(1)前期(1~2年)

在引入期,我们的目标客户群体对我们产品的本身并不了解,并且不能主动地挖掘自己的潜在需求,将潜在需求与我们的产品相匹配。虽然"挂不怕"励志险App有强大的中国平安保险作为母体支持,但由于保险行业本身在消费者心中的形象的不足,故本产品在引入的过程中势必比其他App产品更加难以获得消费者的信任与认可。这个引入的阶段在宣传方面的投入势必会很多。

因此,在这个阶段我们的营销目标是开发、设计基础核心产品(挂科险、高分险),依据消费者体验反馈不断完善产品。采用快速渗透战略,以低价格、高促销费用鼓励消费者了解、体验本款产品。逐步建立用户信息网络,大力进行宣传,让消费者尽快了解并接受该款App的性能,预计保持盈亏持平,可在某个大学片区的大学生市场进行测试。

(2)中期(2~3年)

在成长期,发展目标为巩固现有市场,寻找新的扩大客源市场,寻找新的细分市场,健全销售网络(例如加入成人考证相关内容);完善基础核心产品的功能和涵盖范围;补充研发新的保险产品,丰富App的内容(例如加入恋爱险、个性定制保险);改善App的附加产品层,注重目标群体的个性化设计(例如美化App界面,推出个性化界面、创新保单形式等)。

在这个阶段我们的营销目标是覆盖西南地区70%的大学生市场,并有新的市场在发育。预计年销售额为破亿元,真正达到盈利目的,预计年收益达千万元。

(3)后期(5~7年)

该阶段是从成长期过渡到成熟期的阶段,本产品的经济效益已经被社会所见,由于存在的利润空间大,会有越来越多的模仿者和竞争者。这个阶段我们会将产品做细致,重视服务和需求,能让我们的老顾客主动向周围的推荐宣传呢。我们会形成鲜明产品个性,逐步成为大学生保险行业市场的领军者,成为平安保险区别于其他保险的特色的之一。

这个阶段我们的营销目标是收益破亿元,在全国大学生市场上占有率达到60%。

6.2 营销策略组合(4P+4C+4R)

6.2.1 4P策略

1)产品策略(Product)

"挂不怕"App的主营业务是为大学生提供特色电子保险服务,这是一种无形服务。该产品的优点是突破了保险行业的常规保险服务的"严肃"风格,针对大学生群体提供"轻松幽默"的个性化保险。通过本App购买保险的过程都在线上直接完成,尽可能地减少中间程序,节约了时间、费用,但正因线上交易的方式区别于保险行业直接面对面签约的传统形式,电子凭证与书面凭证相比起来安全性低,不容易被消费者群体所信任,针对这些产品特点我们选择采取以下产品策略。

(1)品牌策略

"挂不怕"App继续继承、延伸母体平安保险的"诚信""专业"的品牌文化,取信于大学生、专业服务于大学生群体、彰显大学生群体的魅力。尽管本App还未进入市场,其品牌还未被消费者了解和接受,但由于所设计的产品信息是其他App没有涉及的领域,在大学生保险这个市场上是一个先行者。因此,要依托中国平安保险在保险市场的优势条件,力争把"挂不怕"App做成这一市场上最安全、最大学生化的服务型平台。不断完善产品的页面设计使得视觉效果达到最佳,为不同的用户提供不同风格的个性页面,在产品的后台运营上不断提高其速度,更加在乎用户的使用感受,慢慢使品牌深入人心。

树立产品整体概念,丰富产品层次。在核心产品层,先于消费者发现潜在需求,不断优化、补充核心产品层的内容,用合适的宣传手段引导消费者发现自身需求。

在形式产品层,"挂不怕"App中所涉及的虽说是电子保险,但也可以结合线下活动,给消费者一定的实物保证,如实物赠品、有设计感的实物保单等。

在期望产品层,大学生在考前特定的时间点会希望用某种形式减少考前压力和考后损失,在这个时间点产品出现才能迎合需求。同理,其他事件也需要契合该事件的特点,选择时机去推进产品的销售。

附加产品层上,消费者对本线上保险行业的附加需求在于安全可靠的保险凭证、赔保快速、客服服务回复时间和内容、与其他买家的交流平台等。在App设计上不仅是有保险买卖板块,更有考试过关资源板块、用户交流论坛板块、特色活动等板块,这些板块涉及助考、娱乐、交友等多个功能,极大限度地给大学生带来丰富的功能体验,成为一个能满足大学生所需全部网络信息的 App。

潜在产品层上,定期进行大学生市场调研,及时发现大学生对特色保险的新需求,不断更新保险内容、其他附加产品内容、App 界面等。

(2)产品包装策略

该款 App 作为一种特殊的软件商品,在大学生使用之前是无法对其有深刻体会的。这就要求 App 在线路包装、宣传路线上别出心裁,赋予 App 更深刻的内涵,而"挂不怕" App 专属于大学生生活,虽说是一款线上保险类产品,但更多的是一款为大学生而生的校园生活综合服务 App。在界面设计上,我们提倡显示出大学生的个性,在用户第一次打开本 App 时就被其吸引,大幅度提升用户黏度。同时线下的推广活动也将别出心裁设计,在活动同时鼓励目标顾客体验 App,用户的使用效果和感受会给产品一个具体形象的"产品包装"。

2)价格策略(Price)

"挂不怕" App 始终采取免费下载策略,用户在使用本软件时终身免费,本 App 自身不会对用户收取任何费用。在推广阶段可能会采取"好友推荐下载送现金"的方式,让用户在使用本软件的同时还能获得可观收益。在保险方面,根据不同的考试难度、事件难度优化保金和赔险金额的金额比率,在尽可能降低保金吸引大学生的同时,保障保险利润,实现盈利。

3)渠道策略(Place)

对大学生的销售渠道主要采用直联和外联两种方式,具体渠道模式如图 12 所示。

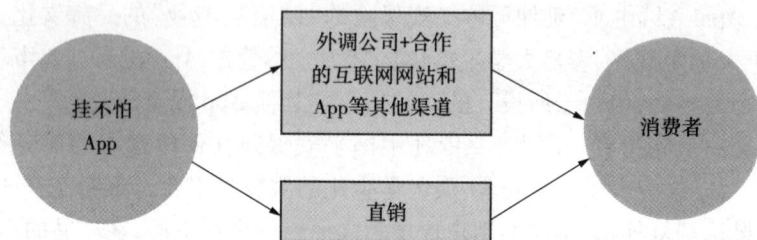

图 12　渠道模式

直接与间接宣传销售渠道并重。直接销售渠节省代理佣金和维护渠道环节正常运行的成本,还可以直接了解各个高校大学生的需求信息,调整产品适应各个高校的需要。因此,在创业阶段针对重庆地区的大学生市场运用直接销售渠道策略。而后期针对其他省市的考生,通过其他高校或高校管理层的联系,可以节省了市场交易费用。高校或高校管理层直接接触大学生,熟悉大学生的需求,能够有效弥合 App 产品服务于消费者在时间、空间方面的缺口。3~5 年后,通过建立电子商务网站,运用先进的信息技术手段与其他城市和地区的消费者建立直接的联系,直接渠道和间接渠道并存。

逐渐加大宣传销售渠道的宽度。通过互联网开展人工在线服务等各项业务,并开发代理协作网,合作媒体,与外地高校的广泛合作与交流,扩大销售网络。

4）促销策略（Promotion）

大学生是一个特殊的青年消费群体，正处于一个由不成熟阶段向成熟阶段过渡的时期。经过我们调查研究发现大学生消费市场具有自身鲜明的特点如消费需求的跨层次性、消费行为的时尚性、消费内容多样性、消费动机的复杂性、相关群体影响易形成从众行为等。因此"挂不怕"App初期将针对大学市场展开促销组合策略。在广告宣传、公共关系和销售推广等策略中进行选择、搭配运用，使其成为一个有机的整体，发挥整体功能。依据大学生消费群体特点，以下分别罗列广告宣传策略、公共关系策略及销售人员推销策略，真正使用时将多种策略进行组合。

（1）广告宣传策略

使用以情动人、锁定目标市场的总体广告策略。现在的大学生基本上是受广告影响较大的一代人，对广告比较敏感超过40%的大学生会尝试购买广告介绍的产品或直接根据广告选择所需产品即使是坚持买自己平时喜欢的品牌、很少理会广告的品牌忠实的大学生消费者，在品牌认知过程中也深深地受到广告的影响。

①广告宣传风格。

风格：年轻活力，与众不同。

广告诉求重点：感情的传递和沟通，非事实阐述与说教。

广告语：有了挂不怕，挂了都不怕！

形象代言人：大学生偶像。

吉祥物：依附平安保险的品牌Logo。

②媒体选择。

传统的媒体如电视、报纸都是大众媒体传播面广影响面也大但是针对性略显不足。企业需要更贴近大学生消费者的广告媒体直接将信息传递到目标市场。

所以，"挂不怕"App重点考虑选择以下媒体：

①互联网广告。互联网媒体宣传相较于实物广告成本较低，受众面小但是针对性强。在大学生经常访问的网站有针对性地进行产品信息的发布和传播，结合网上购物，促进产品的宣传和销售。

②校园内或附近的卖场POP广告。POP广告即购买时点广告，是指那些设置在销售现场的宣传物，通过现场宣传刺激消费者现时产生购买需求。其主要形式有悬挂于天花板上的彩条、店内旗帜、立式展示物、海报、特殊陈列架、特别布置物、特价标示牌等。POP广告有着强烈的视觉传达效果，可以吸引路人进入店内，使潜在客户既能看到广告宣传又能见到实物效果。针对大学生群体的POP其内容、造型和色彩等因素都要与广告宣传主题相配，集中视觉效果设计有创意的POP。

③宣传单页。即将印刷的广告物，如商品目录、商品说明书、订单、商业宣传单等通过分发、电子邮件、传统邮寄的方式给目标大学生消费者传递信息。

④媒体组合。在媒体组合中要注意协调各个媒体的优缺点，用组合体现媒体的互补性。

（2）公共关系策略

①与高校管理层（后勤集团、团委、学生会、社团等）合作。目前，我国高校内此类组织十分活跃，企业完全可以与其合作，深入大学生内部，开拓目标市场。如可与社团合作，开展旅游摄影比赛等，既可提高软件的知名度，又可节省人力、财力，达到良好的促销效果。

②利用网络促销。网络信息查询是大学生获得信息的常用方式，在大学生较关注的网站如学校的网站、学校贴吧等设立 App 页面及服务的信息专栏，供大学生浏览了解和下载。

③与学校周围助考机构合作，达到共赢的目的。将"挂不怕"App 挂科险和高分险算入助考机构培训费用中，与助考机构签订合约，实现保险直接绑定培训费用，对我们而言，能有效节约额外的宣传推广费用，通过绑定保险，学生能主动进入界面浏览；对培训机构而言，在其招生阶段可称"若培训效果不明显，考生依然没通过考试，机构将退还培训费用的百分之几"，制造一个新的宣传点。

（3）销售人员推销策略

①示范宣传策略。"挂不怕"App 作为一种新型保险产品，大学生群体对此不熟悉，需要销售推广人员引导试用或是展示。关键是做好学生群体中的"时尚消费者"和"意见领袖"的促销工作，通过他们的示范作用，来达到引导消费的目的。

产品利用大学生的求新求异消费心理，对于不太熟悉的新商品进行引导。除广告宣传外，可专门在学生聚集场所进行现场展示，演示 App 的功能、使用方法。解答顾客提出的询问，营造活跃的气氛，激发大学生对新型保险的兴趣。这种方式可以帮助缺乏商品知识和消费经验的大学生们了解商品性能，引发即兴购买。同时大学生群聚生活的影响易形成从众行为。

②奖励活动促销。这是极有效果的促销活动，可在短期内对促销产生明显的效果。例如有奖销售（活动期间购买保险可参与抽奖）、集点赠送（朋友圈、说说点赞满数赠保险或者其他礼品）和买赠（买保险赠保险、周边产品等）、下载赠礼（下载即送品牌勋章、护腕等小礼品）等方式。需要注意的是：活动的日期、奖品或奖金、参加资格、发奖方式等通过前期宣传必须让消费者清楚，中奖率不能低，以增强消费者的参与热情和信任。

③免费试用和赠品。企业要迅速地向顾客介绍和推广产品争取消费者的认同。可以实行免费赠送、免费试用鼓励顾客试用保险进而产生购买欲望。设计一些带有企业形象标志的小礼品，比如钥匙链、小卡通玩具等在消费者购买一定数量商品时免费赠送。

6.2.2　4C 策略

1）消费者的需求和欲望（Consumer）

①"挂不怕"App 板块中包含论坛和活动板块，通过这两个板块可以参与消费者讨论，了解消费者需求，总结市场趋势，寻找市场机会，优化核心产品、开发新产品。

②每个保险到结束之日时，交易正式结束，App 会请求消费者进行有奖保单评价，征求

消费者对保险产品的意见反馈,从而协助我们改善产品特性。

③资源库和论坛板块提供网上自动服务系统,依据消费者需求,提供有关保险服务信息、应考秘诀、模拟考题、同类考生交流等信息。

2)消费者或求满足的成本(Cost)

①消费者通过提供的保险搜索系统,了解不同考试购买不同保金和获得不同赔付的比率,可做比较,理性购买。

②通过 App 后台信息跟踪系统记录消费者购买产品种类和购买次数,了解消费者购买偏好给予经常购买的顾客一定的折扣和优惠,与顾客建立长期忠诚关系。

③通过 App 直接购买"挂科险"和"高分险",节省消费者精力、时间,减轻考前心理负担和挂科后经济损失。

3)消费者购买的方便性(Convenience)

①"挂不怕"App 直接将保险内容和保单呈现在消费者面前,回答顾客问题,直接在 App 平台与顾客交流。

②虚拟保险购买平台,24 小时营业,购买保险无须受时间限制,同时,无须绑定手机号码,避免了现实生活中保险推销电话的骚扰。

4)与消费者沟通(Conmunication)

①"挂不怕"App 利用网上对话功能,与消费者开展丰富多彩的联谊活动,吸引更多消费者参与互动。

②"挂不怕"App 界面设计处处涉及自身元素,无形中广告灌输自身形象,这种"广告"形式多、趣味性强,改变传统广告植入牵强、破坏界面美感、引起顾客方案的状况。

③通过"活动""资源"板块,开展网上宣传,进行公关活动,将企业文化、企业形象展现在顾客面前。

6.2.3 4R 策略

1)注重营销回报(Reward)

①重视客户回报。对市场进行细分,按照不同细分市场的特点开展体验营销。如果我们的大学生能对自己喜欢的产品进行设计,实行以消费者为导向的产品策略,调动参与热情,那么就可以跳出传统 App 的优化模式,使 App 为顾客提供的价值与顾客所追求的回报相辅相成达到共赢效果。

②追求自身回报。我们的营销目标涉及营业额、利润和覆盖面,营销活动也注重其效果即回报。为达到这个目的,App 在发展的各个阶段都会重视和顾客的沟通交流,依据顾客需求,做到有的放矢。

2）提高反应速度（Response）

①对市场的反应速度要快。我们定期展开市场调研，了解竞争对手对相似产品的策略动向，从而适时调整自己的营销策略。

②提高对顾客要求及投诉的反应速度。App 后台的客服分为人工客服和智能客服，针对顾客提出的需求、疑问、投诉都尽可能提高反应速度，达到顾客满意。同时强调客服不仅要对产品、处理环节熟知，还要能够关心顾客和顾客聊天，做到温暖服务。

3）关系营销（Relationship）

①强调与顾客建立长期、稳固关系，从管理营销组合转变为管理与顾客的互动关系。

②大力展开线上线下促销活动。在吸引新顾客的同时，做好老顾客的口碑营销，推销服务，进一步开拓市场。顾客口中的服务质量决定了保险关系营销的水平，进一步决定了竞争实力。

4）顾客与 App 相互关联（Relevancy）

①与顾客本体建立关联。依据不同消费群体，对市场进行细分，创造出一系列满足不同群体需求的服务，即丰富 App 中的板块内容。

②建立 App 与顾客的相互关联。App 通过有效的方式在信息、保险需求方面与客户建立联系，形成一种互需、互求、互助的关系。

6.3 推广方案

6.3.1 线上推广

1）网络推广

App 网络推广，可在分析与定位 App 目标用户的基础上，以用户为中心，以 App 为核心，全面建立两者间的有效互动渠道，并通过优质媒体进行全方位宣传推广，如图 13 所示。

ASO 优化：优化标题、关键词、下载量、评论等应用数据。

排行榜：通过冲榜技术提升免费、付费、热搜等榜单排名。

首发推荐：获得各大主流安卓应用市场的首发和精品推荐位。

活动限免：精选 App 互动媒体开展限时免费及应用推荐活动。

商店广告：高性价比的手机应用商店（CPD/CPT）广告投放。

评测软文：撰写原创评测软文发布至主流论坛、门户等媒体。

图 13　App 网络推广

内容营销：制作创意内容，通过微博、微信进行病毒式传播。

粉丝通 & 广点通：精准定位目标用户群进行社会化互动营销。

移动广告：通过 In-App 手机广告（CPA/CPC）推荐下载。

移动搜索营销：官网移动 SEO 优化，百度百科、知道问答等搜索引擎品牌信息建立完善；开通百度移动搜索 SEM 推广，并进行关键词筛选、创意制作、出价管理等广告投放。

2）AARRR 数据模型让 App 推广与运营兼顾

运营科学的 AARRR 数据分析模型，搭配行业优质手机 App 推广渠道资源，是为客户提供优质 App 推广服务的有力保证。

AARRR 是 Acquisition，Activation，Retention，Revenue，Refer 的英文缩写，为一款 App 产品周期的 5 个重要环节，如图 14 所示。

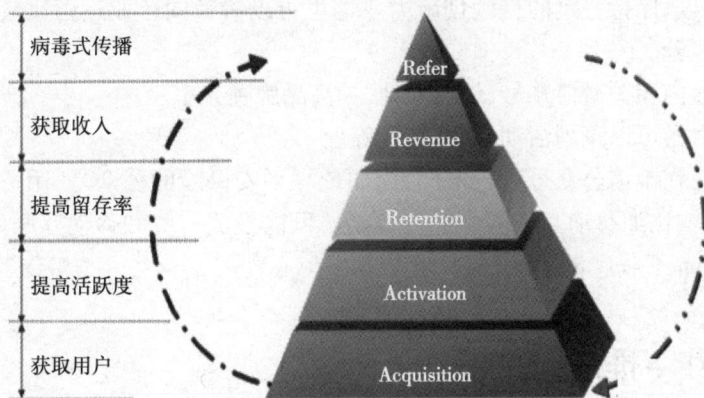

图 14　AARRR 产品周期重要环节

获取用户：通过 App 推广鼓励用户下载安装、打开试用。

提高活跃度：关注日活跃用户 DAU、月活跃用户 MAU。

提高留存率：不断优化提高 App 的日留存率、周留存率。

获取收入：提升付费、应用内付费、广告等类型的充值。

病毒式传播:建立社交网络(微信、微博)的病毒式口碑传播。

以上是在进行手机 App 推广运营各个阶段需要关注的指标,及时准确地获取量化的数据,对于 App 成功运营是必不可少的。

3)应用商店推广

①手机厂商应用商店:如联想乐商店、HTC 市场、魅族市场、moto 智件园等。渠道部门需要较多运营专员来跟手机厂商商店接触。

②手机运营商渠道:中国移动、联通、电信运营商,他们主要的优点就是用户基数大,如果你的产品够好,说不定还能获得运营商的支持。

③手机系统商应用商店:就是谷歌、iOS、Windows Phone 等官方应用商店。

④第三方应用商店:第一种就属于第三方商店,渠道专员要准备大量素材,测试等与应用市场对接。各应用市场规则不一,如何与应用市场负责人沟通,积累经验与技巧至关重要。资金充足的情况下,可以投放一些广告位及推荐等。

⑤软件下载站:比如天空下载、华军软件下载、百度软件中心、中关村下载、太平洋下载等下载站也可以提交你的 App 获得用户。

4)新媒体推广

①论坛贴吧推广:在手机相关网站的底端都可以看到很多的行业内论坛。建议推广者以官方帖、用户帖两种方式发帖推广,同时可联系论坛管理员做一些活动推广。发完帖后,应当定期维护好自己的帖子,及时回答用户提出的问题,搜集用户反馈的信息,以便下个版本更新改进。

②微博推广:

内容:将产品拟人化,讲故事,定位微博特性,坚持原创内容的产出。在微博上抓住当周或当天的热点跟进,保持一定的持续创新力。这里可以参考同行业运营比较成功的微博大号,借鉴他们的经验。

互动:关注业内相关微博账号,保持互动,提高品牌曝光率。

活动:必要时候可以策划活动,微博转发等。

③微信推广:在微信公众号进行推广,比如依靠平安保险的公众号,用户流量要自然涨粉的,转化会高些,比如移动互联网、微信公众号,可以投放一些和移动互联网交友、婚恋等从业者相关的 App 下载广告。

6.3.2 线下推广

为了让更多的人参与到"挂不怕" App 的线下推广活动中来,可以选择冠名某个赛事、参与区里政府相关活动的赞助或是自己举办点子创意大赛等。核心在于通过有影响力的大型活动吸纳顾客,以此大活动为中心提高本款 App 的曝光度和下载次数。

宣传、推广的活动策划详见附件。

第 7 章　财务分析

7.1　基本假设

在平安保险"挂不怕"App 持续运营的第一阶段,财务分析基于以下几点基本假设。

7.1.1　股本结构

平台注册资本为 50 万元,股本结构和规模见表 2。

表 2　股本结构和规模

股本规模 股本来源	公司研发资金		战略伙伴入股
	研发入股	资金入股	
金额/万元	20	20	10
比例/%	40	40	20

股本结构中,由平安保险公司投入研发资金 40 万元,并且引入战略伙伴入股 10 万元。为以后扩大规模做好充分的准备,一边建立市场通路,降低经营风险。

7.1.2　资金来源与用途

"挂不怕"App 保险研发与推广资金主要来源于平安公司投入和战略伙伴入股,主要用于 App 技术研发和 App 宣传广告费等主营业务成本,还包括在经营过程中的财务利息费用、销售费用、管理费用。

7.2 项目初始投资预算及筹资方案

7.2.1 项目初始投资预算

项目初始投资预算见表3。

表3 项目初始投资预算

资金去向	具体用途	预算金额/万元
固定资产总投资	办公设备	5
	研发设备	5
研发经费	关键技术	20
市场推广与宣传费用		5
流动资金		5
管理费用		5
无形资产		5
合　计		50

7.2.2 筹资方案

①平安保险公司投入研发资金40万元。

②中后期引入2~3家战略伙伴入股,总计10万元。

7.3 盈利机制

①考险销售盈利。

②复习资料盈利。

③换量赚差价。

④广告推送盈利。

⑤第三方合作盈利。

⑥货币时间价值。

⑦App 下载流量盈利。

7.4　预计财务报表

1)预计资产负债表

公司的初始资产总值为 50 万元。从第二年开始有很好的增长趋势,至第三年末预计将拥有总资产 180 万元。下表为公司近 3 年的资产负债摘要表。可以看到公司现金充裕,保证正常的资金周转。资产负债表见表 4。

表 4　资产负债表

单元:万元

项目	2017-12-31	2018-12-31	2019-12-31
现金	45	55	90
应收账款	0	21.5	70
固定资产净值	5	6	20
资产总值	50	82.5	180
实收资本	29	29	29
盈余公积	0	11	57
留存收益	2	25	179
所有者收益总计	31	65	262
负债和所有者权益总计	45	65	262

在公司的运营期间,由于公司有着很好的发展前景,会吸引更多的投资者,预计所有者权益会如以下增长。第一年由于建设初期固定资产投入比较大,会有负债,第二年起公司实现收益。详细分析见利润表。

备注:

①固定资产直线折旧,使用期为 5 年,残值为 0,第一年不计提折旧。

②公司的应收账款为毛利的 10%。

③无形资产分 5 年摊销。

2）预计利润表

表5是公司前3年的利润摘要表。第一年净利润为负值，但随着个人用户的增加，公司的信誉越来越好，知名度逐渐扩大，企业商家看好"挂不怕"App，从第二年开始公司将实现稳定的利润收入。

表5　前3年利润表

单位：万元

时间	2017-12-31	2018-12-31	2019-12-31
销售净额（营业税后）	14.79	103.53	445.18
毛利	6.75	94.5	393.75
净利润	-34.67	87.46	382.79
税后净利润	-34.67	86.76	379.93

3）预计现金流量表

由于第一年固定资产和研发资金的投入量比较大，"挂不怕"App的用户量比较少，因此现金额的净增加值为负值。第二年公司进入发展期，现金流量额净值达79.21万元，现金额净增加额达63.37万元。从第三年开始公司进入稳定的高速发展期，现金流量额净值达239.01万元，现金额净增加额达151.52万元。此后公司将以这个速度发展至少5年。预计现金流量表见表6。

表6　预计现金流量表

单位：万元

时间	2017-12-31	2018-12-31	2019-12-31
经营活动产生的现金流量	-44.24	85.95	274.56
经营活动产生的现金流量净额	-38.61	79.21	239.01
减：发放红利	0	15.84	87.49
现金净增加额	-38.61	63.37	151.52

7.5　财务分析

7.5.1　偿债能力分析

偿债能力是指偿还各种到期债务的能力。偿债能力分析是财务分析的一个重要方面，通过这种分析可以揭示财务风险。

1）短期偿债能力

短期偿债能力是指偿付流动负债的能力，见表 7。

表 7 短期偿债能力表

时间	流动比率	速动比率	现金比率	现金流量比率
2017-12-31	1.412	0.966	0.720	0.724
2018-12-31	1.562	1.250	1.155	1.180
2019-12-31	1.931	1.728	1.570	0.776

从表中数据可以看出，"挂不怕" App 前 3 年的 4 项短期偿债能力指标都处于高位，均超过 0.7；动态地看，除现金流量比率外，其余 3 项指标都呈增长态势，说明它短期偿债能力强。

2）长期偿债能力

长期偿债能力是指偿还长期负债的能力，长期负债主要有长期借款、应付债券、长期应付款、预计负债等，见表 8。

表 8 长期偿债能力表

时间	资产负债率	股东权益比率	产权比率	有形净值债务率	偿债保障比率
2017-12-31	69.2%	32.2%	2.148	3.913	2.083
2018-12-31	46.5%	49.3%	0.944	1.137	0.954
2019-12-31	42.8%	52.5%	0.816	0.863	1.289

从表中数据看出，"挂不怕" App 前 3 年的 5 项长期偿债能力指标都朝着利好的方向发展，长期偿债能力持续增强。

7.5.2 营运能力分析

营运能力反映了资金周转状况，对此进行分析，可以了解营业状况及经营管理水平，见表 9。

表 9 营运能力分析表

时间	应收账款周转率	存货周转率	流动资产周转率	固定资产周转率	总资产周转率
2017-12-31	63.462	13.75	3.475	23.571	2.253
2018-12-31	82.500	28.888	5.022	20.8	1.563
2019-12-31	91.703	58.000	3.484	25.78	2.780

从"挂不怕"App 在前 3 年中的 5 项营运能力指标变化可以看出,存货周转率持续攀升,存货周转快,说明它的销售能力强;其余四项营运能力指标存在较大波动,但总体处于一个高位可控状态,说明它的资金使用效率较高,但需要保持其处在一个稳中有升的发展势头。

7.5.3 盈利能力分析

盈利能力是企业获取利润的能力。盈利是重要经营目标,是生存和发展的物质基础,它不仅关系到所有者的投资报酬,也是偿还债务的一个重要保障。因此,作为债权人、所有者以及管理者都十分关心盈利能力。盈利能力分析是财务分析的重要组成部分,也是评价经营管理水平的重要依据。

表 10　盈利能力分析表

时间	资产净利率/%	股东权益报酬率/%	销售净利率/%	成本费用净利率/%
2017-12-31	83.3	258.5	37.0	52.5
2018-12-31	76.2	167.0	23.4	29.8
2019-12-31	124.4	239.4	44.8	74.9

从表中可得出以下结论,2017—2019 年度本"挂不怕"App 运营在 4 项盈利能力指标反映了股东财富最大化的财务管理目标,股东权益报酬率为 1.5 ~ 2.5 倍。其余 3 项指标呈现震荡中逆势上扬的态势,说明它盈利能力强,但稳定性尚需巩固的特点。

7.5.4 发展能力分析

发展能力也称为成长能力,是指在从事经营活动过程中所表现出的增长能力,如规模扩大、盈利的持续增长、市场竞争力的增强等。

表 11　发展能力分析表

时间	销售增长率/%	资产增长率/%	股权资本增长率/%	利润增长率/%
2017-12-31	—	—	—	—
2018-12-31	530.3	237.0	415.3	299.4
2019-12-31	303.0	412.3	445.8	671.6

"挂不怕"App 作为专为平安保险设计的一款新产品,迎合甚至引领了行业发展的趋势,以自身独特的优势,赢得了顾客的青睐四项发展能力指标全部维持在高位增长,足以证明它有极强的发展能力。

7.5.5 财务趋势分析

财务趋势分析是指通过比较连续几期的采取报表或财务比率,分析财务状况变化的趋势,并以此预测企业的财务状况和发展前景。

表 12 比较财务比率分析表

项目	2017-12-31	2018-12-31	2019-12-31
流动比率	1.412	1.563	1.931
速动比率	0.966	1.250	1.728
资产负债率	0.692	0.465	0.428
应收账款周转率	63.462	82.500	91.703
存货周转率	13.75	28.889	58.000
总资产周转率	2.253	1.563	2.780
资产净利润	83.3%	76.2%	50.4%
股东权益报酬率	258.5%	167.8%	239.4%
销售净利率	37.0%	23.4%	44.8%

从表中可以看出,公司 2017—2019 年这 3 年中流动比率和速动比率持续增加,资产负债率呈下降趋势,说明"挂不怕" App 在运营中的偿债能力增强,有良好的趋势。

第8章 风险与风险管理

8.1 软件主观(自身)风险分析

1) 软件的安全性

软件的安全性是指软件在正常运营的情况下,用户在软件上的消费记录以及个人信息(年龄、地址、家庭成员等),交易平台容易被黑客盗取。如果软件自身安全防火墙不强,或者出现安全漏洞,很容易造成信息泄露。另外,由于此软件涉及后台版本较多,容易产生系统bug,造成交易系统安全漏洞。

2) 软件的可伸缩性

软件的可伸缩性是指软件在不进行修改的情况下适应不同的工作环境的能力。由于硬件的飞速发展和软件开发周期较长的矛盾,软件升级的需要显得非常迫切。如果软件的升级和移植非常困难,那么软件的生命期必定很短,使得花费巨大人力、物力开发出的软件系统只能在低性能的硬件或网络上运行,甚至被废弃不用,造成巨大的浪费。

3) 软件的可维护性

软件的维护也是必然的事情,为了保证软件的较长使用寿命,软件就必须不断适应的业务需求变化,根据业务需求的变化对软件进行修改。修改的成本和周期都直接和软件的体系结构相关。一个好的软件体系结构可以尽可能地将系统的变化放在系统的配置上,即软件代码无须修改,仅仅是在系统提供的配置文件中进行适当的修改,然后,软件重新加载进入运行状态,就完成了系统部分功能和性能要求的变化。对于重大改动,需要打开源代码进行修改的,也仅仅是先继承原先的代码,然后,用新的功能接替原先的调用接口,这样将把软件的改动量减小到最低。

4）软件的易用性

软件的易用性是影响软件是否被用户接受的关键因素。在软件产品中,设计复杂,功能强大而完备,但因为操作繁杂而被搁置者屡见不鲜。造成这种情况的主要原因在于缺乏软件开发中软件体系结构的宏观把握能力。另外,缺乏有效的手段进行软件需求的确定和对潜在需求的挖掘。

8.2 软件市场风险分析

1）市场份额

"挂不怕"App 提供的保险服务涉猎较广,目标市场也较大,包括所有资格证的参保。在我们所经营的范围内,行业专业化程度较高,知名度较高,市场份额占有均达到了一定的程度。因此,我们需要积极借鉴行业发展经验,大胆创新,将服务做到最好。

2）服务价格

由于各方面的不确定因素,我们对"挂不怕"App 中参保的服务价格仅是通过预算数据计算所得,还有待进行市场检验。

3）伙伴信用

一方面,随着"挂不怕"App 的逐渐推广与发展,与我们合作的第三方也会增多,合作企业的信用等级会对我公司产生影响,而信用等级具有不确定性,可能会带来不利的影响。另一方面,同行业内可能会出现不良商家,对行业整体信誉造成不良影响。

4）"劣币驱逐良币"

目前,"挂不怕"App 保险市场还处在上升期,没有统一的行业标准和完善机制,也缺乏监管,市场秩序混乱,各种打着投保的幌子,在市场上鱼目混珠,进行不正当竞争。随着"挂不怕"App 保险在行业内的不断扩张,在竞争者、替代品和消费者对此服务行业辨识能力低的共同作用下,可能让一些次品凭借价格优势霸占了市场份额,而真正的优质服务可能由于价格偏高而被消费者放弃,出现"劣币驱逐良币"的现象。

5）软件技术风险分析

目前,"挂不怕"App 保险市场上并没有成熟的成套技术可供借鉴。同时,现今网络平台的迅速发展,也带动着技术的更新,一旦我们研发的产品技术创新满足不了客户的需求,就将面临技术风险。

6）软件法律风险

在"挂不怕"App研发和推广的过程中,有可能因为自身法律意识不强或忽视法律的重要性,从而存在法律风险。由于行业的特殊性,对客户的私人信息提供绝密保护,在其余双方进行交易时,有可能存在违约、欺诈等行为。

7）软件战略风险分析

在"挂不怕"App发展的过程中,虽然已制定了明确的发展战略,但计划往往会因为各种因素与实际发生偏离,存在战略实施不到位的情况,导致盲目发展。

8）软件财务风险分析

财务风险是客观存在的,我们作为管理者只能采取相应的系列措施来降低风险,而不能完全避免风险。产品研发与推广的财务活动贯穿于生产经营的整个过程中,筹措资金、短期投资、长期投资、营业收入、分配利润等都可能产生风险。根据我们现有状况,可能产生的风险主要是筹资风险、经营风险和流动性风险。其中,筹资风险是由于资金供需市场、宏观经济环境的变化,企业筹集资金对公司财务成果带来的不确定性。经营风险产生于服务过程中,可能由于服务过程各个环节的不确定性影响到资金的流动。流动性风险是指资产不能正常和确定性地转移现金或债务和付现责任不能正常履行的可能性,也就是说在经营的过程中要尽量避免不能支付债务的可能性,这会导致我们在主营业务方面不能确保稳定的收入,从而影响我们正常业务的开展。

9）第三方接受度

由于该软件平台需要第三方机构(培训机构、书籍商店)实时在线,这在一定程度上增加了第三方机构的工作面以及工作量,可能会有一部分合作方拒绝接受该平台,直接造成该软件的核心功能丢失。

8.3　风险控制

我们根据以上风险分析,经我们整个团队讨论、分析后,初步制定以下相关措施。

①在市场中,进行多维度、高频率调查。着眼细分市场,避开与大企业直接竞争,并且不断地提升自身实力,不断地增强自身竞争力。随市场的发展,对本公司产品进行不断完善,符合市场潮流。

②在软件竞争上,完成自身运营项目的同时,努力打造属于自己的亮点,增强"挂不怕"App在竞争中的信誉度,并在中后期可与相关企业进行合作,深入打造"挂不怕"App的形象和品牌,获得平安保险公司信任,加大竞争中的优势。

③在软件技术上,随着市场的变化,应不断地进行创新,扩大目标群体,开发适合年轻群体的个性化保险。

④在财务上,强化企业内部控制,通过规范内部制度,明确企业财务关系。制定一套科学合理的财务制度,尽量避免决策过程中走弯路,加快内部信息的流动,使财务活动尽可能变得简单、快捷。不仅如此,还应采取多种方法进行财务预测,并制定多种应变措施,适时调整财务管理政策和改变管理方法,从而提高企业对财务管理环境的适应能力和应变能力,以此降低因环境变化给企业带来的财务风险。

附件1:初步合作意向书

[毛毛星球团队]

与

[中国平安保险公司涪陵分公司]

挂不怕"励志险"App
初步合作意向书

授权代表签字/盖章:

授权代表签字/盖章:

初步合作意向书

甲方:中国平安保险公司涪陵分公司　　　　**乙方:**毛毛星球团队

双方就挂不怕"励志险"App 项目的合作事宜,经过初步协商,达成如下合作意向。

一、同意就挂不怕"励志险"App 项目开展合作研究开发。该项目的基本情况是:

项目目前处于初步研发阶段,挂不怕"励志险"App 团队对项目背景、项目市场、项目前景及目标客户群都做了较为全面和透彻的分析。同时,App 的设计与研发已基本完成,单机版 App 已研发成功,只需拓展、完善与链接服务器。

项目的核心部分:新型险种的申请及各资格考试的赔率设置还需进一步讨论与计算。

二、前期工作由甲乙双方各自负责。甲方应做好以下工作:

1. 新型险种的申报工作。

2. 根据乙方提供的重庆高校数据,精确地计算出各险种赔率及投保金额。

3. 向乙方提供 App 服务器及技术支援。

乙方应做好以下工作:

1. 分析项目背景和项目市场前景,对项目的可行性和市场前景进行保守性预测。

2. 进行有效的市场调研,确定项目的目标市场。

3. 向甲方提供重庆高校的各类资格证书的考试数据。

4. App 的界面设计及功能研发。

三、在甲乙双方完成前期工作的基础上,双方商定＿＿2017＿＿年＿9＿月＿1＿日签订正式合同。

四、本意向书是双方合作的基础,不具有法律效力。甲乙双方的具体合作内容以双方的正式合同为准。

甲方(盖章):＿＿＿＿＿＿＿＿＿＿＿　　　　乙方(盖章):＿＿＿＿＿＿＿＿＿＿＿

代表人:＿＿＿＿＿＿＿＿＿＿＿＿　　　　代表人:＿＿＿＿＿＿＿＿＿＿＿＿

　　　　　　　　　　　　　　　　　　　　意向书签订地点:＿＿＿＿＿＿＿＿＿

　　　　　　　　　　　　　　　　　　　　意向书签订时间:＿＿＿＿＿＿＿＿＿

附件2:调查问卷

平安保险新设计产品——"挂不怕"App 项目
关于"考证热现象"的问卷调查

本产品是一款为平安保险公司设计的、针对大学生群体的新式保险服务手机App,"挂不怕"App以挂科险和高分险作为主要业务品种,保险范围涵盖了当前高校绝大部分技能考试和普通课程考试。考生可根据自身的实际学习状况选择挂科险或高分险进行投保。在考试成绩公布后,"挂不怕"App依照所签署的保险合同进行赔付或奖励。

"挂不怕"App借助互联网+平台,设计符合大学生审美和需求的个性手机App。业务包含了以挂科险、高分险在内的新奇保险,通过全线上交易,完成从投保到赔保的全部过程。旨在通过保险服务,减轻大学生考前心理压力,同时,也减轻挂科带来的经济压力,鼓励大学生积极应试。挂科险,买的是一份安心;高分险,买的是一份信心。

我团队正在参加挑战杯比赛,感谢您的作答,么么哒。

1. 你是在校学生还是已经工作?(单选题＊必答)
○在校学生
○工作

2. 最近有考过证书吗?(单选题＊必答)
○有
○没有

3. 身边"考证热"现象严重吗?(单选题＊必答)
○几乎没多少人考证
○有一部分人在考证
○有很多人在考证

4. 大学期间你觉得考证的最佳时期是_____。(单选题＊必答)
○大一
○大二
○大三
○大四
○工作后

5. 为何有考证这种想法?(单选题＊必答)
○跟风

○求职需要

○个人提高

○学业需求

○为以后作打算

6. 你所学专业或者从事的工作是什么？（多选）（多选题＊必答）

☐会计

☐金融

☐外语类

☐经济类

☐工商管理

☐人力资源

☐计算机类

7. 你比较感兴趣的领域是哪些？（多选）（多选题＊必答）

☐会计

☐金融

☐人力资源

☐外语类

☐计算机

☐经济类

☐工商管理

☐制造类

☐学术培训类

8. 已取得哪些证书？（多选）（多选题＊必答）

☐双学位，硕士或博士等

☐人力资源

☐会计从业

☐计算机等级证书

☐注册会计师

☐大学英语四六级

☐技能类证书（如制造、汽修、厨师等）

☐银行从业

☐证券从业

☐普通话等级证书

☐其他

9. 你所从事的领域里，哪些证书是必备的？（多选）（多选题＊必答）

☐注册会计师

☐人力资源

☐技能类（如制造、汽修、厨师等）

□大学英语四六级

□银行从业

□计算机等级证书

□中高级口译

□证券从业

□双学位,硕士或博士等

□会计从业

□其他

10.您目前的考证状态是?(单选题 * 必答)

○已经考完了所有想考的证

○考了一些,还在继续准备

○还没决定要不要考

○决定不考证

11.你对于以下证书含金量的打分情况?(打分题 请填1—5数字打分 * 必答)

大学英语四六级_____

中高级口译_____

计算机等级证书_____

人力资源师_____

双学位,硕士或博士等_____

技能类(如制造、汽修、厨师等)_____

会计从业_____

证券从业_____

银行从业_____

注册会计师_____

12.您对考证的态度是?(单选题 * 必答)

○积极准备,认真考试

○碰运气能过就过

○投机取巧

○听天由命

13.您能接受在考证上花费的费用是多少?(单选题 * 必答)

○300元以下

○300~500元

○500~1 000元

○1 000元以上

14.您考证选择的途径是?(单选题 * 必答)

○自学

○报班培训

○视情况而定

15. 如果推出考证风险保障的保险产品,你有什么意见? (单选题 * 必答)

○可以试试

○一定要买

○坚决不试

16. 您是否看好本团队的这款新产品设计"挂不怕"? (单选题 * 必答)

○看好

○一般

○不看好

17. 如果推出考证风险保障的保险产品"挂不怕",你侧重于哪方面的保障或者有什么建议? (填空题)

附件3：问卷调查报告

平安保险新设计产品——"挂不怕" App
问卷调查报告

一、前言

当前，社会上普遍流传着一句话：一块广告牌砸下来，其中九个半都是大学生，还有半个是在读的。这就导致了大学生就业难，当学历相同时，其他一些证件就起到了增加应聘者就业砝码的作用，这种情况导致"考证热"急剧升温。面对种类繁多的各类证书，考证固然好，但不可盲目，一定要选择适合自己的，同时，这一现象也引起了社会的广泛关注，以便纠正学生的错误认识。

二、方案实施详情

此次调研我们采用定量的研究方法，结合问卷调查的方式随机抽样，由于时间有限，我们将问卷投放在网上，增加数据的客观性和随机性，然后，对收集到的信息进行数据处理分析，得到最终的结果，进而利用调研结果为我们在挂科险、高分险等险种设计上提供合理化的营销方案。

此次网上问卷的投放，共有 139 人参与答题，其中，知道"考证热"的问卷有 150 份。在此次调查过程中，我们团队成员齐心协力，合理分工合作，从问卷制作、方案书撰写到问卷的投放与收集再到数据整理和分析以及最后的调研报告，都进行得有条不紊，十分有效率。

三、调查结果分析

Q1:你是在校学生还是已经工作？(单选题)

答案选项	回复情况
在校学生	97.08%
工作	2.92%
受访人数：137	

Q2:最近有考过证书么？(单选题)

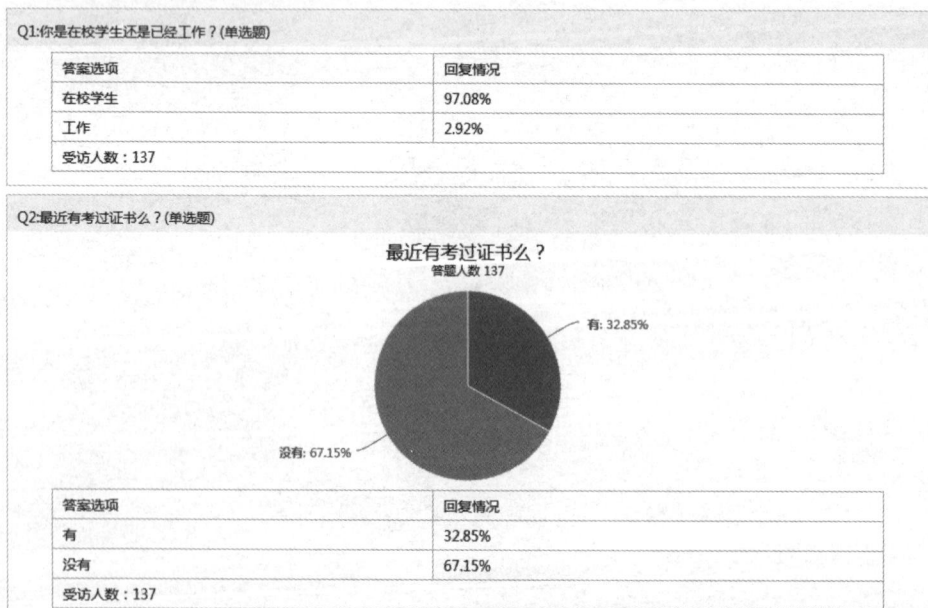

最近有考过证书？
答题人数 137

有：32.85%
没有：67.15%

答案选项	回复情况
有	32.85%
没有	67.15%
受访人数：137	

Q3:身边"考证热"现象严重么？(单选题)

身边"考证热"现象严重么？
答题人数 137

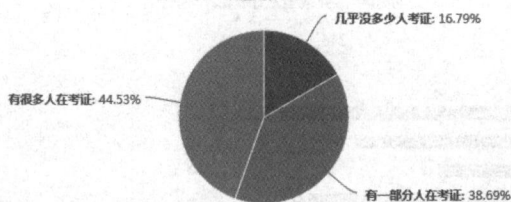

几乎没多少人考证: 16.79%

有很多人在考证: 44.53%

有一部分人在考证: 38.69%

答案选项	回复情况
几乎没多少人考证	16.79%
有一部分人在考证	38.69%
有很多人在考证	44.53%
受访人数：137	

Q4:为何有考证这种想法？(单选题)

为何有考证这种想法？
答题人数 137

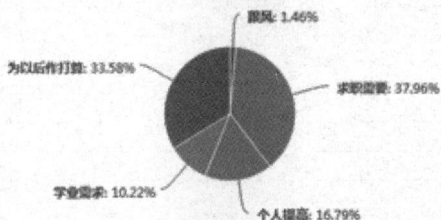

跟风: 1.46%

为以后作打算: 33.58%

求职需要: 37.96%

学业需求: 10.22%

个人提高: 16.79%

答案选项	回复情况
跟风	1.46%
求职需要	37.96%
个人提高	16.79%
学业需求	10.22%
为以后作打算	33.58%
受访人数：137	

Q5:大学期间你觉得考证的最佳时期是(单选题)

大学期间你觉得考证的最佳时期是
答题人数 137

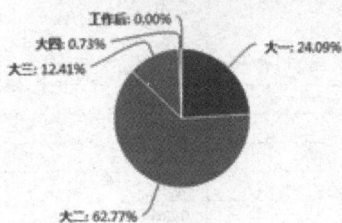

工作后: 0.00%

大四: 0.73%

大三: 12.41%

大一: 24.09%

大二: 62.77%

答案选项	回复情况
大一	24.09%
大二	62.77%
大三	12.41%
大四	0.73%
工作后	0.00%
受访人数：137	

Q6:你所学专业或者从事的工作是什么？（多选）(多选题)

你所学专业或者从事的工作是什么？（
多选）
答题人数 135

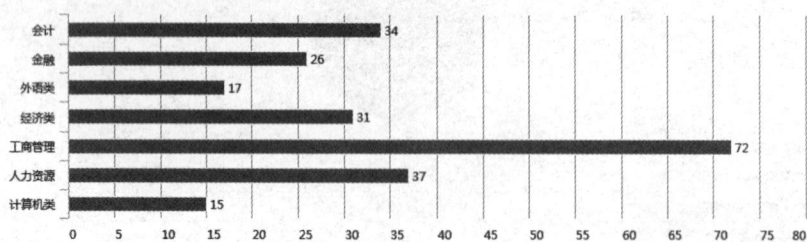

答案选项	回复情况
会计	34
金融	26
外语类	17
经济类	31
工商管理	72
人力资源	37
计算机类	15
受访人数：135	

Q7:为何有考证这种想法？(单选题)

为何有考证这种想法？
答题人数 137

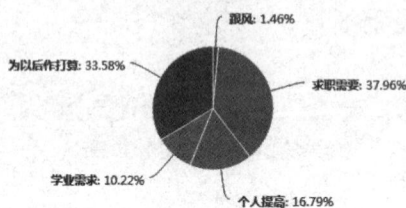

答案选项	回复情况
跟风	1.46%
求职需要	37.96%
个人提高	16.79%
学业需求	10.22%
为以后作打算	33.58%
受访人数：137	

Q8:你比较感兴趣的领域是哪些？（多选)(多选题)

你比较感兴趣的领域是哪些？（多选）

答题人数 135

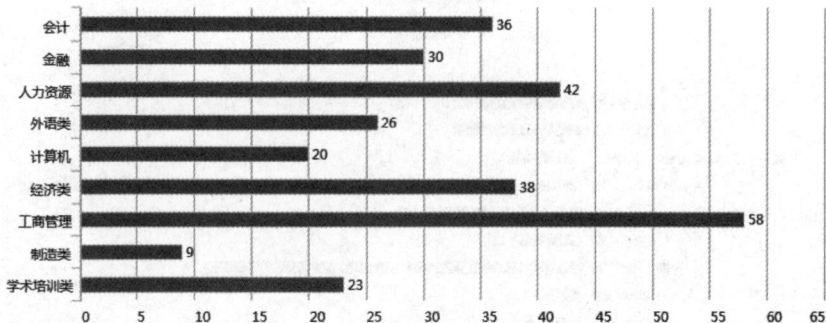

答案选项	回复情况
会计	36
金融	30
人力资源	42
外语类	26
计算机	20
经济类	38
工商管理	58
制造类	9
学术培训类	23
受访人数：135	

Q9:已取得哪些证书？（多选)(多选题)

已取得哪些证书？（多选）

答题人数 135

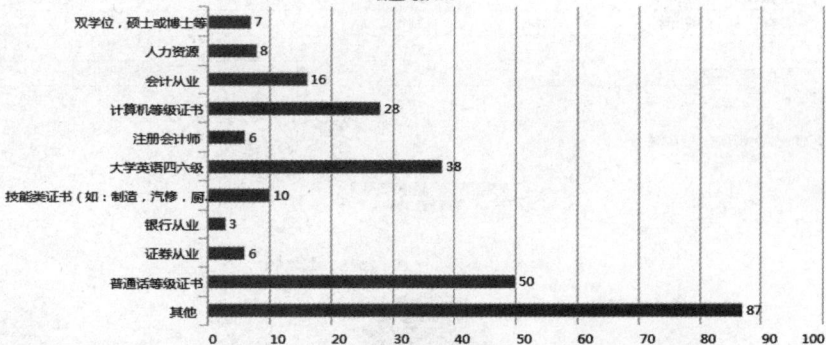

答案选项	回复情况
双学位，硕士或博士等	7
人力资源	8
会计从业	16
计算机等级证书	28
注册会计师	6
大学英语四六级	38
技能类证书（如：制造，汽修，厨师等）	10
银行从业	3
证券从业	6
普通话等级证书	50
其他	87
受访人数：135	

Q10:你所从事领域里哪些证书是必备的？(多选)(多选题)

你所从事领域里哪些证书是必备的？(
多选)
答题人数 138

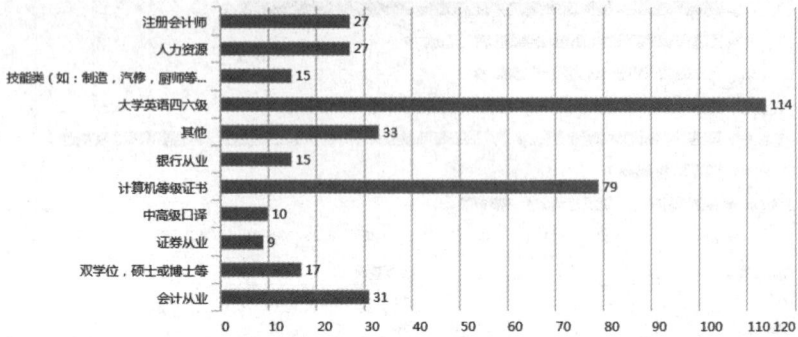

答案选项	回复情况
注册会计师	27
人力资源	27
技能类（如：制造，汽修，厨师等）	15
大学英语四六级	114
其他	33
银行从业	15
计算机等级证书	79
中高级口译	10
证券从业	9
双学位，硕士或博士等	17
会计从业	31
受访人数：138	

Q11:您目前的考证状态是？(单选题)

您目前的考证状态是？
答题人数 138

决定不考证:3.62%　已经考完了所有想...:2.17%

还没决定要不要考:39.86%

考了一些，还在继...:54.35%

答案选项	回复情况
已经考完了所有想考的证	2.17%
考了一些，还在继续准备	54.35%
还没决定要不要考	39.86%
决定不考证	3.62%
受访人数：138	

Q12: 以下证书你对于它含金量的打分情况？(打分题)

以下证书你对于它含金量的打分情况？
答题人数 138

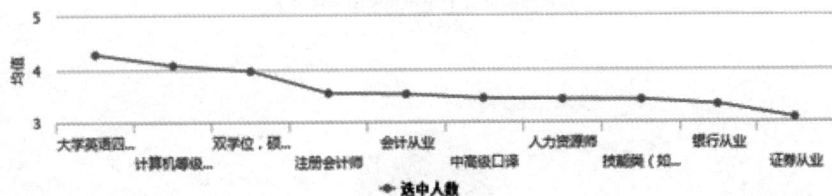

◆ 选中人数

	1分	2分	3分	4分	5分	平均分数
大学英语四六级	2.17% 3	4.35% 6	13.04% 18	23.91% 33	56.52% 78	4.28
中高级口译	10.87% 15	15.22% 21	18.84% 26	28.99% 40	26.09% 36	3.44
计算机等级证书	3.62% 5	8.70% 12	10.87% 15	30.43% 42	46.38% 64	4.07
人力资源师	9.42% 13	11.59% 16	29.71% 41	26.09% 36	23.19% 32	3.42
双学位、硕士或博士等	6.52% 9	7.97% 11	17.39% 24	19.57% 27	48.55% 67	3.96
技能类（如：制造，汽修，厨师等）	10.14% 14	12.32% 17	28.26% 39	25.36% 35	23.91% 33	3.41
会计从业	10.14% 14	9.42% 13	23.19% 32	32.61% 45	24.64% 34	3.52
证券从业	13.77% 19	18.84% 26	28.26% 39	25.36% 35	13.77% 19	3.07
银行从业	11.59% 16	14.49% 20	23.19% 32	31.88% 44	18.84% 26	3.32

Q13: 您对考证的态度是？(单选题)　　　　结果排序 ▾　图表类型 ▾　显示设置 ▾　导出 ▾

您对考证的态度是？
答题人数 138

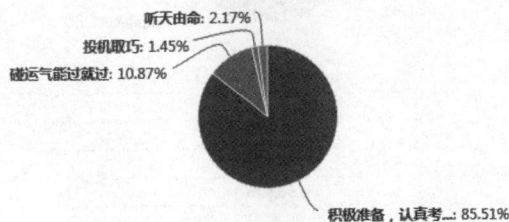

听天由命: 2.17%
投机取巧: 1.45%
碰运气能过就过: 10.87%
积极准备，认真考...: 85.51%

答案选项	回复情况
积极准备，认真考试	85.51%
碰运气能过就过	10.87%
投机取巧	1.45%
听天由命	2.17%
受访人数：138	

Q14: 您能接受考证上花费的费用是多少？(单选题)

您能接受考证上花费的费用是多少？
答题人数 138

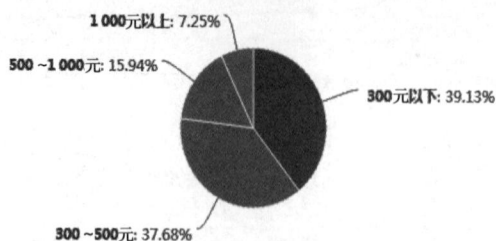

1 000元以上: 7.25%
500~1 000元: 15.94%
300元以下 39.13%
300~500元: 37.68%

答案选项	回复情况
300元以下	39.13%
300~500元	37.68%
500~1 000元	15.94%
1000元以上	7.25%
受访人数：138	

Q15: 您考证选择的途径是？(单选题)

您考证选择的途径是？
答题人数 138

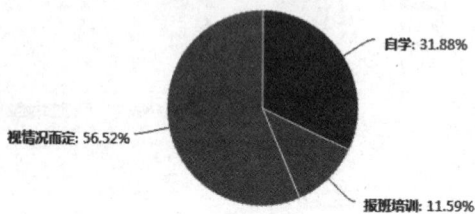

自学: 31.88%
视情况而定: 56.52%
报班培训: 11.59%

答案选项	回复情况
自学	31.88%
报班培训	11.59%
视情况而定	56.52%
受访人数：138	

Q16: 如果推出考证风险保障的保险产品，你有什么意见？(单选题)

如果推出考证风险保障的保险产品，你有什么意见？
答题人数 138

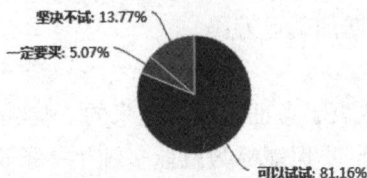

坚决不试: 13.77%

一定要买: 5.07%

可以试试: 81.16%

答案选项	回复情况
可以试试	81.16%
一定要买	5.07%
坚决不试	13.77%
受访人数：138	

Q17: 您是否看好本团队的这款新产品设计"挂不怕"?(单选题)

您是否看好本团队的这款新产品设计"挂不怕"？
答题人数 138

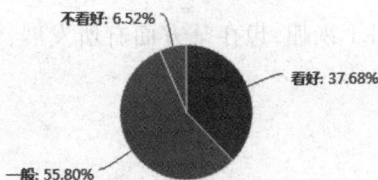

不看好: 6.52%

看好: 37.68%

一般: 55.80%

答案选项	回复情况
看好	37.68%
一般	55.80%
不看好	6.52%
受访人数：138	

四、分析问题

"考证热"出现的原因

1. 国家政策导向的结果

1999 年，中共中央、国务院《关于深化教育改革全面推进素质教育的决定》中，要求全社会实行学业资格证书、职业资格证书并重的制度。就说明学历、学位证书不再是就业的唯一通行证，还要有相关的职业资格证才行。近几年来，国家逐步放宽了报考者的资格，从在校大学生考试放宽到不少行业，允许在校大学生考试，这个发展趋势为大学生考证提供了政策保障。

2. 就业压力大,竞争激烈

就业压力催生"考证热",目前大学毕业生拥有的证书数量少则三四个,多则十几个,考证可以增加就业筹码,代表了相当一部分大学生的心态。由于金融危机的影响,就业形势更加严峻,而且,相比较那些下岗职工,刚毕业的大学生工作经验比较缺乏,导致大学生的就业压力增加,就更加热衷于考证来增加就业筹码。

3. 考生带有一定的盲目性

有的学生是看到其他同学热衷于考证才加入进来的,现在的社会情况是家长、同学大多认为大学毕业生比比皆是。考证,不但能够为就业多铺垫一条道路,而且它可以丰富你的头脑,让你学到更多、更广的知识,所以,有些家长出于对孩子未来的考虑,逼着孩子考取各种证书。

4. 学校因素

现在,我国某些高校在大学学位证的获取上就要求学生必须拿到英语四级证书,一些英语底子比较差的学生,为了这个证书就不得不全力以赴。

5. 市场经济的要求

市场经济是法治经济,它对人才的现实能力和职业技能提出了更高的要求,政府对某些责任较大,社会通用性较强,关系公共利益的专业实行准入制度,是市场经济对依法、独立开业,或从事某一特定专业人员学识技术和能力标准进行量化所设置的门槛,而中国加入世贸组织后,按国际惯例行事需要大量的职业资格准入人才,这给在校大学生考证提供了机遇。

6. 其他

也有少部分学生考证是出于兴趣,想在某方面有所发展,增加这方面的知识,最终能够达到实现自我价值的提升。

五、结论与建议

根据问卷调查的数据,我们可以看到,当代大学生对"考证热"的认知度存在偏差,且缺少自主学习的创新能力,并且有些大学生对考证表现出无兴趣的态度。

①有93%的大学生认为考取证书是应该的,只有20%的大学生认为不应该考取,在他们身边有96%的学生有过考证的经历。这说明我校考证存在一定的盲目性,参加考证的人数巨大。

②对于考证的目的,46%的同学认为要培养相关技能,提高自身素质;87%的同学认为,根据就业形势,适应工作岗位需求;79%的同学认为社会竞争激烈,给找工作增加筹码;21%的同学认为出于自己的兴趣;16%的同学认为不甘于人后,别人都去考,我也要去;12%的同学认为证书多,证明能力强;8%的同学认为老师家长要求。从这里不难得出,大部分考生考证的目的是在严峻的就业形势下找到好工作。

③对于了解考证信息的途径,56%的同学是通过学生会学习部同学介绍;16%的同学通过 BBS、论坛网站等网络获知;12%的同学是通过讲座和推广会获知;12%的同学通过海报或宣传手册获知;95%的同学认为辅导班的存在,有利于掌握相关知识。

④考证辅导班给同学们带来的经济负担,67%的大学生认为费劲,虽然费用很大很大,

但自己仍会选择辅导班。这说明我校同学在很大程度上依赖于辅导班,辅导班的作用不容小觑。

⑤在考证对大学生的在校生活的影响上,有56%的同学认为会增加学习负担,减少在校知识的学习时间,影响正常学习生活;32%的同学认为虽然会占据一定时间,但是处理得好也是一种能力提升。从这里不难看出,大部分考生考证并不完全出于自愿,其目的是在严峻的就业形势下,为自己找到好工作增加筹码,为什么在校大学生中会出现"考证热",这是出于一个社会问题。

附件4:调查方案书

平安保险新设计产品——"挂不怕"App
调查方案书

一、概要

随着经济发展和教育程度的不断提高,大学生的数量呈快速上升趋势,如何满足当代大学生对大学生活、学习的多元化需求已经成为当今大多数创业者的努力方向。对于挂科保险行业,高校市场空间较大,经过我们团队的仔细观察、调研发现,如今在大学期间考取各种等级证书、职业资格证书的大学生呈大幅增长的态势。

同时,各种等级证书、职业资格证书的挂科率也逐年增高。通过研究考生考前心理状态得出一个结论:没有考生希望某次考试挂科,但每个考生都害怕考试挂科,害怕挂科而购买挂科险,买的是一份安心,而对考试有把握的考生购买高分险,买的是一份信心。考试时的心态严重影响着考试的通过率,购买挂科险能够很好地减轻或克服恐惧考试的心理问题。因此,我们认为大学生为减轻因考试费用带来的经济压力、提高自己的考试通过率而为自己买一份挂科险或者高分险是非常有必要的。

此策略书主要涉及调研的目的,研究调研问题的方法及调研设计等。

二、研究目的

1. 获取当前社会"考证热"的趋势,以及对考证技巧、过级率缺乏了解的原因,并收集当代大学生考证学习的途径。

2. 了解当代大学生对"考证热"等传统文化的发展态度。

3. 了解目前"考证热"的发展现状。

4. 更进一步了解考生的心理状态,以便今后更好地学习和掌握市场营销的相关内容。

三、研究内容

1. 当代大学生对"考证热"这一现象所持有的态度。

2. 当代大学生对考证重要性的了解和重视程度。

3. 当代大学生更愿意接受的学习方式。

4. 当代大学生对平安保险新设计产品——"挂不怕"App未来发展前景的预测。

四、调查设计

1. 调查方法与对象

主要调查方法:二手资料收集;定量研究和问卷调查——网上问卷。

调查对象：在校大学生、在职工作者。

2. 样本条件

首先，在问卷开头，我们设置了关于"考证热"的问题项，能在一定条件下看出大学生对待考证的态度，其次，我们设置了样本甄别，只有符合条件者方能继续接受访问，以确保调查样本的针对性、有效性。样本的具体甄别：

——是否积极应考？（若为否，则终止访问）

3. 样本容量

登录网上调研网址。

五、质量控制

一个项目的调查研究活动成功与否，除了可行的实施方案外，就是整个调查数据的质量。为确保整个调查工作科学、客观、准确地运作，我们将采用多种措施，以确保最终结果的质量。

1. 从项目开始运作前期，我们小组共同商讨问卷，在问卷发放之后，我们随时跟进网页答题量的进度，及时有效地解决执行过程中的问题，同时全过程开放，接受学生的监督和双重质量控制。实践证明，这样的做法行之有效。

2. 为确保问卷的真实性，我方将对网络回收的调查表及问卷进行 3 次审核，确认无误后，才作为成功问卷。如有不合格情况，这份问卷会作为废卷处理，不计入成功样本。

3. 网络问卷收回后，对数据进行处理和分析，确保数据的准确性和有效性。

六、调研安排

1. 人员分配安排

方案书：任×。

问卷设计：小组成员共同讨论。

网上问卷制作：任×、杜××。

数据整理：毛××。

调研报告：杨×。

2. 时间安排

时间	任务
2016 年 10 月 15 日—2016 年 10 月 18 日	方案书与问卷设计
2016 年 11 月 1 日—2016 年 11 月 20 日	问卷发放与数据整理分析
2016 年 11 月 22 日—2016 年 11 月 24 日	撰写调查报告

附件5:线下推广活动的具体方案

线下推广活动的具体方案

活动策划是企业开展推广活动最好的切入点。"挂不怕"App发展前期的主要目标客户群为在校大学生,故前期线上线下推广活动主要围绕大学校园展开。现在,大学校园内学生的各类活动极为丰富,各种形式的竞赛、文体活动、讲座晚会和各类社团活动频频举行。这些活动吸引了大学生参加,是我们进行"挂不怕"App宣传的好时机。校内的大学生群体每年都有更新,这就意味着我们的App对于新大学生来讲每年都是需要概念引入的活动。营销活动最好具有延续性,以了解大学生的内心想法。只有这样才能既让学生感兴趣、打动他们的心,又达到了App传播的目的。

活动1:"挂不怕"App新生校园寻宝活动

(一)活动目的

刚来学校的新生对学校还比较陌生,需要通过活动去认识学校的各个地点。通过本次寻宝活动让新生在寻宝的过程中熟悉校园,同时在宝物设计、地图设计中融入"挂不怕"App元素,以这种方式间接地宣传"挂不怕"App。

(二)活动主题

"发现校园的美"新生校园寻宝活动。

(三)活动对象

重庆各大高校新生。

(四)活动流程

1. 前期宣传、准备

与各学院学生会合作,线上App、公众号软文宣传配合线下海报配合宣传报名。为活动中期定制"挂不怕"特色校园寻宝地图、宝贝、纪念品(护腕、帽子、钥匙扣)等。布置起点、藏宝点、终点,推出下载App获奖品的推广活动。

2. 活动中期

①现场工作人员统一身着"挂不怕"App文化衫,引导参与新生有序入场。

②通过游戏临时组队,分发寻宝地图。

③主持人介绍规则,宣布活动开始。

④寻宝时间结束,统计寻到宝物的价值作为小组寻宝分数。

⑤有奖知识问答环节,主持人提问(问题均关于"挂不怕"App),大学生现场抢答,回答正确的均获得附加分和礼物等,对于问题有疑问的,由"挂不怕"App工作人员解释。

⑥由工作人员统计分数,给分数前三的队伍颁发"挂不怕"App专属大礼包,宣布活动结束。

3. 活动后期

①清理会场。

②做总结反思。

③将活动过程中的精彩照片编辑新闻,在"挂不怕"App 微信、活动页面进行网络宣传。

活动 2:"挂不怕"App 新保险设计大赛

(一)活动目的

通过面向大学生的比赛活动,直接把大学生和"挂不怕"App 的主营业务联系起来。我们的目标客户群是大学生群体,通过这个比赛可以直接了解大学生群体对保险的新的需求和在性格特征上的改变。无论该比赛最终大学生设计的保险是否能真正实现,至少我们得到了新产品的研究方向。

(二)活动主题

"我有我的 young""挂不怕"App 保险设计大赛。

(三)活动对象

全体在校大学生群体。

(四)活动时长

报名:1 月初—2 月底。

初赛:3 月中旬。

复赛:4 月初。

决赛:5 月初。

合计时长约为 4 个月。

(五)选拔过程

报名:线上线下同步进行报名。

初赛:校级进行比赛。

复赛:地区赛。

决赛:全国赛。

(六)活动流程

1. 前期宣传、准备

公布比赛策划,进行各重点学校比赛宣传宣讲,线上、线下同步进行宣传、报名工作。

2. 活动中期

初赛由各个参赛学校按照初赛策划各自进行选拔。

复赛由参赛学校与各个地区的"挂不怕"App 经理进行沟通,制定地区复赛策划,进行筛选。

决赛在中国平安保险总部展开,比赛内容除了策划路演还涉及团队风采展示、市场调研等多项内容。

3. 活动后期

邀请媒体公众进行全国决赛的全程记录,并编写新闻发布于媒体平台。"挂不怕"App 界面及公众号届时也将报道、转载。

活动3:"挂不怕"App 保险销售大赛

（一）活动目的

大学生在校期间接触社会的机会并不多,经调查显示,50%的大学生在课余时间更加愿意在寝室中度过,不太愿意离开寝室。本次大赛鼓励财经专业、管理专业大学生以组团的方式参与,意在将所学专业知识与社会现状接轨,锻炼自我的社会适应能力和沟通、交流能力,宣传金融知识,提高周围人的防诈骗意识。

本次活动对于"挂不怕"App 来说,有利于提高曝光度,让更多的大学生关注到,同时也直接增加了保险销售额。

（二）活动主题

"挂不怕"App 保险销售大赛。

（三）活动对象

某大学管理专业与财经专业的学生。

（四）活动流程

1. 前期宣传、准备

公布比赛策划,进行各重点学校比赛宣传、宣讲。线上、线下同步进行宣传、报名工作。

2. 活动中期

采取初赛+复赛销售额直接积分的方式确定入围队伍 10 支,决赛计分以销售额+PPT 宣讲的方式,其中销售额占 60%,现场 PPT 宣讲分数占 40%。

3. 活动后期

①清理会场。

②做总结,反思。

③将活动过程中的精彩照片编辑新闻,在"挂不怕"App 微信、活动页面进行网络宣传。

活动4:"我和'挂不怕'的故事"主题情景剧"快闪"活动

（一）活动目的

将"挂不怕"App 的定位与大学生联系起来,以"快闪"的方式在需要重点销售的大学进行宣传,引起大学生的热议。同时,全过程可以拍摄为宣传短片,在中国平安保险公司的官网、"挂不怕"App 界面进行展示宣传。

（二）活动主题

"我和'挂不怕'的故事"主题情景剧"快闪"活动。

（三）活动对象

需要重点宣传的大学。

（四）活动流程

1. 前期宣传、准备

寻找各个学校已经使用或试用"挂不怕"App 的大学生和愿意合作的学生会团体进行节目筹备,做好内部宣传,尽可能召集更多的参与者,参与者事先观看视频、了解自己在活动中扮演的角色;准备充足的摄像机;做好应急预案。

2. 活动中期

①在人流量高峰期,由两个大学生跟着音乐奏唱"挂不怕"主题宣传曲,校园广播现场收音。

②音乐停止,3 个不同的小组在不同地点同时演出"我和'挂不怕'的故事"情景剧,要求 3 个小组表演时的内容、节奏相同。

③同步情景剧结束之后,参与者一个一个地加入舞蹈队伍,依据"挂不怕"主题宣传曲舞蹈进行表演,提前在观赏人群中预备好会跳宣传舞的同学,使舞蹈表演队伍不断壮大,持续 3 分钟左右,歌声停止,所有人分散在人群中。

④摄像机跟随参与者随机采访在场大学生,谈谈他们的感受、想法。

3. 活动后期

①采访参与"快闪"活动的演员、观众,制作采访视频。

②后期将现场和采访视频结合起来进行视频剪辑,上传至官方 App 活动界面、微信等,作为网络宣传的凭借。

附件6：长江师范学院校企合作协议书1

长江师范学院

实习（实训）基地建设

协议书

长江师范学院·深圳市喂喂网络科技有限公司
校企共建实习（实训）基地
协议书

甲方：深圳市喂喂网络科技有限公司
（以下简称甲方）

乙方：长江师范学院
（以下简称乙方）

经甲、乙双方平等、自愿和友好协商，现就共同合作创建学生实习（实训）基地的相关事宜达成一致意见并签订本协议，以资共同遵守。

一、合作目的、内容

（一）合作目的

为在校学生搭建参与社会实践的基础平台，促进理论与实践的紧密结合，锻炼和提高学生的市场竞争意识和社会适应能力，培养和树立学生正确的人生观、价值观和择业观，增强学生毕业后应聘就业的竞争力，为国家和社会培养合格的优秀人才。

（二）合作内容

1. 基地建设：甲方现有主要经营管理岗位或部门，均可作为乙方学生的实践教学基地；乙方定期选送学生到岗实习。

2. 专业技能培训：甲方选派中、高级管理人员或岗位技术能手为实习学生举办职业技能和专业知识培训。

3. 校企文化建设：甲乙双方师生、员工可适时开展各类联谊活动，增进彼此之间的了解和友谊，促进校企文化建设。

二、基地建设目标及组织管理体制

（一）基地建设目标

充分利用乙方的人力资源优势和甲方的经营管理优势，开展校企合作，共建旅游管理、市场营销等方面人才的训练平台，为企业拓展市场，提高经营效益，储备后续人才；同时，为学校改革教学模式，提高教学质量，塑造品牌形象奠定坚实基础。

（二）组织管理体制

1. 设立实习（实训）领导小组，统一组织、协调和指导各项实习计划的实施和基地建设的其他工作。其正副组长、成员由双方有关领导、教师和管理人员担任。（另附文）

2. 甲方选派专人担任实习班班主任，具体负责学生实习期间的各项事务性工作。

三、双方的权利和义务

（一）甲方的权利和义务

1. 甲方向乙方提供与其经营项目对口旅游管理、市场营销等专业的实习（实训）场所，切实保证学生的实习效果。

2. 甲方选派经验丰富的管理人员和技术能手对乙方学生进行实习指导，并对学生进行职业道德、敬业精神、劳动纪律等方面的素质教育。

3. 甲方对实习学生应加强管理，严格要求；实习期间，如学生请假，需乙方出据证明，经甲方同意后，方可生效。

4. 实习期满，甲方可根据学生的思想政治表现、业务技术能力和劳动纪律等进行全面考评，并填写书面鉴定意见。

5. 甲方可随时与乙方保持沟通，以便乙方能够及时了解和掌握学生的思想动态、实习进度、专业技能等情况，并适时调整或改进教学方案和方法。

6. 如乙方学生违反甲方的规章制度，经教育不改者，甲方有权在提前告知乙方后，取消该学生的实习资格。

7. 甲方根据工作需要，对实习期间表现优秀，经体检、政审合格的应届毕业生，可优先聘选为合同制员工。

8. 甲方为乙方学生提供实习期间的免费工作餐及工装、工牌等。

（二）乙方的权利和义务

1. 乙方承诺所有实习学生均为本校在校生，无不良或违法犯罪记录，档案齐备。

2. 乙方学生实习期间，须自觉遵守甲方的各项规章制度，服从管理，听从安排。

3. 乙方负责拟订实习大纲，甄选实习指导书籍，制定实习管理制度和学生往返交通、安全等管理措施。

4. 乙方指定实习管理教师并配合甲方积极做好实习学生的常规管理工作；同时，乙方管理教师必须经常了解学生的思想状况和实习期间的其他情况，并随时与甲方班主任保持沟通交流，协商解决学生实习中出现的各种问题。

5. 实习期满后，乙方应办理好有关交接手续，向甲方移交所有已掌握的甲方资料（尤其包括含有甲方商业秘密的文档、记录、提纲、资料等），并承诺保守甲方商业机密。

6. 如双方协商一致，乙方可对甲方专业人员实行荣誉聘任；同时，亦可邀请甲方领导或专家到校作专题讲座、授课或举办企业推介活动，乙方按规定给付报酬。

四、其他事项

1. 学生实习期间的具体安排，由甲方根据企业情况确定。

2. 如甲方需要，乙方可为甲方提供其他咨询、培训；甲方亦可聘请或邀请乙方教师为本公司培训师，为员工讲授相关专业知识或参与企划营销活动。总之，乙方可根据甲方的实际需求提供适时或可行的人力、智力支持，但需按规定为参与者支付一定费用。

3. 乙方学生实习期间必须遵纪守法，严格执行甲方的各项规章制度和实习纪律，忠于职守，服从管理，保守企业秘密。

4. 乙方学生实习期间，必须自觉爱护甲方的各种设施设备和财产用品，如有损坏，将按甲方规定予以赔偿。

5. 如甲乙双方协商同意，可在甲方适当位置悬挂"长江师范学院实习（实训）基地"铜牌。

五、协议争议和变更

本协议的变更须经双方协商一致后以书面形式确定。因不可抗力因素致使本协议的履行成为不必要或不可能的，可以自动解除。双方因履行本协议而发生争议时，可协商、调解解决。

六、本协议一式四份，经双方签章后生效，甲乙双方各执二份。

七、本协议未尽事宜以双方协商为准或另立协议，并与本协议具有同等法律效力。

甲方：深圳市喂喂网络科技有限公司　　　　　　乙方：长江师范学院

　　　　　（盖章）　　　　　　　　　　　　　　　　（盖章）

甲方委托代表：　　　　　　　　　　　　　　乙方委托代表：

2017年3月6日　　　　　　　　　　　　2017年3月3日

附件 7：长江师范学院校企合作协议书 2

YANGTZE NORMAL UNIVERSITY

1931

长江师范学院

实习（实训）基地建设

协

议

书

长江师范学院管理学院·中国平安财产保险股份有限公司涪陵中心支公司
校企共建实习（实训）基地
协 议 书
甲方：中国平安财产保险股份有限公司涪陵中心支公司　　（以下简称甲方）
乙方：长江师范学院管理学院　　　　　　　　　　　　　　（以下简称乙方）

经甲、乙双方平等、自愿和友好协商，现就共同合作创建学生实习（实训）基地的相关事宜达成一致意见并签订本协议，以资共同遵守。

一、合作目的、内容

（一）合作目的

为在校学生搭建参与社会实践的基础平台，促进理论与实践的紧密结合，锻炼和提高学生的市场竞争意识和社会适应能力，培养和树立学生正确的人生观、价值观和择业观，增强学生毕业后应聘就业的竞争力，为国家和社会培养合格的优秀人才。

（二）合作内容

1. 基地建设：甲方现有主要经营管理岗位或部门，均可作为乙方学生的实践教学基地；乙方定期选送学生到岗实习。

2. 专业技能培训：甲方选派中、高级管理人员或岗位技术能手为实习学生举办职业技能和专业知识培训。

3. 校企文化建设：甲乙双方师生、员工可适时开展各类联谊活动，增进彼此之间的了解和友谊，促进校企文化建设。

二、基地建设目标及组织管理体制

（一）基地建设目标

充分利用乙方的人力资源优势和甲方的经营管理优势，开展校企合作，共建旅游管理、市场营销、公共事业管理等方面人才的训练平台，为企业拓展市场，提高经营效益储备后续人才；同时，为学校改革教学模式，提高教学质量，塑造品牌形象奠定坚实基础。

（二）组织管理体制

1. 设立实习（实训）领导小组，统一组织、协调和指导各项实习计划的实施和基地建设的其他工作。其正副组长、成员由双方有关领导、教师和

管理人员担任。（另附文）

2. 甲方选派专人担任实习班班主任，具体负责学生实习期间的各项事务性工作。

三、双方的权利和义务

（一）甲方的权利和义务

1. 甲方向乙方提供与其经营项目对口旅游管理、市场营销等专业的实习（实训）场所，切实保证学生的实习效果。

2. 甲方选派经验丰富的管理人员和技术能手对乙方学生进行实习指导，并对学生进行职业道德、敬业精神、劳动纪律等方面的素质教育。

3. 甲方对实习学生应加强管理，严格要求；实习期间，如学生请假，需乙方出据证明，经甲方同意后，方可生效。

4. 实习期满，甲方可根据学生的思想政治表现、业务技术能力和劳动纪律等进行全面考评，并填写书面鉴定意见。

5. 甲方可随时与乙方保持沟通，以便乙方能够及时了解和掌握学生的思想动态、实习进度、专业技能等情况，并适时调整或改进教学方案和方法。

6. 如乙方学生违反甲方规章制度，经教育不改者，甲方有权在提前告知乙方后，取消该学生的实习资格。

7. 甲方根据工作需要，对实习期间表现优秀，经体检、政审合格的应届毕业生，可优先聘选为合同制员工。

（二）乙方的权利和义务

1. 乙方承诺所有实习学生均为本校在校生，无不良或违法犯罪记录，档案齐备。

2. 乙方学生实习期间，须自觉遵守甲方的各项规章制度，服从管理，听从安排。

3. 乙方负责拟订实习大纲，甄选实习指导书籍，制定实习管理制度和学生往返交通、安全等管理措施。

4. 乙方指定实习管理教师并配合甲方积极作好实习学生的常规管理工作；同时，乙方管理教师必须经常了解学生的思想状况和实习期间的其他情况，并随时与甲方班主任保持沟通交流，协商解决学生实习中出现的各种问题。

5. 实习期满后，乙方应办理好有关交接手续，向甲方移交所有已掌握的甲方资料（尤其包括含有甲方商业秘密的文档、记录、提纲、资料等），并承诺保守甲方商业机密。

6. 如双方协商一致，乙方可对甲方专业人员实行荣誉聘任；同时，亦可邀请甲方领导或专家到校作专题讲座、授课或举办企业推介活动。

四、其他事项

1. 学生实习期间的具体安排，由甲方根据企业情况确定。

2. 如甲方需要，乙方可为甲方提供其他咨询、培训；甲方亦可聘请或邀请乙方教师为本公司培训师，为员工讲授相关专业知识或参与企划营销活动。总之，乙方可根据甲方的实际需求提供适时或可行的人力、智力支持，但需按规定为参与者支付一定费用。

3. 乙方学生实习期间必须遵纪守法，严格执行甲方的各项规章制度和实习纪律，忠于职守，服从管理，保守企业秘密。

4. 乙方学生实习期间，必须自觉爱护甲方的各种设施设备和财产用品，如有损坏，将按甲方规定予以赔偿。

5. 如甲乙双方协商同意，可在甲方适当位置悬挂"长江师范学院实习（实训）基地"铜牌。

五、协议争议和变更

本协议的变更须经双方协商一致后以书面形式确定。因不可抗力因素致使本协议的履行成为不必要或不可能的，可以自动解除。双方因履行本协议而发生争议时，可协商、调解解决。

六、本协议一式四份，经双方签章后生效，甲乙双方各执二份。

七、本协议未尽事宜以双方协商为准或另立协议，并与本协议具有同等法律效力。

甲方：中国平安财产保险股份有限公司涪陵中心支公司　　　乙方：长江师范学院

（盖章）　　　　　　　　　　　　　　　　　　　　　　　（盖章）

甲方委托代表：　　　　　　　　　　　　　　　　　　　　乙方委托代表：

　　年　月　日　　　　　　　　　　　　　　　　　　　　　年　月　日

9.2　物流创新创业综合案例

长江师范学院

物流方案设计大赛

方案名称：中外运协同物流信息系统方案设计

案例选择：案例 1、案例 2、案例 3

负 责 人：　　　姚×

小组成员：付××、张×、张××、王×

团队名称：忙　赢　工　程

指导老师：付××　177×××××××

　　　　　杨×　199×××××××

时　　间：2021　年　1　月　6　日

目　录

第一篇 基础篇

第 1 章 方案概述

1.1 背景分析

1.1.1 我国物流的发展现状

随着中国经济的发展,物流业作为经济发展的重要推动力,得到了社会各界以及行业的高度重视。在发展物流业的同时,如何加快数字技术与物流业深度融合,提升物流信息化、智能化、智慧化水平,推动物流业转型升级、降本增效,成为我国政府的重要课题。

物流业是国民经济和社会发展的基础性产业,"十三五"以来,我国物流业发展取得了长足进步。各区域物流分工更加合理,物流网络骨架基本形成,物流枢纽功能明显增强,物流规模不断扩大,物流新模式、新业态不断涌现,物流信息化、专业化、标准化、国际化水平快速提升。

同时,信息技术与互联网技术已经日益成熟,现代物流的发展已经从传统的运输业提升转变成为信息化整合。构建公共服务平台成为实现政府服务业综改的重要内容之一。通过虚拟、整合等方法,以互联网为核心,通过信息技术与物流业务结合应用,搭建数据交互、共享平台,实现物流信息的安全、高效、及时转换。

物流公共服务平台不仅通过先进的计算机、网络、数据库及通信技术,营造一个准确、及时、标准、高效、安全的全功能、多层次、开放式的、智能的、协同化的环境,促使进驻平台的上游货主企业、物流企业、零担专线企业、信息户、货运车辆等以公司自我为中心的管理模式过渡到以供应链为基本单元的管理模式;同时,还将多式联运中各种运输方式形成数据对接,解决传统上多种运输方式在协同中的数据孤岛问题,更好地推进多式联运的发展。这就要求物流公共信息服务平台提供完整的物流供应链服务模块,包括信息服务平台、交易服务平台、业务服务平台、内部管理服务平台、金融服务平台等。

通过系统功能可以随时调出实时车辆信息、云平台物流货源信息、交易信息、库存信息、货物轨迹信息等,既可进行上述数据的历史追溯,也可进行统计分析和数据挖掘,为企业客户提供更多的增值服务。

1.1.2　我国运输配送发展现状

发达国家运输配送管理的发展水平及运输配送管理信息化程度比我国高,主要体现在两个方面:一是市场需求大。相对于我国而言,发达国家的物流量大,物流覆盖范围广,市场对物流品质、服务的要求高,因此,对服务形式——运输配送管理要求也高。发达国家也有小企业,但人少业务量大,比如,日本把年销售收入低于10亿美元的企业划分成中、小型企业,在我国,中型企业都还达不到这个水平。发达国家生产力发展水平高、成熟的市场对物流需求大,这是其现代物流向前发展的一个重要条件。二是市场机制比较完善。发达国家的政策机制、管理制度、诚信体系、法律体制、标准化建设都比我国成熟,因此,国外物流企业发展的市场环境较好,交易成本较低,特别是在外包业务中,企业遵纪守法的观念比较强,市场监管力度较大,合同的法律约束效果好,拥有这样的平台和环境,政府就很少进行干预,企业也比较容易发展。

发达国家的生产力发展水平高、市场机制成熟,这就带来了与我国迥然不同的结果。首先,发达国家企业非常注重科技在创新发展中的应用,对信息化的投入大且投入的收益十分明显,从而形成了良性循环。其次,发达国家企业的发展模式非常清晰,企业要么做大,要么做专。做大的企业通过标准化、规模化来降低成本,以取得规模效益为盈利手段。比如,有些企业拥有很大的车队、船队和非常先进的运输配送管理信息系统,主要从事干线运输,并通过其规模化、标准化、规范化的公共平台,将很多小企业整合在其大平台下,小企业不直接与客户进行面对面的交易,而只与大公司打交道,在大企业整合体的组织协调下,提供专业化、细分化的服务,这就不像我国的中、小型企业到处拉客户,超载、恶性竞争现象严重,市场很不规范。做专的企业从事的是高附加值的智能、信息化服务,这类企业资本少,主要依靠人力资源进行专业服务。比如,在食品、化工、粮食、鲜花等很细分的物流服务中,这些企业将运输、配送等均外包出去,他们只是在标准化功能服务的基础上进行定制化、个性化整合,这就是所谓的供应链理念。此外,发达国家行业协会、商会的组织系统非常完善,企业的服务非常规范。

面对我国与发达国家的差距,生产力水平的提高要靠经济的发展进步来积累,不断的市场竞争将会促进我国生产力的发展,市场对物流的服务形式需求也会越来越大,而市场经济体制的完善则要通过改革来完成。对于我国运输配送管理来说,要依靠科学技术来提升自己,目前主要是加强信息化建设。

1.2　案例分析与选题

1)运力资源调度

随着"京津冀一体化"的提出,公司的城配业务出现了一个明显的弊端——运力资源严重浪费。属地公司的城配业务各自为战,形成"车辆空驶"问题,空驶率达40%以上,这种由大量分散的"点—点"运输线构成的物流运输网络是目前运输组织化程度低、总体效率不高、物流成本居高不下等问题的重要原因之一。

2)多类型差异化仓储

公司呈现多元化的发展,涉足的领域很多,仓库也有1 000多个,同一个项目不同城市的仓库也有所不同,更不用说不同项目、不同类型的仓库更是有差异的,这对仓库的管理来说增加了很多困难。

公司的业务涉及汽车产品、消费品、科技电子、化工等行业,种类较多,产品特性不同,导致不同行业对于仓库作业的要求不同,操作难度不同。仓库类型有自建仓、外租仓、代管仓,导致仓库成本不同。除运作指标外,还要考虑经营考核指标,因为仓库中的所有活动都会产生经济影响,都会产生收入和成本,财务表现也是衡量仓库经营能力的重要方面。

3)车辆配载优化

首先,公司有较高的配送网点密度,因此,能让平均运输路线变短,成本变低。其次,在库存水平方面,可以提供存储、分拣、配送服务,能够协调多个企业实现缺货风险共担,相当于实现一些有关联的上下游企业库存的实时共享与调拨,有利于降低总库存水平。最后,是分拣水平方面,有专业人员不断对业务流程进行分析,并且有专业信息技术公司配合实现各种流程优化方案,使分拣作业成本越来越低。

对公司物流中心的实际作业而言,货物的装箱方式以及车辆路径的选择是最重要的组成部分。所以,如何经济、高效地求解装载和路径问题,是企业节省成本、提高配送效率的关键。

1.3 方案设计思路

1.3.1 设计目标

为保证物流信息系统的开发质量、降低开发成本以及提高开发的效率,必须采用正确的开发策略和科学的开发方法。所以,我们小组运用目前最有效的系统构建,采用生命周期法和原型法结合来开发物流信息管理系统,以便达到整体物流保障整体效益。由于绿色、环保、节能已成为当今社会的趋势,所以实现各仓储之间的合理配送、提高车辆装载率、降低能源消耗有利于达到提升配送效率、降低物流成本、减少尾气排放的城市可持续发展目标。解决"空载率"的问题,有助于盘活现有的运力资源。

1.3.2　研究内容

建立物流信息系统协同,提高城市物流配送信息化水平,公共物流信息平台是连接物流企业、流节点顾客及消费者的信息纽带,物流配送企业能借助公共物流配送信息平台提供多样化、个性化的服务,整合相关的物流信息,提高配送的可靠性、准时性和顾客的配合度,提高服务效率。

随着经济的不断发展,人们的环保意识越来越强,城市物流配送是消费者生活个性化、多样化及城市经济发展的重要因素,同时城市物流配送的发展对城市环境造成一定负面影响,包括运输车辆排放的废气运输及配送控制的噪声污染,还有物流配送所产生的废品对城市环境造成的污染。所以,对城市物流配送的发展提出了新的要求。采用绿色配送方式,控制物流配送的污染,尽量实施近距离配送。

1.3.3　技术路线

(1)J2EE 体系

为了保证系统的高可用性、高可靠性和可扩展性,系统必须要选择支持强大的企业级计算的成熟技术路线。当前,能够满足这些条件的计算平台首推 J2EE 的企业标准。

J2EE 是主流的技术体系,合理集成以 J2EE 为标准的软件产品构建信息集成平台,可以得到较好的稳定性、高可靠性和扩展性。J2EE 技术的基础是 JAVA 语言,JAVA 语言与平台无关性,保证了基于 J2EE 平台开发的应用系统和支撑环境可以跨平台运行。

(2)Web 服务

Web 服务是为了让地理上分布在不同区域的计算机和设备一起工作,以便为用户提供各种各样的服务。用户可以控制要获取信息的内容、时间、方式,不必像现在这样在无数个信息孤岛中浏览,去寻找自己所需要的信息。利用 Web 服务,公司和个人能够迅速且廉价地通过互联网向全球用户提供服务,在广泛的范围内寻找可能的合作伙伴。随着 Web 服务技术的发展和运用,目前,我们所进行的开发和使用应用程序的信息处理活动将过渡到开发和使用 Web 服务。Web 服务是在现有的 Web 技术和设施之上,通过制定新的协议和标准,提出新的技术来实现的。

(3)云计算技术

云计算技术是为用户提供按需即取的服务,包括基于提供计算能力、存储能力以及网络能力的各种服务的组合。为了及时、便捷、高效地满足按需即取的服务特性,需要动态、弹性、可扩展地基于计算资源、存储资源、网络资源、服务资源等为计算能力、存储能力、交付能力提供各类虚拟化资源池。

云计算是将动态、易扩展且被虚拟化的计算资源通过网络提供出来的一种服务,其关键技术涉及虚拟化、弹性规模扩展、分布式存储、分布式计算和多租户。

(4)物流追踪系统

全球定位系统(GPS)和地理信息系统(GIS)技术能够将物品移动的空间数据进行有效的管理。全球定位系统(GPS)是利用导航卫星进行测时和测距;地理信息系统(GIS)是一种能把图形管理系统和数据管理系统有机地结合起来,对各种空间数据进行收集、存储、分析和可视化表达的信息处理与管理系统。

1.4　本章小结

本章通过对中国物流行业、运输配送及信息技术的发展现状进行分析,主要选取案例 1、案例 2 和案例 3 的 3 个案例,涉及运力资源的调度、多类型差异化的仓储以及车辆配载的优化 3 个方面的问题,拟通过物流信息系统的开发,利用云计算、GPS 等技术,构建物流信息系统平台,提高城市物流配送信息化水平,从而提高中外运物流配送效率,实现整体效益的提升。

第二篇　战略篇

第 2 章 中外运物流战略分析

2.1 SWOT 分析法的应用

中外运集团是一个经营多种业务的综合性物流企业,对多个业务已经有了初步的选择意向。我们采用 SWOT 分析法,将集团的优势、劣势与环境中的机会、威胁进行配对分析,形成应对环境的战略设想,并进行持久竞争优势检验,最后形成集团战略。

2.1.1 中外运优势分析

(1)业务范围广泛,能够为客户提供全方位服务

长久以来,中外运在物流运输方面积累了丰富的经验,具备丰富的行业知识和实际运营经验,能够向国内外客户提供现代物流领域内海、陆、空运输及代理、仓储和库存管理、物流项目开发与管理等各项综合物流服务,及时满足客户全方位、个性化的需求。

(2)拥有强大的服务网络

中外运经过 50 年的建设,在全国拥有了比较齐全的海、陆、空运输与仓储、码头设施,在国内拥有 58 家省市子公司、12 家专业子公司,拥有独资、合资单位 238 家,经营网点遍布国内各大、中城市及部分中、小城市,同时在国外拥有 39 家分支机构。中外运实现了集团范围内的计算机联网,还实现了和海关报关系统的联网,通过国际互联网向客户提供多种信息服务,形成了以信息技术为基础的、遍布国内外的物流服务网络。

(3)雄厚的基础设施

中外运拥有完善的物流基础设施,包括:远洋运输船舶 200 万载重吨;仓库 160 座,储存总面积 550 万 m^2,其中,库房建筑面积 300 万 m^2,货场面积 250 万 m^2,装卸设备 1 850 台;铁路专用线 64 条;自营码头 15 座;公路营运车辆 3 000 多辆。中外运同样拥有庞大的现代化

基础设施,包括 100 余台集装箱拖车,50 余辆货车;集装箱堆场 4 座,面积超过 40 万 m^2,场地内建有现代化库房近 10 万 m^2,并备有先进的装卸设备。

（4）良好的口碑及多年累积的宝贵的政府关系网络

中外运多年来依托国内发展,在国内市场享有较高的知名度和品牌效应,在国外市场建立了自己的口碑,在客户中享有较高的知名度,具有较为稳定的客户和市场份额。而且,在中国货运市场上运作了半个多世纪,中外运对国内的情况非常熟悉,与各级政府、管理部门、相关的货运企业具有密切的联系,能够为客户提供更为及时、方便、快捷的物流服务。

（5）人才优势

中外运在长期业务操作及发展过程中,培养了大批深谙各项业务的优秀专业人才,这些人才在企业各项业务操作中,凭借丰富的业务经验,更加容易使企业的营销网络进一步扩大,从而在市场份额中占据先机。

2.1.2 中外运机会分析

（1）黄金物流产业的驱动

中国加入 WTO 以来,物流业已迈过起步期,进入快速发展期,物流已不再是讲台上的演说,而是一种伟大的实践。这种实践,以不可阻挡之势横扫中国大地。中国物流与采购联合会常务副会长丁俊发在第 4 次中国物流学术年会上的讲话中用"中国物流业春天来临"来形容中国物流业政府推动、企业运作、行业自律的局面正在形成。

（2）世界制造业的中心正由日韩转向中国

近年来,我国已成为电子消费品、计算机硬件和电信方面的世界生产中心,每年平均有400 亿美元以上的国际资金流入。我国加入 WTO 后,越来越多的跨国公司将会把我国作为"世界工厂",这种趋势也为物流提供了更多的发展机会。

（3）西部大开发带来的机遇

随着西部大开发战略的实施,国家要将大量资金投入西部基础设施建设中。在此过程中,必将吸引大量的东部资金和外资流向西部,东部沿海发达地区以及部分跨国公司已开始在西部逐步建立生产基地。东西部发展差距的缩小也将使第三方物流需求的地域不仅集中在东部沿海地区,而扩大到广大的西部地区。物流企业可以有针对性地在西部地区发展网点,根据西部地区企业的需求来提供物流服务。

（4）振兴东北老工业基地带来的机遇

党的十六大提出"支持东北等老工业基地的调整和改造,支持资源为主的城市和地区发展持续产业"政策,并继续在政策上给予东北地区倾斜支持,以促进东北经济区的经济和社会快速发展。这是中国 21 世纪之初采取的一项重要战略举措,它和东部沿海地区开放、西部地区大开发,构成了中国式现代化建设的重大战略布局,也必将成为今后中国经济快速发展的新"引擎"。东北有望成为珠江三角、长江三角、京津唐地区之后中国经济第 4 个增长极。随着东北经济新一轮改革兴起以及对外开放力度的加大,势必带动东北经济的全面繁荣,也给物流市场发展带来前所未有的机遇。

(5)假日经济等新经济热点的兴起

近几年,随着我国经济的快速增长、人民生活水平的提高,出现了假日经济和会展、会议经济等新的经济热点。大城市在长假期间出现了购物热潮,预测增值服务的需求会给物流企业带来新的机会。展会频繁,由于展品具有很强的时效性,要求在很短的时间内送达指定地点,而且参展的展品很多都是新开发的高技术含量的产品,对包装、运输等条件要求严格,虽数量很少,但往往价值很高,一般不计较成本,对安全可靠、快速高效的快运服务有很大需求,此外,可能还会产生展品的包装、展台的布置及信息收集等附加服务的需求。两个经济热点对于能够做出快速响应的物流企业来说将是一个市场机会。虽然假日经济和展会经济所产生的是即时性、短期的物流服务需求,但很多可能就是第三方物流的潜在客户,如果服务得到客户的认可,就有可能建立起较长的合作关系,甚至成功地开拓客户。

2.1.3　中外运弱势分析

(1)业务组合战略上,集团上下没有形成共识

中外运虽然一直致力于从一个传统的外贸运输企业转变为由多个物流主体组成的、按照统一的服务标准流程和规范体系运作的、国际化、综合性的大型物流企业集团,但在具体业务组合战略以及企业未来发展目标方面,集团上下没有形成共识,以至于集团内对企业核心业务的认识不统一,影响了具体业务运作规划程度及发展方向,更降低了企业战略的执行力度和效果。

(2)网络有效经营难以实现的状况,很大程度上还存在

中外运作为多年发展的全国乃至全球性区域经营的国有大型企业集团,不可避免地存在着集团内部各相关单位及部门各自为政,为完成本部效益、绩效而产生的内部不良竞争和矛盾,从而降低企业整体经营效率,造成资源浪费、成本居高不下,而企业的网络优势也不能得到充分、有效的体现和加强。

(3)经营性资产和主营业务被割裂,不能发挥最大效能

中外运在集团海外上市剥离资产后,物流价值链的主营业务和资产分属不同的业务单位接管,如运输业务归属中租公司、仓库归属存续公司、车队归属久陵公司等,而这些公司相对独立经营,以至于中外运在为客户提供综合一体化服务时,势必影响服务水平、服务效率以及成本的最优化选择。

（4）海外服务能力相对其他物流优势，企业不够强势

中外运要发展成全球性的综合物流提供商，目前，在海外服务能力及海外业务开展上与中海、中远、马士基等国内外优势物流企业相比，尚不够强势。海外网络布点亦不够完善，以至于在为跨国性经营客户提供全球服务过程中，存在一定的服务盲点，从而降低了企业在物流市场角逐过程中的竞争能力。

2.1.4 中外运威胁分析

（1）国际物流巨头冲击国内物流市场

近年来，作为全球知名的国际航运企业，马士基、日本邮船等敏锐地洞察到了航运企业的发展方向，成功地迈进了综合物流服务领域。经过 20 多年来的逐步发展，他们的综合物流服务已经形成了相当的规模，在网络建设、信息技术、管理水平和人才储备等方面已经形成了相当的优势，这将会给中外运未来的发展带来巨大的竞争压力，面临市场份额被抢占的威胁。

（2）国内竞争对手实力日益增强

当前，在各自的行业、领域处于垄断或领先地位，规模较大，资金实力雄厚且物流设施优于中外运的中国邮政、铁路系统、中远、中海、中储，无论是资金实力，还是既有网络和本土优势、竞争实力均与中外运势均力敌。此外，新兴的民营物流企业作为后进入市场者，多是顺应市场需求和物流发展的趋势而出现的，要想在市场中立足并求得发展，必须优于传统企业，无论在业务规模、设备投资，还是在价格上，这些新兴的民营物流企业已开始具备与大型的外资物流服务商相竞争的能力，特别是在当地市场的物流运作上，这些公司更具有适应性和灵活性，竞争能力不可小觑。

总结以上分析，可得中外运 SWOT 战略分析矩阵，见表 2-1。

表 2-1　中外运 SWOT 战略分析矩阵

优势（Strength）—S	劣势（Weakness）—W
1. 业务范围广泛，能够为客户提供全方位服务。 2. 强大的优势网络。 3. 雄厚的基础设施。 4. 良好的口碑及多年累积的政府关系网络。 5. 人才优势	1. 业务组合战略上没有形成共识。 2. 网络有效经营难以实现。 3. 经营性资产和主营业务被割裂。 4. 海外服务能力尚待提高
机会（Opportunity）—O	威胁（Threat）—T
1. 黄金物流产业世界驱动。 2. 中国成为制造业中心。 3. 西部大开发。 4. 振兴东北老工业基地。 5. 不断涌现新经济热点	1. 国外巨头觊觎。 2. 国内众强争鸣

2.2 基于战略联盟的运力资源整合的理论支撑

2.2.1 运输企业战略联盟概念

从企业行为来看,战略联盟是一种战略性的、稳定的、长期的合作关系。战略联盟的形成不是为了谋取短期的利益,也不会因某项任务的下达而结盟,因任务的结束而终止,而是为了整体的、战略性的、远见性的、双赢的目标而结成的紧密关系,同时战略联盟成员通过相互学习、审时度势,动态地调整契约来适应环境变化。

从联盟企业的关系来看,战略联盟是一种平等的、相互独立的关系,联盟成员之间不存在相互控制、相互隶属的关系。由于联盟之间各方仍旧保持着原有企业的经营独立性,又避免了企业组织过大的"组织失灵"以及企业之间的文化冲突。所以,企业战略联盟不仅能够像动态物流联盟(虚拟物流联盟)一样具有较强的灵活性、适应性,能够快速响应市场、共同拓展市场、降低物流成本、提高物流效益,而且像企业并购一样,能够快速进入市场,实现企业间优势互补的目的,同时有效地避免、减缓了动态物流联盟的机会主义及企业兼并的管理协调困难的问题,因此,运输企业战略联盟是解决当前运输市场现状最有效的资源整合形式。

2.2.2 运输企业战略联盟益处

①有利于降低企业成本、实现效益最大化。中外运的运输市场及其利润空间是相当大的,企业通过结成联盟能使合作伙伴之间在交易过程中减少相关交易成本,从而有效地降低物流成本,对于提高企业的物流效率、实现物流效益的最大化有积极帮助。

②有利于提高物流服务水平、扩大市场份额。联盟能使原本互相竞争的企业进行合作,减少互耗,实现双赢,通过学习合作企业成熟的企业管理经验,提高自身的管理水平。同时,联盟可以帮助成员企业获得重要的市场信息,为企业带来新的客户、市场,扩大营销领域,提高市场占有率。

③有利于实现规模效应、提升企业竞争力。我国公路货物运输企业参与者如过江之鲫,但绝大多数企业规模很小,产业组织分散,无法形成规模效应,从而影响企业的经营效率并且制约行业发展水平。仅依靠企业的自身资本积累扩大来实现规模经营的做法在激烈的市场竞争下难以实现,而战略联盟能够使资源得到有效集中,对提升联盟的整体竞争力与行业发展水平都有很大的推动作用。

2.2.3　运力资源整合相关理论支撑

运力资源整合在提升企业能力、促进运输市场规范化等方面都起到基础性作用,通过建立战略联盟形式,从资源、能力、成本、制度、学习、管理、价值链等方面进行资源整合,存在诸多理论,见表2-2。

表2-2　运力资源整合相关理论

理论	支撑内容
资源依赖理论	企业必须要与它所处的环境进行交换来获取它需要的资源,可以通过联盟与其他企业实现优势资源的互补
核心能力理论	企业可以获得超过市场平均水平的利润,原因在于它能比竞争对手更好利用其核心能力,联盟能够很好地转移企业不擅长的活动,集中优势资源,提升核心能力
战略选择理论	企业可以通过建立战略联盟,提高产品或服务的吸引力,提高市场响应速度、企业效率与竞争能力,降低成本
学习理论	特定的技术、技能和知识难以定价,可通过市场交易获得,企业联盟可以成为获取技术、技能和知识的有效途径
制度理论	制度环境和社会规范会给企业带来压力,建立战略联盟是很好地适应制度、提高规范化的方式
管理理论	企业可以通过资源构建关系,形成新的竞争优势,获得关系收益来源,包括特定的关系资产、共同拥有的知识、互补的资源或能力、有效的管理机制
协同理论	企业之间建立联盟获取的协同效应,整体价值大于企业各独立组成部分价值的简单组合之和
交易成本理论	企业联盟具有稳定的交易关系和监督手段,能自主解决市场中存在的不完全竞争、信息不对称、不确定性、机会主义等内部化问题,有效配置资源,提高交易确定性,降低交易成本
社会分工理论	支持社会分工产生原因解释的绝对优势理论,提出分工能够提高生产率,拥有不同技术优势和核心能力的运输企业之间专长互补,组建联盟能够提高整个联盟的效率
价值链理论	处于价值链不同环节的企业可以寻找优势互补的战略伙伴构成联盟,使联盟聚合自身核心专长于某一环节,从而获取专业化经济效果,优势叠加的经济效益之和大于原来整体
社会网络理论	生产力来自互联,而非节点,战略联盟通过对联盟内部的资源进行有效的社会网络理论组织构成网络,实现要素共享,对于增加联盟组织的活力和形成联盟之间的价值链联结起着很大的作用

2.3　本章小结

　　本章通过对中外运经营现状的 SWOT 分析,结合国内外物流优势、企业战略特点进行了广泛深入的实践分析,存在的诸多理论对以建立战略联盟形式进行资源整合进行支持,认为从资源、能力、成本、制度、学习、管理、价值链等各个方面考虑,资源整合均有其必要性,在提升企业能力、促进运输市场规范化等方面都能起到基础性作用。

第3章 中外运发展战略框架与路径

3.1 "一核三翼"战略框架

基于中外运出现的一系列运力资源浪费问题,最终建立了"一核三翼"的创新物流系统模式:坚持仓储、配送、组织架构三位一体为核心的物流理念。创建"三翼"的物流运力资源合理运用的格局。

"一核",即以物流信息系统为核心,充分发挥组织架构合理分配的作用,依托各相关人员学习,开展多种形式的学习和培训,进一步加强系统各方面建设,始终坚持以合理运用资源为理念。"三翼",即以建立和完善物流成本管理体系、加快建设信息平台和建立物流配送规划体系。

构建现代物流管理体系可以从建立和完善物流成本管理体系、加快建立信息化平台、建立物流配送规划以及建立自营与外包相结合的物流运作模式这3个方面着手,建构它的战略框架。

1)建立和完善物流成本管理体系

由于目前企业内无独立的物流成本核算系统,这就很难把握和评价物流管理状态,更谈不上对物流合理化管理的要求。

当今美、日等先进国家对物流成本管理的体系互相之间虽有差别,但各自对物流成本统计口径基本是统一的。它们按照物流职能或费用形态或不同对象对物流成本进行归结,且以作业为基础的成本核算方法值得我们借鉴和学习。此外,日本对物流成本管理还描绘成5个发展阶段:

①对物流活动的重要性认识阶段,即了解物流成本的实际情况。

②物流的成本核算阶段,即了解和解决物流活动中存在的问题。

③物流的成本管理阶段,即标准成本管理和预算管理。

④物流的效益评估阶段,即评估物流对企业效益的贡献程度。

⑤物流的盈亏分析阶段,即对物流系统的变化或做出模拟模型。

现在多数企业还没有达到第4阶段和第5阶段。然而,相较而言,中外运的差距是明显的,不但物流成本的计算方法不完善,既不能充分反映企业物流成本的实际状况,也不能切实、有效地掌握物流成本;对于物流成本是什么还十分模糊,弄不清物流成本与制造成本、物流成本与销售成本的对应关系。此外,在物流成本中还混有物流部门根本无法控制的成本。物流成本计算中的差别体现出企业管理水平程度。由于我们对物流成本的核算全部按发生成本计算,而在国外企业的成本核算中,产品在库存中就占用了资金,造成库存的持有成本。如他们会对某产品库存设定标准,即该产品只能在仓库中放置2周,超过2周就转化为机会成本,须折算成库存持有成本。由此,控制和降低库存成本对企业而言意义重大。计算物流成本的目的不单是了解和分析成本构成,更重要的是把物流成本视作资源而加以控制和运用。为了有效降低物流成本并进而达到控制和运用物流成本的目的,有必要建立以物流活动整体为对象、按物流功能计算物流成本的财务会计方法。这里构成物流成本的财务数据是可以共同使用的基本财务数据。因此,建立物流成本管理体系既是控制库存,又是促进库存周转,从而达到降低物流成本的目的。

2)加快建立信息化平台

物流管理的核心就是物流信息的管理。现代物流区别于传统物流的关键在于信息化和网络化。物流信息系统是以计算机和网络通信设施为基础,以系统思想为主导建立起来的,为了进行物流计划、操作和控制而提供相关信息及为业务人员提供操作便利的人员、设备和过程相互作用的结构体。物流信息系统是企业信息系统的一个子系统。

物流信息系统的建设决定信息传递效率,而信息传递效率直接影响物流中心的服务水平,物流中心的服务水平又决定了企业的竞争优势。就企业而言,物流信息系统建设可分以下两个阶段。

(1)内部信息系统建设阶段

该阶段主要任务是实现内部信息的动态管理和外部有限信息共享。具体地说,就是针对物流中心的各项作业和各项事务管理,建立完善的信息处理系统、管理支持系统、办公自动化系统和决策支持系统;同时,为外部客户提供简单的查询服务支持,并预留信息系统的拓展空间,以利于物流中心整个商务网络信息系统的建立。

(2)物流中心商务网络信息系统建设阶段

该阶段主要任务是将信息系统延伸到所有合作伙伴,并建立电子商务平台,为上游和下游客户提供完整的服务,如网上查询、网上报价、网上交易及网上支付等功能。这是以物流中心为核心,建立一条现代物流供应链的重要阶段。

这里需要强调的是,信息化建设必须与业务流程优化组合在一起才能产生良好的效果,即业务流程的梳理是为提高管理的整体有效性,而信息化提高的是效率,只有当有效性和效率两者同时提高,企业管理才能真正上台阶,企业才能持续发展。

3）建立物流配送规划体系

物流配送是现代物流管理中综合若干功能要素的一种活动形式。它是在一定区域范围内，根据用户要求，对产品进行挑选、加工、包装、分割、组配等作业，并按时送达指定地点的物流活动。以制造业为例，生产过程中加工产品的时间仅占5%左右，而物流时间竟然占到90%以上，其中物流配送的时间约占70%。因此，很大一部分生产成本和资源消耗在物流和物流配送过程之中。物流配送质量优劣和配送合理性直接关系到生产组织进程的良好运作和市场营销服务的整体水平。就机械制造企业而言，物流配送系统是物流中心管理体系中最重要的环节之一。它由内、外两大部分组成，即：①面向各装配车间和各制造分厂的物流配送，包括供应商的配送管理。②面向市场客户（配套单位）和配售中心的配送管理。

当前，如何运用现代物流和供应链管理的理念、方法与技术科学、合理地规划日益庞大的供应配送体系，将企业的内、外物流按有序、高效、规范地运行，已经显得非常重要。物流配送规划主要包含物流配送需求计划和物流配送系统——系列标准规范及其考核评价指标体系的制定，如物流配送系统技术标准、物流配送系统工作标准、物流配送系统质量管理标准和物流配送系统绩效评价标准及系统软件标准等。具体来讲，建立物流配送规划体系就是对内部系统主要做到按生产计划定时、定量、定车、定工位的配送制度和对外部市场主要做到按时、定量、定路线、定方式的配送管理。从中不难看出，物流配送规划体系的建立不仅是物流中心的事，还与企业的生产、采购、销售等部门密切相关，是一个有机整体。因此，物流配送规划体系的建立是衡量企业现代物流管理规范的重要标志，也是企业物流迈向高效发展的重要基础。

同时，由于物流相对于行业的不同，其经营方式和物流优势也大不相同。在国内第三方物流市场尚不成熟，操作、标准和制度还不够规范，第三方物流企业的规模还非常有限的情况下，从企业实际出发，选择以内部物流自营及外部物流以外包为主的自营和外包相结合的物流经营战略，是目前物流管理的最佳选择。

3.2　实施路径

中外运始建于1950年，是一个以运输和仓储为主，全面发展的，实行跨地区、跨行业和跨国经营的大型企业集团，是国务院批准的120家大型试点企业集团之一。历经半个世纪的开拓和发展，中外运在国内外拥有完善的业务经营网络，国内数百家分支机构和合营企业，几乎遍布中国的每一个城市，在海外有数十家代表处及独资、合资企业，业务范围涉及综合物流服务、货运代理、海洋运输、船务代理、航空货运、航空快件、铁路运输、汽车运输、多式联运、仓储服务等诸多领域。

中国外运股份有限公司是中外运控股的专业从事综合物流服务的供应商，致力于为客户提供专业的供应链管理方案，最大限度地降低客户的物流成本，提升存货效率，确保货物及物料能够通过客户的供应链有效流通。

①从企业行为来看,战略联盟是一种战略性的、稳定的、长期的合作关系。战略联盟的形成不是为了谋取短期的利益,也不会因某项任务的下达而结盟,因任务的结束而终止,而是为了整体的、战略性的、远见性的、双赢的目标而结成的紧密关系,同时战略联盟成员通过相互学习、审时度势,动态地调整契约来适应环境变化。

②从联盟企业的关系来看,战略联盟是一种平等的、相互独立的关系,联盟成员之间不存在相互控制、相互隶属的关系,因此,运输企业战略联盟是解决当前运输市场现状最有效的资源整合形式。

③从组织架构的构建来看,针对中外运公司车辆空载率的问题,关键应从管理方面入手,首先就是对中外运公司组织架构的现状进行认真剖析,找出问题所在,并深入分析问题产生的原因。针对公路货物运输企业运力资源整合特点,中外运组织优化架构图,采用战略联盟的业务运作管理组织,结构分运作管理层、运作支撑层、业务服务层 3 个层次。对比中外运总公司组织结构图,重组设立了一系列专业子公司及平台公司,为促进区域协作、以解决方案带动全局的布局提供了组织保障。

④在物流系统标准化设计中,业务流程举足轻重,运转顺畅、效率高的运输作业流程能够保证运输过程中车辆货物安全、单据齐备、费用明确、货物的可控性和货物交接的准确性,因此,在此设计联盟的业务流程下,保证联盟业务高效运作。

⑤运输管理部负责日常的运力审核与调度过程中的监控管理,与运力资源平台的日常管理和维护。在市场需求波动的情况下,交通运输部根据运力资源平台上各运输公司的闲置运力情况对运输订单实施调度,上传指令,并对分公司实施监控考核。

⑥建立物流管理信息系统。该系统的后台管理部分分为 7 个子系统:用户管理子系统、物流信息发布子系统、物流交易管理子系统、物流企业管理子系统、物流客户管理子系统、行业信息发布子系统、平台管理子系统。其中,用户管理子系统实现用户的注册、审批和个性化服务等功能;物流信息发布子系统实现各类物流信息(货源、车源、专线等)的发布、管理和检索功能;物流交易管理子系统实现物流交易的对口分析、磋商及确认等功能;物流企业管理子系统实现物流企业的业务登记、路线管理和网上交易等功能;物流客户管理子系统实现客户订单查询、跟踪和物流服务反馈等功能;行业信息发布子系统用于发布新闻、行业法规等知识内容;平台管理子系统负责对系统的运营提供支撑管理。前台用户部分则包括注册用户信息、修改用户信息、根据不同用户类型提供服务请求。

现代物流信息平台的设计开发,将充分利用京津冀地区乃至全国的物流资源,形成物流信息平台化管理。

3.3　发展目标

物流信息平台系统的设计目标是实现行业资源交互和共享。发挥物流行业的整体优势。它的作用将体现在以下方面：保证货物运送的准时性、提高交货的可靠性、提高对用户需求的响应性、提高资源配置的合理性。建立物流公共信息平台，实现信息资源的充分共享和交换，是当前物流信息化的核心与关键，也是物流企业信息化发展的客观要求。本物流公共信息平台的总体目标如下。

（1）物流信息资源优化管理

实现物流信息的高效管理、业务流程重组和运输过程中的人、车、货、客户的有效协调和管理，同时可以为地方政府管理决策部门提供良好的信息管理。

（2）先进信息技术的应用

通过各种高科技手段加快物流速度，降低物流成本，提高物流管理水平和服务质量。

（3）提高现代物流管理意识

发布行业动态，让用户及时了解行业信息。宣传平台制度，促进物流企业合法经营、绿色经营。提供现代物流管理创新理念，改革管理方法，提高物流管理效率。

3.4　本章小结

本章通过对此次方案设计的安排，基于中外运出现的一系列运力资源浪费问题，最终建立了"一核三翼"的创新物流系统模式：坚持仓储、配送、组织架构三位一体为核心的物流理念。创建"三翼"的物流运力资源合理运用的格局，构建现代物流管理体系，建立和完善物流成本管理体系，加快建立信息化平台。

第三篇　策略篇

第4章 组织结构及业务流程优化

4.1 组织结构优化方案

4.1.1 中外运物流现有组织结构

针对中外运公司车辆空载率的问题,关键应从管理方面入手,首先就是对中外运公司组织架构的现状进行认真剖析,找出问题所在,并深入分析问题产生的原因。

中外运组织结构如图4-1所示。

中国外运物流华北公司组织架构图

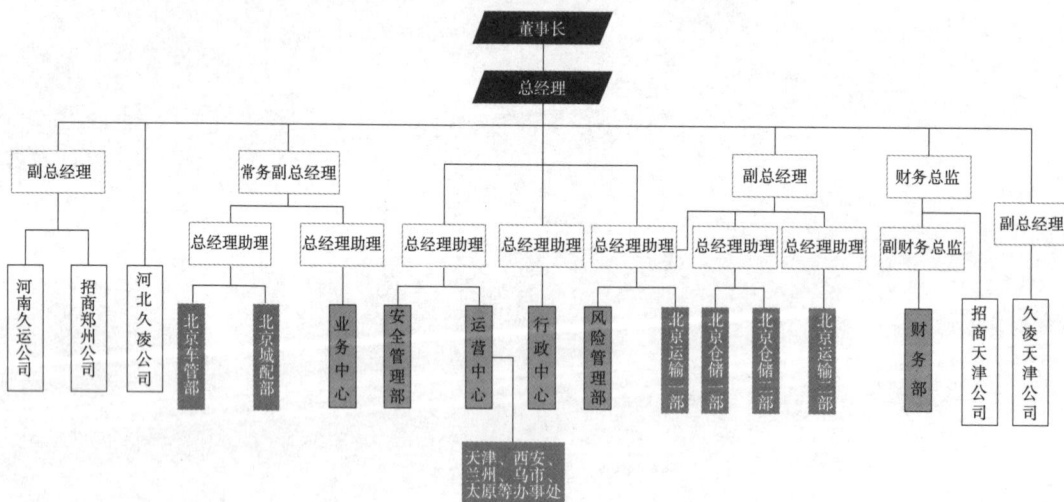

图4-1 中外运组织结构

4.1.2　现有组织结构弊端

根据图 4-1 可以看出,中国外运物流华北公司的组织架构采用的直线职能制。而这种构架虽然保证了企业管理体系的集中统一,在各级行政负责人的领导下,充分发挥各专业管理机构的作用。但主要弊端是职能部门之间的协作和配合性较差。职能部门的许多工作要直接向上层领导报告、请示才能处理,这一方面加重了上层领导的工作负担,另一方面也造成办事效率低。因此,必须优化该组织架构以协调各方面的工作,起到沟通作用,从而实现运力资源配置。

4.1.3　组织结构调整

中国外运组织架构优化图(图 4-2)中包含各子公司、风险管理、运输中心等,其中境内子公司包含了区域公司和专业公司。对比中外运总公司组织结构图,重新设立 3 个部门:拓展部、调度部、业务部,并重组设立了一系列专业子公司及平台公司,为促进区域协作、以解决方案带动全局的布局提供了组织保障。

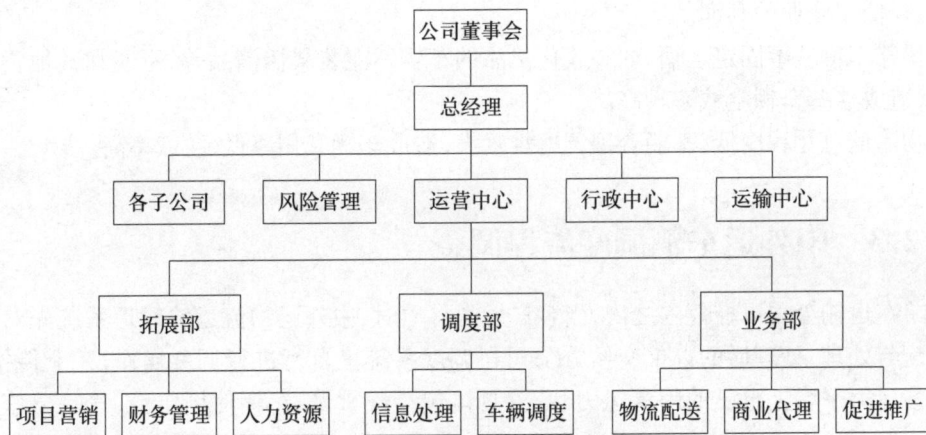

图 4-2　中国外运组织架构优化

4.2　中外运车辆调度优化方案

4.2.1　中外运车辆空载率分析

空载率是代表车辆利用效率的主要指标之一。目前,中外运公司华北区域下属 4 个分公司共拥有自营各类车辆92台,其中,吨车65台,共计运量约为411吨;合作经营车辆28台,共计运量为128吨。中外运公司华北总公司的车辆分配达到88台,主要用于北京市内工厂运输,但北京与天津的相同货物较少,使得车辆空载率较高,主要原因有两点。

①中外运公司现有的物流运输网络结构——"点—点"导致运输组织化程度低、总体效率不高、物流成本居高不下。

②我国物流长期面临多、散、小、乱等问题,真正在运营的车辆只有约60%,空载率达40%以上,这就造成了资源的极大浪费和无效益的尾气排放,增加了运输成本,降低了企业的利润。

4.2.2 现有车辆调度的弊端

①中外运公司对运输车辆的分散管理,容易造成人为单程返空车,如返程或起程空驶、空车无载货行驶、单程空驶,如此一来,既浪费汽车的运力,又增加了道路负担。

②运输方式选择失误,造成未充分利用各种交通运输工具的优势,导致运力闲置和浪费。偶尔也会由于工作人员的失误或计划不周,发现货源不实,货品或数量出现误差,最后运输车辆空去空回,双程空驶,造成了无效益的尾气排放,使运力严重浪费,无端增加了企业的成本,降低了企业的利润。

③特殊车辆从事固定运输,如装载化工品的车辆不能装载快消品等,不能和其他货物穿插运输,造成这些车辆空载率较高。

④物流信息化程度低,车辆合理调配难度大,造成车辆利用率低、空载率高。

4.2.3 中外运车辆调度流程调整

订单在运输公司可控范围之内,当客户发送订单时,中外运物流运输管理系统先对订单进行分配与处理,处理后的订单交给分公司在调度系统里自行进行调度操作,并上传指令,及时更新运力平台上自己的闲置运力状态,具体包括载重量、车辆使用年数、驾驶员信息和车辆状态等。运输管理部负责日常的运力审核、调度过程中的监控管理、与运力资源平台的日常管理和维护。遇到市场需求波动的情况下,交通运输部根据运力资源平台上各运输公司的闲置运力情况对运输订单实施调度,上传指令,并对分公司实施监控考核,如图4-3所示。

4.2.4 调整前后对比

这种调度方式将现在调度与总部调度有机地结合到一起,各取所长,将总部的调度权利下放到分公司。但是调度管理权还在总部手中,总部保留对子公司不合理调度操作的修改权利。当订单在可控范围内时,这种调度模式离运输端较近,可以更多地考虑实际运输情况,提高运输效率,降低运输成本,简化调度流程,避免了信息的过度传输,提高了调度效率。同时避免了各运输公司之间各自为政,使各运输公司之间彼此配合起来,形成一个团结的整

客户	客户	发送订单			
中外运总公司	TMS	订单分配预处理		生成指令	
	交通运输部	运力审核	运力资源平台	监控考核	
中外运分公司	报车系统	上报运力			
	分公司调度		调度		
	FMS系统		运力资源更新	执行	

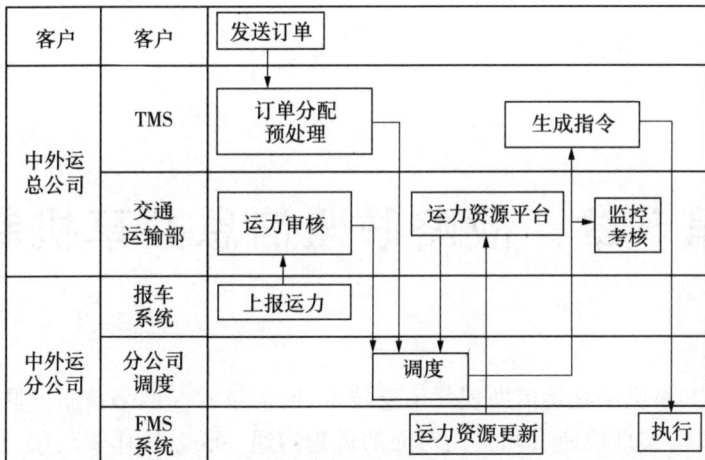

图 4-3　监控考核图

体,减少了总部的工作量。总部根据各分公司在运力资源平台上更新的运力信息进行调度操作,这种综合调度模式既可以缓解部分分公司供大于求,又可以解决部分分公司供不应求的问题。供方的责任明确,便于总部对运输的绩效考核。再者,对于不满意的情况,可以将整个华北地区车辆调度进行集中管理,从而提高运输车辆的装载率,降低运输成本,同时达到客户要求的发运及时率指标。我们通过构建一个物流运输运力调度系统来解决中外运公司目前遇到的调度方法的困难。

4.3　本章小结

优化组织架构必然从优化治理结构走向完善治理机制。公司治理不仅需要一套配套完备、有效的公司治理结构,更需要形成若干超越结构的具体的治理机制,这才是实现科学决策和高效运转的重要保证。

第5章 战略联盟信息共享机制

联盟的信息共享机制就是借助现代信息技术、通信技术和网络技术使联盟各成员企业实现异地协同工作,实现快速、即时、面对面的远程沟通。联盟运作管理层与业务服务层的联系、业务运作各个环节的衔接、资源调度决策的制定与传输都需要通过信息共享沟通来实现。

5.1 信息共享的必要性

(1)信息共享是战略联盟业务顺利开展的前提条件

联盟成员之间的交往活动比联盟前更加频繁,对信息共享程度和传输质量比之前更加严格,企业流程的重组对信息沟通与共享提出更高的要求。联盟成员之间的信息沟通不畅可能会造成更大范围内、更深层次的孤岛,导致业务无法衔接,因此,信息共享是联盟业务正常运作的基础。

(2)信息共享是战略联盟成员企业交流的需要

联盟成员企业构成要素、组织制度、企业文化等各不相同,联盟必须通过构造信息共享平台解决文化冲突、组织知识学习、解决网络故障、保障联盟系统流程正常运转,同时,信息共享可将所有的应用模块及服务集中到一个平台界面,方便各个企业主体快捷查询、获取信息,利用数据挖掘等技术制定决策。

(3)信息共享平台是提高工作效率与质量的保障

信息共享平台可以集成联盟内部各种信息系统,统一的数据来源能降低信息重复录入运作成本,提高数据的一致性和准确性。同时,信息共享平台可实现财务、绩效、收益分配等信息共享,方便联盟管理与监督,提高工作效率与决策公正性。

5.2 信息共享障碍分析

联盟各成员企业由于业务合作,很多信息都需要共享,包括市场需求预测信息、客户信息、资源信息、管理信息等,信息共享有利于降低联盟运作不确定性,促进联盟的业务衔接、资源敏捷调运和有效合理利用。但是,资源共享过程中也可能涉及企业重要机密信息,由于对联盟系统保密性信任程度不同及对其他成员机会主义行为怀疑,导致成员企业在信息共享决策中作出的选择可能不同,基本博弈情况如表 5-1 所示。

表 5-1 基本博弈情况演示表

企业	B 企业		
	决策	共享	不共享
A 企业	共享	(1,1)	(−1,2)
	不共享	(2,−1)	(0.5,0.5)

若联盟成员 A、B 两企业都同意共享,则双方的收益均为 1;若两企业一方同意另一方不同意,这时可能有机会主义现象发生,则同意的一方收益为−1,不同意的一方收益为 2;若 A、B 两企业都不同意,双方均维持原来各自状态,则收益均为 0.5。

用划线法得出此博弈的均衡解为(0.5,0.5)即(不共享,不共享),结果表明,信息共享陷入了"囚徒困境"。

通过信息共享的博弈分析得出结果:由于联盟成员企业间信任度的高低、企业所处的信息优劣势水平、信息共享利益分配不均等都将阻碍企业信息共享的实现,即使联盟采取强制措施迫使成员企业进行信息互换,仍然可能会有虚报信息的发生,因此,如何克服信息共享障碍,保证信息的有效性成为关键性问题。

5.3 信息共享机制研究

通过上节分析可知,信息共享存在各种障碍,如资金、技术、利益、泄密等,影响信息共享的顺利实施,因此,要设计相应的对策激励各成员企业进行信息共享。

(1)构建成员企业间信息交换中间件,实现低成本信息交换

联盟由不同信息化水平的成员企业构成,投入成本建立全新信息管理系统将成为一项

极具风险的投资活动,大量资金的投入也有悖联盟成员加入联盟的初衷,因此,在原有信息系统基础上进行端口设置,建立基于中间件的数据交换,形成基于网络的信息共享平台,既可以满足战略联盟内部各成员的信息传递,实现一体化集成,也可以减少重建信息系统的耗资,是较为折中的信息共享实现方式。

（2）完善信息安全机制,降低信息泄露风险

根据联盟内不同成员企业的类型与业务特点,制定信息的共享级别,对不同企业分配访问权限,使每个成员企业根据自身需要共享特定的信息资源,防止信息泄露。另外,建立严格的信息共享契约,对信息泄露等违反契约行为进行严厉惩处。

（3）健全监督制度,及时评估改进

在信息共享平台实施过程中要建立严格的执行监督机制,及时纠正运行过程中出现的各种问题,同时,定期对信息共享后的效果进行评估,汇总整理出现的问题,分析产生的原因,制订有效的解决措施。

（4）开展信息技术培训,提高信息处理水平

联盟内开展信息技术的学习培训,要求员工能够熟悉掌握信息共享系统的配置参数及操作规范,各成员企业均有专业化技术人员掌握网络通信协议,实时监控信息共享平台的运行情况,及时排除系统故障与危机状况,保障信息共享的安全性。

（5）建立信息共享的激励机制,使考核、收益公平化

完善联盟绩效考核、收益分享、激励等机制,建立长期互信机制,将信息共享作为一项重要指标纳入绩效评价中,激励成员企业进行客户、货源、车辆等资源的共享。

（6）制定统一标准,规范信息流传递

由于各成员企业各自有自己的信息系统,在信息搜集、处理、输出等方面各有特点,在信息共享时会出现信息类型不匹配、格式不相符、方法不一致等问题,因此,要建立统一的信息格式、处理方式等标准和通用的信息变换接口,解决异构问题,使信息平台具有兼容各种系统的能力,以便数据的集成和信息共享。

5.4　本章小结

本章通过对联盟的信息共享机制,使联盟各成员企业实现异地协同工作,实现快速、即时、面对面的远程沟通。联盟运作管理层与业务服务层的联系、业务运作各个环节的衔接、资源调度决策的制定与传输都需要通过信息共享沟通来实现。

第6章 车辆调度优化配置

6.1 车辆调度问题

通常将车辆调度问题(Vehicle Scheduling Problem, VSP)定义为:根据不同的装货点(或)卸货点设计合理的运输路线,使配送车辆在满足一定的约束条件下,如节点需求量、出港量、车辆容量限制、行驶里程限制、时间限制等,达到一定的目标(如运输距离和最短、费用最少、时间最短、使用车辆尽量少等)。1959年,Dantzig和Ramser首次对闭合式VSP网络优化问题展开了研究,由于这类网络优化问题关联多学科知识并与现实管理需求紧密相连,因此,一直是运筹学和组合优化领域的研究热点。

6.2 车辆调度问题的相关理论

运筹学与物流领域相结合的一个主要研究方向就是车辆调度问题。规划车辆的调度路线是物流企业进行组织与配送的重要步骤,进而对物流系统运输成本和配送效率产生直接的影响。因此,本文讨论的城市配送中心车辆调度问题是基于终端节点的区域分布坐标、节点的进港量和出港量、车辆参数、实际路况数据等,以物流系统总成本最小、行驶距离最短、运输时间最少等为优化目标,通过车辆调度的组合,求解出每辆运输车辆的遍历节点坐标和运输线路,达到物流系统总费用最优的目标。

6.3 车辆调度问题的特性

城市配送中心物流系统网络包括快件集散中心、配送车辆和快件组成,其中,快件集散中心是物流系统网络的中枢核心,主要负责对流通的快件进行集散、分拣、建包、分发等操作,配送车辆则负责快件与终端节点之间实现有效的连接,而快件是城市配送中心物流系统网络中的配送对象。城市配送中心作为物流企业极具战略意义的功能性中心,快件包裹需要精确、准时地通过合理的运输方式多频次地配送至各个终端节点,同时,对各个终端节点的出港快件包裹运输到城市配送中心进行集散处理,从而降低企业的运营成本并提高运转效率。因此,城市配送中心运输车辆调度问题主要包含以下特性。

①配送线路的稳定性。在城市配送中心物流系统网络中,配送车辆会按照规划部门的接驳表要求,在规定的时间内从城市配送中心运载快件至终端节点,并且收集终端节点的出港件量返回城市配送中心,非不可抗力的特殊情况出现时,不得调整配送车辆的配送路线。

②配送班次的多频性。城市配送中心的建设通常靠近城市核心区域,以便实现和终端节点的多频次对接,提高配送的效率。而城市配送中心相较于转运中心而言更强调多频次的对接,通常情况下,当日班次分为2到3次。

③配送车辆的往复性。在城市配送中心物流系统网络中,配送车辆的实时路况信息由企业的核心部门进行管理。要求配送车辆在完成快件进港配送任务之后,在指定时间内按照既定的配送线路运载出港快件返回到中心。配送车辆的往复性主要体现在需要同时完成配送线路上各个终端节点的进港、出港配送需求,最后返回城市配送中心。

④配送时限的约束性。城市配送中心物流系统网络有相关的时间约束,快件包裹配送过程中所有环节紧密相连,保证了配送环节从集散、分拣、建包、配送到投递过程的准确性,每个环节都有相应的时间约束和配送时限要求。

6.4 本章小结

车辆调度问题与网络优化问题关联多学科,与现实管理需求是紧密相连的。通过对车辆问题调度相关理论的分析,以及车辆调度问题的特性:配送路线的稳定性,配送班次的多频性,配送车辆的往复性,配送时限的约束性,需要对车辆调度进行优化配置。

第 7 章　KPI 评价指标

7.1　评价指标体系构建的必要性及基本原则

7.1.1　建立评价指标体系的必要性

目前,中外运的仓储建设过程中存在盲目引进智能设备、管理体系不健全、信息化标准体系尚未完善、缺乏专业素养的从业人员等问题,造成仓储安全风险高,严重影响了仓储的提质增效和安全性。因此,急需建立仓储安全品质评价指标体系,及时发现并解决智能仓储建设中存在的问题,提升智能仓储的安全性。

(1)评价体系不完善

目前,中外运仓储项目的建设存在管理体系不健全、信息化标准体系尚未完善这些问题,且不利于我国智能仓储的健康、稳定发展,因此,急需对智能仓储的安全进行评价以保证仓储企业未来的智能化更安全、高效,安全水平将会直接影响仓储智能化建设的效率。通过建立仓储安全评价指标体系,能使智能仓储业发现潜在的安全隐患,重视仓储安全管理,这样才能使智能仓储得以快速、安全发展。

(2)仓储企业方面

对于现代仓储的发展,如果不能客观地评价仓储项目的安全风险,会对企业发展带来重大影响。所以,对于仓储的建设与优化,要格外重视其安全风险,这将有利于实现企业利润的最大化。现代社会,有很多的仓储企业都将建设智能仓储提上了日程,但是,如果对安全化仓储系统的功能没有足够的重视,或者对系统的安全、各种技术指标没有清晰明确的要求,都将影响智能仓储的实现,这也将给企业带来不利影响。

7.1.2 建立智能仓储安全评价指标体系的基本原则

智能仓储安全水平评价指标体系,就是对影响智能仓储安全品质的因素进行识别,并将引起安全风险的复杂因素分解为容易被认识的基本单元。通过不断归纳总结,学习、吸收国内外的优秀安全评价指标体系的建构,完善自身的仓储安全评价指标体系构建的基本原则,从而进一步使智能仓储安全品质的评价达到合理、全面、准确、科学的评价指标。

(1)综合性原则

在仓储安全指标体系建立时,要考虑涵盖全部的智能仓储安全风险因素。若要全面反映出智能安全状况的实际情况,只有依靠一个综合性的仓储安全评价指标体系,这样才能对智能仓储的各项决策做出精准的判断。这样不仅提升了仓储本身的各环节产出效益,而且确保了仓储的健康发展。

(2)科学性原则

遵循科学性原则是选取智能仓储评价指标体系的基础。评价指标体系适用于实践中并进行推广应用,明确地反馈出智能仓储在安全品质方面的优势和不足,为智能仓储的安全发展指明正确的发展方向。

(3)动态性原则

随着现代化的仓储核心技术的不断革新,与之相对应的评价体系的需求也将随之变化。又因为智能仓储安全评价体系涉及多种因素,这些因素是多层次、多领域、多方面的。所以,要做到仓储评价指标能够跟随时代的脚步,与时俱进,就要在仓储评价指标体系的选择上,根据不同时期、不同地域差异、不同项目等各种因素的动态变化来选择与之对应的安全评价指标体系。

(4)可操作性原则

仓储评价指标体系中的指标数据不仅需要有明确的含义,还要注重指标的可操作性和科学性,使评估人员易于接受,选取具有可测性和可比较性的评价指标,能够易于量化。然而就目前现状而言,仓储的安全管理面临着复杂的决策性问题,需要考虑各方面的因素,不同因素,有不同的性质。部分因素是定性的,部分因素是定量的,因此,仓储水平的评价指标是定量和定性相结合的,在评价时,运用数学方法,使评价指标定量化,促使评价结果接近被评价对象的客观实际。

7.2　评价指标体系的设计

依据对"互联网+"背景下智能仓储内涵及智能仓储的特点和构建指标体系的原则建立智能仓储安全评价指标体系。

智能仓储安全评价指标体系包括智能管理、信息技术、安全防护、安全素质、作业设备。

该评价的总体目标是仓储的安全水平,因此,在智能仓储内涵及其特征的基础上,确立了智能仓储安全评价 5 个一级指标,即智能管理、信息技术、安全防护、安全素质、作业设备,具体如图 7-1 所示。

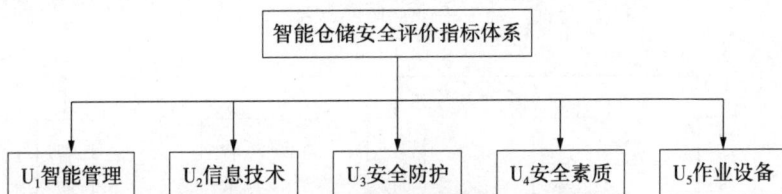

图 7-1　智能仓储安全评价指标体系

将"智能管理"这一级指标划分为入库智能管理能力、库位智能管理能力、出库智能管理能力、库存智能管理能力、货损货差自动报警能力、设备设施日常维护保养、应急事故智能调度管理能力 7 个二级指标,具体如图 7-2 所示。

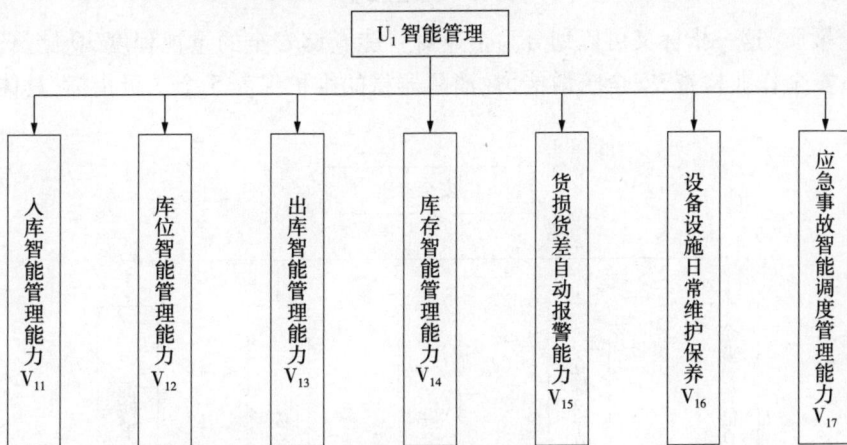

图 7-2　智能管理

"信息技术"这一指标又可以划分为计算机信息技术、数据通信技术、控制技术、物联网技术、仓储管理信息系统 5 个二级指标,具体如图 7-3 所示。

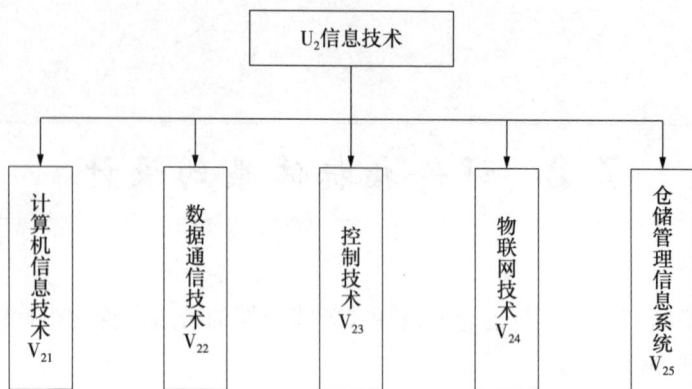

图 7-3　信息技术

"安全防护"这一指标又可以划分为智能病虫害防治能力、智能防汛指标、防漏能力、智能警卫防盗能力、智能防腐防锈能力 5 个二级指标,具体如图 7-4 所示。

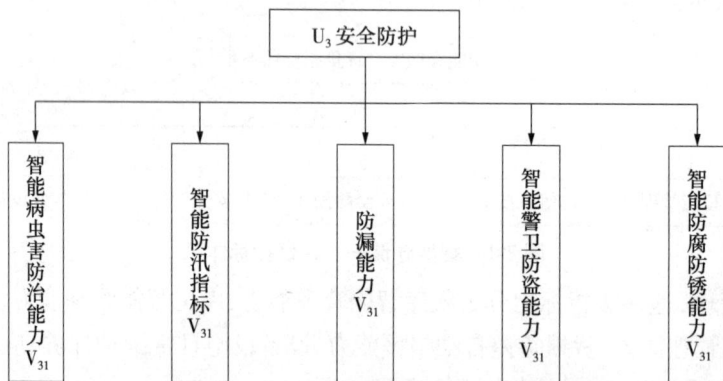

图 7-4　安全防护

"安全素质"这一指标又可以划分为企业对智能仓储安全的重视程度、仓储员工的安全教育水平、安全作业检查、安全疏散能力、消防器材的维护保养 5 个二级指标,具体如图 7-5 所示。

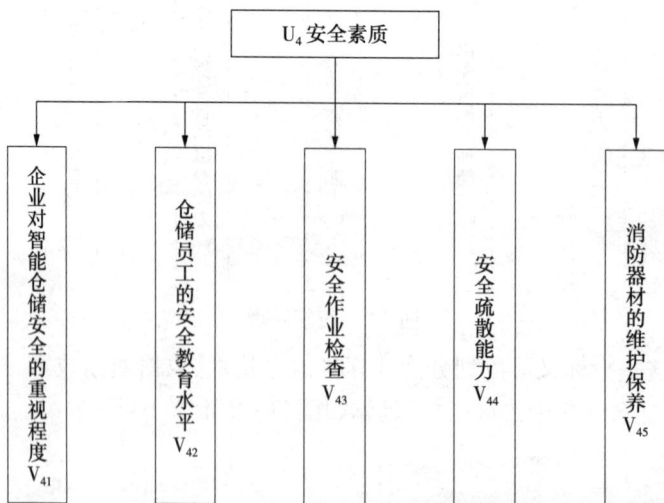

图 7-5　安全素质

"作业设备"这一指标又可以细化为无线电器控制能力、设备损耗自动感知能力、设备故障及时告知能力、全区域可视化监控能力、仓储温湿度的控制能力、劳动防护设备的应用 6 个二级指标，如图 7-6 所示。

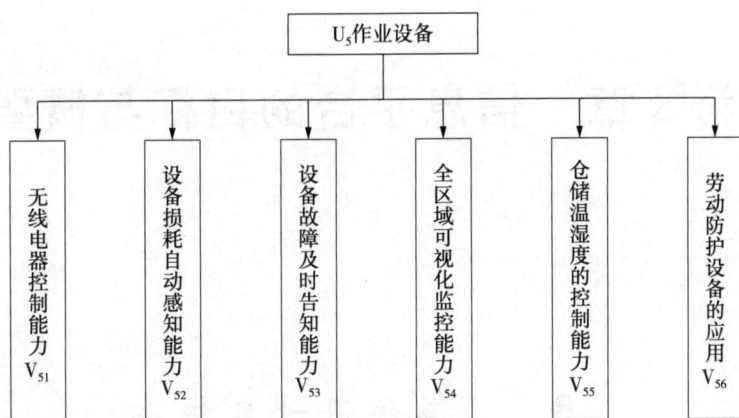

图 7-6 作业设备

7.3 本章小结

本章研究中外运在目前的仓库评价系统中出现的问题，得出了中外运仓库评价更新设计方面的必要性，再结合仓库评价系统的原则、仓库本身所具有的特点得出了中外运仓库评价具体实施的方案，有利于我们从不同的角度、不同的方面分析不同的仓库，可以使评价系统更加科学，促进中外运长久稳定的持续发展。

第8章　信息平台的目标与概要

8.1　系统设计目标

本物流信息平台是基于现代物流业发展的一个公众信息平台,它是中外运下各子公司实现资源共享、信息互通的重要基础保证。通过构筑物流信息平台,支撑现代物流业发展对信息的综合需求,提高子公司的信息化总体水平和综合竞争力。

物流信息平台系统的设计目标是实现行业资源交互和共享,发挥物流行业的整体优势。它的作用主要体现在以下方面:保证货物运送的准时性;提高交货的可靠性;提高对用户需求的响应性;提高资源配置的合理性。建立物流公共信息平台,实现信息资源的充分共享和交换,是当前物流信息化的核心与关键,也是物流企业信息化发展的客观要求。本物流公共信息平台的总体目标如下。

(1)物流信息资源优化管理

实现物流信息的高效管理、业务流程重组和运输过程中的人、车、货、客户的有效协调和管理,同时,可以为地方政府管理决策部门提供良好的信息管理。

(2)先进信息技术的应用

应用各种高科技手段加快物流速度,降低物流成本,提高物流管理水平和服务质量。

(3)提高现代物流管理意识

发布行业动态,让用户及时了解行业信息。宣传平台制度,促进物流企业合法经营、绿色经营。提供现代物流管理创新理念,改革管理方法,提高物流管理效率。

8.2　系统概述

现代物流信息平台的设计开发,将充分利用京津冀地区乃至全国的物流资源,形成物流信息平台化管理,并实现以下主要功能。

①为货主企业提供服务。包括物流运输服务、物流仓储服务、物流加工服务、综合物流服务、物流信息发布服务、网上交易服务、网上跟踪服务。

②为物流企业提供服务。包括业务介绍服务、路线介绍服务、服务介绍服务、物流业务信息服务、网上交易服务等。

③为个人运输提供服务。包括个人业务介绍服务、路线介绍服务、网上交易服务、物流业务信息服务等。

该系统的后台管理部分分为 7 个子系统:用户管理子系统、物流信息发布子系统、物流交易管理子系统、物流企业管理子系统、物流客户管理子系统、行业信息发布子系统、平台管理子系统。其中,用户管理子系统实现用户的注册、审批和个性化服务等功能;物流信息发布子系统实现各类物流信息(货源、车源、专线等)的发布、管理和检索功能;物流交易管理子系统实现物流交易的对口分析、磋商及确认等功能;物流企业管理子系统实现物流企业的业务登记、路线管理和网上交易等功能;物流客户管理子系统实现客户订单查询、跟踪和物流服务反馈等功能;行业信息发布子系统用于发布新闻、行业法规等知识;平台管理子系统负责对系统的运营提供支撑管理。前台用户部分则包括注册用户信息、修改用户信息、根据不同用户类型提供服务请求。

物流信息平台结构如图 8-1 所示。

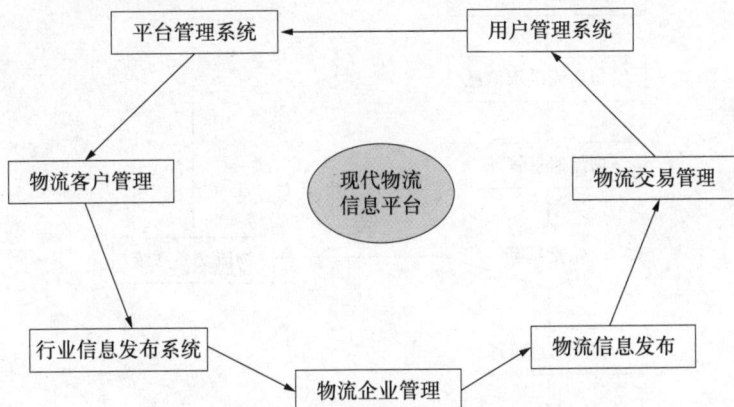

图 8-1　物流信息平台结构

8.3 系统各功能模块分析与设计

下面分别对用户管理、物流信息发布、物流交易管理、物流企业管理、物流客户管理、行业信息发布系统、平台管理等子系统的逻辑功能进行介绍。

8.3.1 用户管理子系统

用户管理子系统主要是完成新用户的注册、审批以及用户邮箱、个性化设置等功能。系统管理员通过该模块对用户进行管理，为系统的安全性提供保障，同时提供用户的个性化服务。本模块主要功能概述如下。

①用户注册：分为单位用户和个人用户。单位用户是具有物流服务的企业用户，而个人用户则是分散性物流需求用户。用户注册的目的是获得平台使用身份及权益保护。

②用户审批：对所有注册用户身份的审查，以保证平台使用者的合法性，从第一层次避免非法用户的注册。同时，设置用户在平台的功能权限。

③个性化设置：提供用户个性化的设置，如界面风格等。

④邮箱服务：提供邮箱注册、邮件提醒及邮件管理通用功能。

⑤短信服务：提供短信通知功能，支持手机短信功能。

用户管理子系统作业流程如图 8-2 所示。

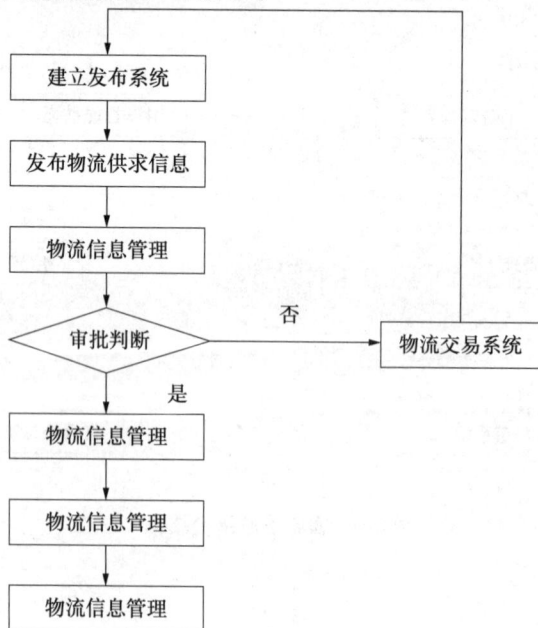

图 8-2 用户管理子系统作业流程

8.3.2　物流信息发布子系统

物流信息发布子系统负责在网上发布物流信息,这些物流信息包括货源、车源和货运专线等,用户方(需要物流服务的实体)在登录网站后,即可提交各种用户所需要的物流服务,系统管理员对服务信息进行统一管理。该模块主要包括物流信息目录管理、物流信息发布、物流信息管理和物流信息检索。

①物流信息目录管理。通过对物流信息的合理分类,在平台主界面上划分不同的信息目录。这样可以便于客户查询和交易。

②物流信息发布。单位及个人用户可以在网上发布物流供求信息。

③物流信息管理。系统管理员对发布的信息进行有效管理。

④物流信息检索。客户快速查询物流信息,便于物流交易。

物流信息发布子系统用例如图 8-3 所示。

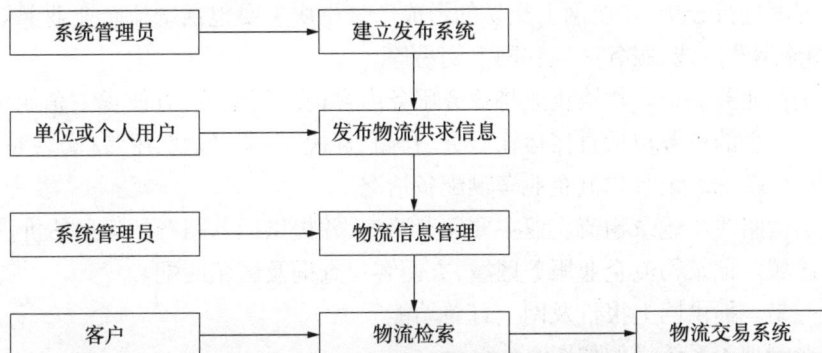

图 8-3　物流信息发布子系统用例

8.3.3　物流交易管理子系统

物流交易管理子系统负责对物流交易过程进行管理,为物流供应商和客户(这里的客户指注册的单位用户和个人用户,作为提供货源的一方)间达成交易提供"桥梁"。该模块主要包括交易对口分析、交易磋商、交易确认、交易跟踪及完结。

①交易对口分析。方便客户快速查询自己所需的物流企业,同时,方便物流供应商快速查询货源信息,以达到供需匹配的功能。

②交易磋商。列出受到关注的交易信息,通过平台提供在线交流功能,方便物流供应商与客户沟通、交易,达到交易快速完成。同时,可以查询历史交易记录,为辅助决策分析功能提供支持。

③交易确认。以电子方式确定双方物流交易,双方应承担交易风险和责任。

④交易跟踪及完结。交易确认后,客户可以随时了解供应商物流运作情况及服务情况,可以网上跟踪和交流。交易完成后做完结处理。

物流交易管理子系统用例如图 8-4 所示。

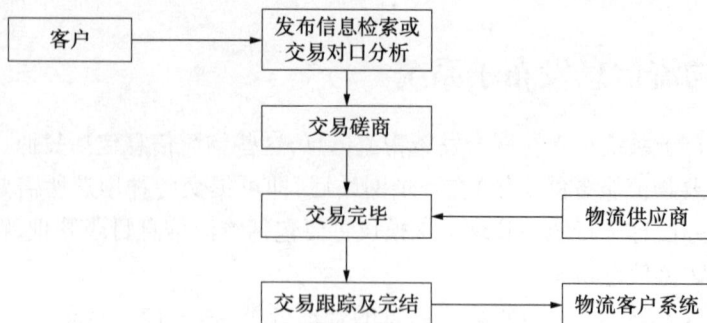

图8-4 物流交易管理子系统用例

8.3.4 物流企业管理子系统

物流企业管理子系统负责对物流企业的各种信息进行管理,便于物流交易相关涉及方对交易对口程度进行分析,促使网上交易的形成。该模块主要包括物流企业业务登记、物流运营车辆、物流运营路线、服务区域和网上交易等。

①物流企业业务登记。物流企业将业务服务内容记录到系统,方便货主企业了解、咨询及网上交易。这里的业务包括直接运输服务、仓储、货代、报关、包装、组装/安装等。

②物流运营车辆。记录物流企业车辆配备情况。

③物流运营路线。记录物流企业主要运营路线,并提供运营路线的运费估价。

④服务区域。记录物流企业服务区域,方便客户查询及区域匹配。

⑤网上交易。提供网上报价及网上订单功能。

物流企业管理子系统用例如图8-5所示。

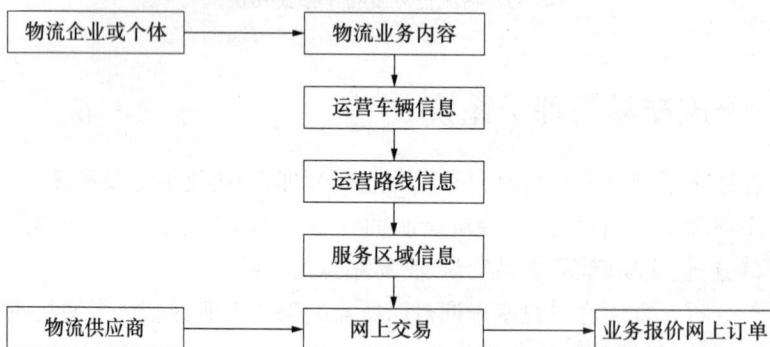

图8-5 物流企业管理子系统用例

8.3.5 物流客户管理子系统

物流客户管理子系统负责对物流过程中客户的各种活动进行管理,这里的客户是指已经进行了合同任务书下单操作的企业或个人。该模块主要包括订单查询及跟踪、物流路线跟踪、物流服务反馈及投诉和物流企业信用评定等。

①订单查询及跟踪:客户可以即时查询网上订单执行情况,并可跟踪订单业务流程处理过程。

②物流路线跟踪:客户可以根据物流供应商提供的当前运营情况,了解货主货物运输路线图及当前车辆方位。(可通过 GPS 系统数据采集来追踪运输路线)。

③物流服务反馈及投诉:客户根据订单完成情况,对物流供应商提出评价。如果对物流供应商态度或业务执行不满意可以网上投诉。

④物流企业信用评定:平台根据物流企业业务投诉情况,对物流企业信用进行评定。信用评定功能有利于物流正当经营,提高网上交易的信任度。

物流客户管理子系统用例如图 8-6 所示。

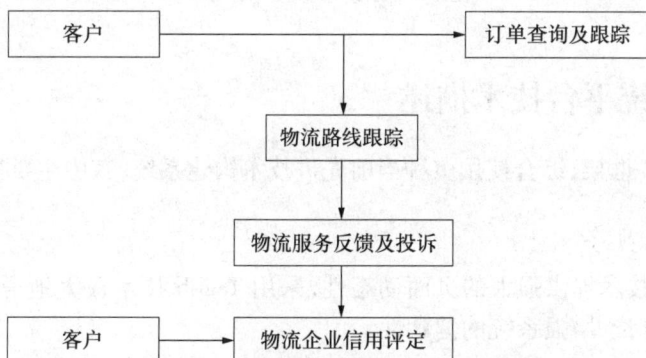

图 8-6 物流客户管理子系统用例

8.3.6 行业信息发布子系统

行业信息发布子系统提供系统平台运营的辅助功能,主要用于发布行业新闻、物流知识、政策法规等,便于提高相关企业的政策法律意识。

8.3.7 平台管理子系统

平台管理子系统主要是系统管理员操作的功能,主要包括系统基本信息维护、系统用户及权限管理、系统日志管理、系统安全监控、系统资源监控等。

8.4 系统平台技术体系设计

系统平台包括界面显示层、业务逻辑显示层和数据存储交换层 3 层架构,其相应的 3 层技术构架如图 8-7 所示。

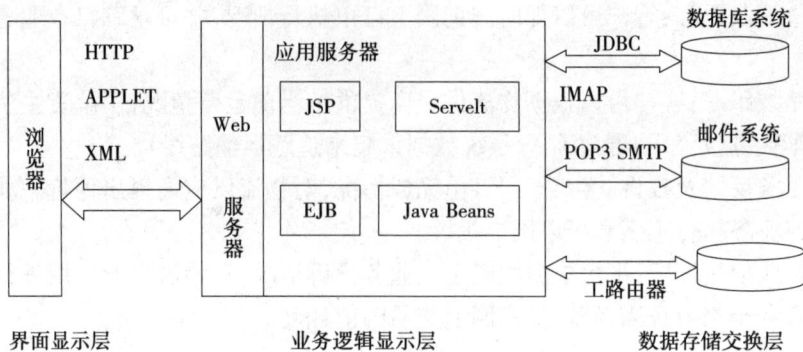

图 8-7　系统总体技术体系

8.4.1　系统平台技术描述

系统采用 J2EE 框架,综合使用多种当前先进技术构建系统,其中主要技术描述如下。

(1)JSP 动态页面

采用 JSP 页面技术提供强大的页面动态性,采用 Taglib 技术极大地增加了代码的可重用性,减少开发工作量,增强系统的健壮性。

(2)MVC 体系

采用 MVC(Model View Controller)体系分离系统的数据和表现,使业务数据和表现可以独立地变更,同时,也使应用的变更和维护变得更为简单;系统采用 Struts MVC 体系,使系统结构独立性更强、更清晰、更灵活,更易于编辑和配置。

(3)Java Bean 技术(组件技术)

系统采用 Java Bean 技术封装应用数据和业务逻辑,使对用户数据的数据库操作可以自动地进行,系统采用组件技术支持工作流的应用扩展,通过插入新的业务逻辑组件,实现工作流应用的任意扩展。

(4)XML 标准化

广泛采用 XML 技术存储数据,交换数据,并支持 XML 数据与数据库、CSV 等多种格式数据间的相互转化,从而为用户提供更为广泛的应用兼容性。

(5)JDBC 标准和数据库连接池

系统通过 JDBC 标准连接数据库,从而不用关注数据库的类型,能很好地屏蔽不同数据库间的差异性。系统设计使用两层缓存连接池,在底层缓存数据库连接,在上层缓存数据库操作对象,从而最大限度地提高数据库访问速度。

(6)IMAP/POP3/SMTP 邮件访问协议

系统邮件访问系统支持多种邮件协议,可以访问任何类型的邮件服务器,通过支持

IMAP 协议,为用户提供更为高效和便捷的邮箱管理能力。

8.4.2 系统安全技术体系描述

系统涉及大量网上物流信息的交易,因此必须确保交易的安全性。系统采用如下机制来确保交易的安全性。

(1)基于 PKI 体系的安全访问机制

平台内建完整的 PKI 安全体系,为用户提供 512 位数字证书的发布、使用和撤销管理,TDynasty 平台提供基于表单域的数字签署和加密,提供高强度的信息安全。PKI 安全体系实现基于以下技术和标准。

①Java Cryptography Extension (JCE)。

②X.509 数字证书标准。

③PKCS7,PKCS12 标准。

(2)CA 系统(数字证书认证中心)

高度安全性的实现,主要针对系统数据的存取和访问控制,包括用户身份验证系统、系统内建 CA 系统,CA 系统为办公自动化系统提供安全、简单、可靠的安全服务,包括系统根证书的生成,系统用户数字证书的发布、撤销,系统数据的加密、解密、签名和验证;采用内建 CA 系统,在新建用户账号时即自动生成用户个人证书。用户在首次登录时获得系统根证书和个人证书,证书安装在客户的浏览器中并采用密码保护,在需要使用用户证书进行数据签名或数据加密时,系统会自动在客户端调用证书实现签名和加密,用户只需要简单地输入证书密码即可安全地签署数据或加密数据。CA 系统和工作流系统无缝集成,可以自定义流程应用中的数据签名加密。

用户安全认证过程如图 8-8 所示。

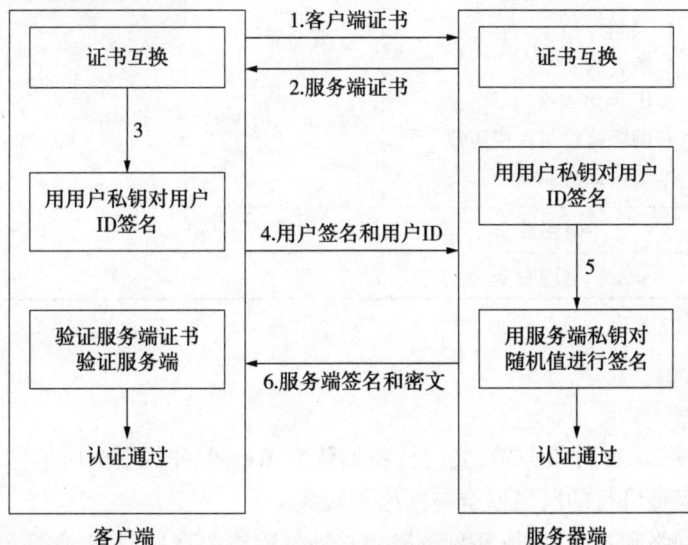

图 8-8 用户安全认证过程

数字签名过程如图 8-9 所示。

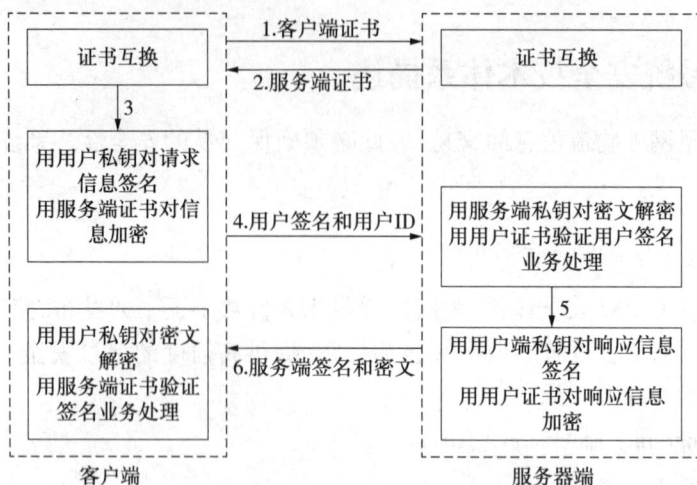

图 8-9 数字签名过程

8.4.3 系统网络安全技术体系描述

按照系统安全策略的要求及风险分析的结果,整个网络安全措施应按系统体系建立,并且系统的总体设计将从各个层次对安全予以考虑,建立完整的行政制度和组织人员安全保障措施。

系统网络安全技术体系见表 8-1。

表 8-1 系统网络安全技术体系

应用与数据安全	1. 身份鉴定 2. 数据传输安全 3. 数据存储安全	安全审计	安全管理
网络安全	1. 网闸 2. 防火墙 3. IP 网络安全 4. 网络监控与入侵防范 5. 网络安全监测		
链路安全			
物理安全			

(1) 网络安全

针对 Web 服务器、邮件服务器的安全,我们认为 Web 服务器安全应该实现以下内容。

①建立一套完整可行的网络安全与网络管理策略。

②将服务器网络和互联网进行隔离,避免与外部网络的直接通信,保证网络结构信息不

外泄。

③限制网上服务请求内容,使非法访问在到达主机前被拒绝。

④加强合法用户的访问认证,同时,将用户的访问权限控制在最低限度。

⑤强化系统备份,实现系统快速恢复。

⑥全面监视对服务器网络的访问,及时发现和拒绝不安全的操作和黑客攻击行为。

⑦加强对各种访问的审计工作,详细记录对网络与主机的访问行为,形成完整的系统日志。

⑧加强网络安全管理,提高系统全体人员的网络安全意识和防范技术。

另外,还应监控网络入侵,通过实时截获网络数据流,寻找网络违规模式和未授权的网络访问尝试。同时,进行网络安全检测,通过使用网络安全检测工具,来检查、报告系统存在的弱点和漏洞。

(2)信息安全

信息安全主要涉及用户身份鉴别、信息传输的安全、信息存储的安全以及对网络传输信息内容的审计等方面,如表8-2所示。

表 8-2 信息安全

信息安全	信息传输安全 (动态安全)		数据 加密	数据完整性鉴别		防抵赖
	信息存储安全 (静态安全)		数据库安全		终端安全	
	信息的防泄密		信息内容审计			
	用户		鉴别		授权	

在网络系统中存储的信息主要包括纯粹的数据信息和各种功能信息(如网络系统数据、应用系统数据。其中,网络系统数据,包括网络设备的配置参数、用户配置等;应用系统数据包括各种应用平台的系统参数等)两大类。对纯粹数据信息的安全保护,以数据库信息的保护最为典型。而对各种功能文件的保护,终端安全很重要。为确保这些数据的安全,在网络信息安全系统的设计中必须包括以下内容。

①数据备份和恢复工具。

②数据访问控制措施。

③用户的身份鉴别与权限控制。

④数据机密性保护措施,如密文存储。

⑤数据完整性保护措施。

⑥防止非法软盘拷贝和硬盘启动。

⑦防病毒。

⑧备份数据的安全保护。

8.5 本章小结

本章的目标是建立一个信息平台，可以实现信息的协同圈，达到资源的充分利用。在充分利用技术和现代信息管理手段的基础之上，我们对系统进行了 7 个部分的设计：用户管理、物流信息发布、物流教育管理、物流企业管理、物流客户管理、行业信息发布、平台管理，并且还有保障实施安全的网络安全技术体系。本章简要说明了行业平台系统的各个组成部分，为后续的实现奠定了基础。

第四篇　保障篇

第9章 车辆调度方法的实现

9.1 车辆调度问题的研究方法

运输车辆调度问题常用的研究方法包括精确求解算法和启发式算法,其中,经典的启发式迭代搜索算法有 Dijkstra 算法、遗传算法、A * 算法、蚁群算法、帝国竞争算法等,本文在城市配送中心车辆调度仿真时应用到了 Dijkstra 算法和遗传算法。现对这两种算法的基本原理进行介绍。

(1) Dijkstra 算法

Dijkstra 算法是 1959 年由荷兰计算机科学家 E. W. Dijkstra 提出的图论中求最短路径的常用算法,根据贪心算法研究单源最短路径问题提出了 Dijkstra 算法,该算法是目前研究最短路径问题里公认的最佳求解方法,算法求解的目标是在由向图中单个起始点到其他任意一个顶点的最短路径问题,其基本的算法思路是每次迭代时始终选择除标记点之外的其他顶点中距离起始点最近的节点作为下一个顶点,可以使求解的路线距离和最短。通过 Dijkstra 计算图论中的最短路线问题时,首先,需要指定一个起始点 S。此外,设定两个集合 S 和 U。集合 S 用来存放已经求解出的最短路线的顶点和相应的最短路线长度,集合 U 则记录还没有遍历的最短路径的顶点和该顶点距离起始点 S 的长度,通过迭代计算直到所有的节点都已经记录完毕后才结束。

(2) 遗传算法

遗传算法最早由 J. Holland 教授研究出来,是一种以达尔文进化论为基础,通过模拟自然界生物进化过程中的自然选择和遗传机制的计算模型,求解的方法仿真了生物进化时不断搜索、迭代直至寻找到最优解的过程。其算法的基本思路是通过对研究的问题进行编码,经过选择算子、交叉算子和变异算子等步骤后,设定其适应度值的模型,使遗传算法中较优的种群以指数级速度进行保留增长,符合了迭代搜索最优解的过程,保证了遗传算法求解到全局最优解的可能性。

通常情况下，遗传算法的求解过程是从研究问题的潜在解集出发，初始随机选择一个种群，参照自然界进化机制中的优胜劣汰、适者生存，通过不断地迭代，寻找更优的可行解，寻优的过程中需要根据适应度函数值来评比染色体的优劣性，然后，对其选择以后经过基因交叉、基因变异等步骤后产生一个新的染色体。在算法迭代运算之前，需要将研究问题按照编码规则转化为由基因按照一定排列组合的染色体，而染色体是遗传算法迭代搜索最优解的基本载体。

9.2　问题描述与假设

根据车辆调度问题的基本概念，将中外运车辆调度问题概括为：在满足一系列约束条件（运输车辆最大载容量限制、车辆运输成本、运输车辆数目等）的基础上，根据各终端节点的经纬度坐标、进港需求量、运输车辆数目等数据，使城市配送中心配送车辆从中心点出发，依次遍历终端节点后返回城市配送中心，并合理规划配送车辆的行驶路线，最终实现车辆运输成本最小化以及配送车辆行驶总距离最短的目标。结合物流企业实际调度问题，作出以下几点假设。

①假设城市配送中心的快件集散、分拣、建包、组织配送等物流活动符合运作规则。暂不考虑时间窗的约束条件，也不考虑因快件堆积产生的库存费用、装卸费用等。

②假设所有城市配送中心配送车辆从中心点出发，并且遍历所有节点之后返回城市配送中心。每个终端节点均被服务且仅服务一次，恰好有一辆配送车辆到达/离开一个终端节点，不会产生迂回路线。

③假设已知所有终端节点的快件进港量数据，城市配送中心与所有终端节点之间的配送路线可通行，而且终端节点之间的距离矩阵已计算。同时，假设每个终端节点的进港需求量必须小于配送车辆的最大载容量限制，且每个终端节点至多由一辆配送车辆完成快件配送任务。

④假设所有配送车辆都具有相同的运载容量限制。每条快件运输路线上所有终端节点的装载量之和不大于车辆的运载容量限制，如果配送车辆的剩余载容量不能完成下一个终端节点的需求量运载时，配送车辆不会给其提供服务，必须返回城市配送中心，由其他配送车辆完成该终端节点的配送服务。

9.3　符号定义

根据车辆调度问题描述与假设，本文设定模型的决策变量和参数定义如下。

定义决策变量：

$$X_{ij}^k \begin{cases} 1,\text{配送中心 } i \text{ 与终端节点 } j \text{ 之间有路由规划且服务车辆为 } k。\\ 0,\text{无。} \end{cases}$$

$$Z_k \begin{cases} 1,\text{配送车辆 } k \text{ 至少访问一个城市点。}\\ 0,\text{无。} \end{cases}$$

模型参数：

终端节点结合：$N = \{1,2,\cdots,n\}$，n 指代终端节点的数量。

起始位置和节点集：$V = \{1,2,\cdots,n\}$，n 其中 0 表示起始点，即城市配送中心。

q_2：表示终端节点 i 的需求量；

Q：表示每辆车的运载容量；

K：表示可使用配送车辆的数量；

C_{ij}：表示城市 i 到城市 j 的运输成本；

W_k：表示配送车辆 k 的启动费用。

9.4 城市配送中心车辆调度问题的算法设计

遗传算法是基于适者生存的自然界原理，通过模拟自然界生物进化机制和遗传机制的计算模型，进行迭代搜索直至寻找到最优解，具有全局性迭代寻优和快速搜索的优点。结合构建的城市配送中心车辆调度模型，将 Dijkstra 算法和遗传算法应用于车辆调度 Agent 仿真以求解决策方案。

1）Dijkstra 算法

Dijkstra 算法首先把图论中的所有节点划分为永久标记节点、临时标记节点和未标记节点 3 类。初始状态时，网络图的所有节点均为未标记节点，在迭代寻优过程中以任一节点为顶点出发，和顶点相连的所有可以遍历的节点即为临时标记节点，下一次迭代循环的过程中即从临时标记节点中搜索距离起始点路径距离之和最小的节点设定为永久标记节点，然后，依次迭代搜索找到所有遍历路线中距离之和最小的路线或者网络图中所有节点成为永久标记节点后结束寻优过程。如图 9-1 所示，假设网络图中的节点 0 为顶点，利用 Dijkstra 算法求解节点 0 的最优路线。

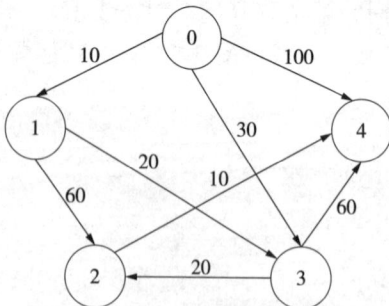

图 9-1 路线的节点网络图

假设每个节点都有一对标号 (w_i, p_j)，用来记录顶点（起始点）到目标节点的最优路线，w_i 表示顶点（起始点）s 到任一个节点 j 的最短路径长度（从顶点到其本身的最短路径是零路,其长度为零),p_j 表示顶点(起始点)s 到节点 j 的最短路径中 j 点的前一节点。因此,Dijkstra 算法通过迭代寻优过程求解顶点(起始点)i 到目标节点 j 的最优路线,算法的运算步骤包括以下几点。

(1)初始化顶点(起始点)

①假设顶点、最短路径长度 $w_i = 0$,p_s 为空;

②所有其他节点的路径长度 $w_i = \infty$,$p_i = s$;

③标记顶点 s,记录所有已标记的节点 $k = s$,并将其他节点设置为未标记节点。

(2)遍历每条路线

检查所有已标记的节点 k 到其直接连接的未标记节点 j 的距离,并设

$$w_j = \min\{w_j, w_k + d_{kj}\}$$

w_j 表示未标记节点 j 的最短路径长度;w_k 指已标记节点 k 的最短路径长度;d_{kj} 指从节点 k 到节点 j 的连接距离。

(3)选择下一个节点

从未标记的所有节点中,选择具有最小路径长度的标记节点 i,即 $w_i = \min w_j$(所有未标记的节点 j 中最小的),设置节点 i 作为最短路径中的点,并设为已标记的点。

(4)找到节点 i 的先前点

从已标记的节点中找到直接连接到节点 i 的点 j,作为先前点,设置 $i=j$。

(5)标记节点 i

如果标记了所有的节点,则运用 Dijkstra 算法求解出最短路径,求解的详细步骤如表 9-1 所示;若 $k = i$,则返回执行步骤(2)迭代寻优。

表 9-1 Dijkstra 算法求解最短路径过程

循环	节点集 s	标记节点数 k	节点 0 到 1 的距离 $D\{1\}$	节点 0 到 2 的距离 $D\{2\}$	节点 0 到 3 的距离 $D\{3\}$	节点 0 到 4 的距离 $D\{4\}$
初始	{0}	—	10	∞	30	100
1	{0,1}	1	10	70	30	100
2	{0,1,3}	3	10	70	30	90
3	{0,1,3,2}	2	10	50	30	60
4	{0,1,3,2,4}	4	10	50	30	60

2)遗传算法

①编码规则:采用整数编码。令 0 表示城市配送中心,1,2,3…,n 表示 n 个终端节点

数。编码时,将"0"插入染色体的头部和尾部,如"01230"表示车辆从城市配送中心出发,依次经过终端节点1、终端节点2和终端节点3后并返回城市配送中心。如图9-2所示染色体表示的具体车辆调度方案为:第一辆车按顺序从城市配送中心出发依次遍历节点2,19,14,11,18,3后返回城市配送中心,第二辆车按顺序遍历节点23,15,17,10,8,6,13,第三辆车按顺序遍历节点22,16,4,12,20,第四辆车按顺序遍历节点5,1,7,9,21。

染色体编码规则如图9-2所示。

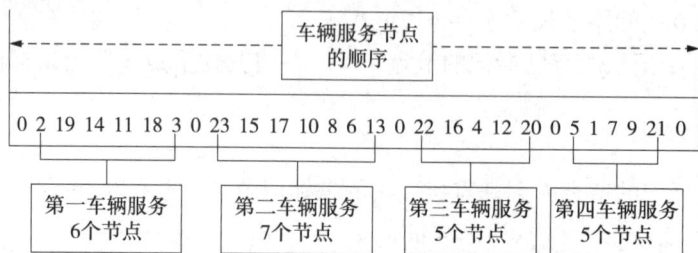

图9-2 染色体编码规则

②适应度函数:衡量种群中染色体的优劣性是通过适应度函数值来计算,是遗传算法模拟生物进化的过程。由基因序列组成的染色体表示配送车辆的行驶路线,结合车辆调度模型,设定不同的约束条件下求解配送车辆的调度方案和目标函数值,本章节设定车辆总运输成本最小化作为目标函数 $f(x)$,设定线性公式作为适应度函数值。

$$F(x) = k[f(x)]^{-\ln[f(x)]}$$

式中,k 为设定的参数值;x 为种群的一个个体,$f(x)$ 为 x 的目标函数值,动态线性公式函数 $F(x)$ 能够均衡算法的广义搜索与局域搜索能力。

③选择算子:是模拟"优胜劣汰、适者生存"的自然界进化过程,是遗传算法中种群对个体适应性的判断方法,具体表现为种群中的个体求同的特性,按照指定的选择策略从父代中挑选部分个体存活下来,其余的则淘汰。本文采用的是最优个体保留策略,即将当前种群中最优的染色体按一定比例复制给下一代。然后,通过轮盘赌选择策略,计算每条染色体的适应度值确定其生存的概率。

④交叉算子:是模拟自然界生物进化过程的核心手段,通过把两个父体的部分结构进行重组以产生新的染色体。本文采用顺序交叉法,随机选择两条父代染色体,每条染色体上选择相同的一段基因,然后生成一个子代,保证子代中被选中的基因位置与父代选择的位置相同,然后,找出子代中的基因在另一个父代中的位置,再将其余的基因按照顺序交叉法依次放入生成的子代中,另一个子代的生成过程相同,具体如图9-3所示。

⑤变异算子:随机选择染色体中的两个非基因,即对换变异,对两条不同车辆路径的遍历节点进行位置对换,具体的变异示例如图9-4所示。

⑥终止准则:遗传算法迭代寻优的过程是基于随机的并行搜索求解,当最优个体的适应度值不再变化时,为了适时地结束遗传算法的迭代求解过程,本文预先设定迭代的次数,当迭代次数达到预设值时,作为遗传算法的终止准则。

1	2	3	4	5	6	7	8	9
2	7	4	9	1	3	6	2	8

	2			5	6	7	8
	7		9	1		2	8

交叉结果

7	9	3	4	5	6	1	2	8
2	5	4	9	1	3	7	8

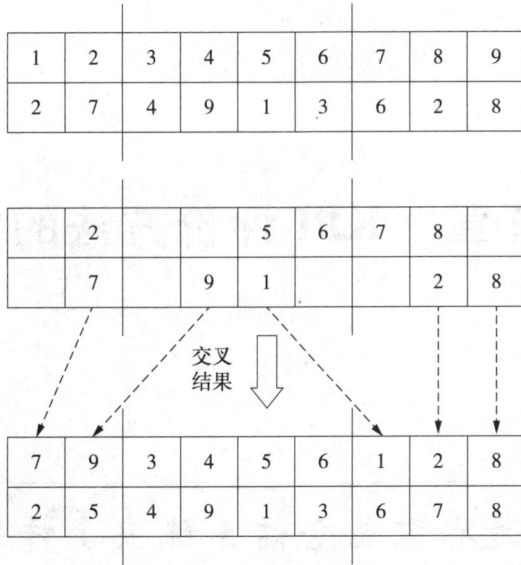

图 9-3　染色体交叉算子

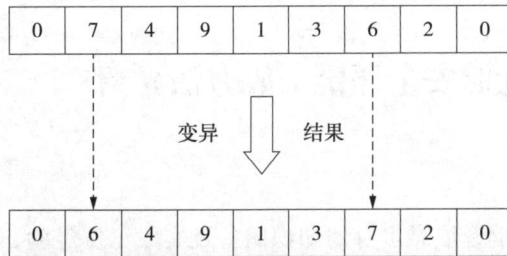

0	7	4	9	1	3	6	2	0

变异　结果

0	6	4	9	1	3	7	2	0

图 9-4　染色体变异算子

9.5　本章小结

本章在城市配送中心车辆调度问题上应用 Dijkstra 算法和遗传算法。对车辆调度算法进行解释,根据各终端节点的经纬度坐标、进港需求量、运输车辆数目等数据,使城市配送中心配送车辆从中心点出发,依次遍历终端节点后返回城市配送中心,并合理规划配送车辆的行驶路线,最终实现车辆运输成本最小化以及配送车辆行驶总距离最短的目标。通过模拟自然界生物进化机制和遗传机制的计算模型,进行迭代搜索,直至寻找到最优解。

第 10 章　KPI 评价方法的实现

10.1　选取智能仓储系统安全评价方法

10.1.1　智能仓储安全评价一般方法介绍

(1) 专家评分法

专家评分法是专家、学者依靠自身的知识储备及实践工作经验,对某智能仓储安全评价问题进行分析、研究时,分析智能仓储各安全评价指标设置的合理性,然后,结合智能仓储安全评价指标的实际情况,对其给予相应的分数。

在给评价对象打分时,通常选择十分制打分法。其中,满分为 10 分,给出的分值越低则表明专家对该指标的评价越低。此方法适用于评价对象信息数据资料的情况,因此,得到的评价结果容易出现偏差,并且需要专家多次对安全进行评估。

(2) 作业条件危险性评价法

美国安全专家 K.J. 格雷厄姆和 G.F. 金尼认为影响作业条件危险性的主要因素有 3 个。

第一个是发生安全事故或危险事件的可能性;第二个是暴露于这种危险事件的情况;第三个是安全事故一旦发生可能产生的后果。用公式来表示,为 $D = LEC$。

在上式中,D 为作业条件的危险性;L 为安全事故或危险发生的可能性;E 为暴露于危险事件情况的频率;C 为发生安全事故或危险事件的可能后果。

作业条件危险性评价法主要是评价人们在某种具有潜在危险的仓储作业环境中进行日常作业的危险程度,此方法简单易行,对作业危险程度的级别划分比较清楚、明晰。由于该方法是根据以往的知识、工作经验来确定 3 个作业条件危险性因素的分值及划分其危险程度等级的,所以它具有一定的局限性,客观准确性不足,同时,它是对一种作业的部分评价,故不能普遍适用综合的系统评价。

（3）层次分析法

层次分析法将复杂的多目标决策问题作为一个系统，对评价对象、评价指标的权重有效确定。该方法可以针对具体的安全问题对众多研究对象进行优先排序，来帮助仓储企业决策者找到其中最科学的解决方案。首先，在足够知晓评价对象的基础上，构建各层安全评价指标内部相互独立的递阶层次结构；接着，采用两两比较原理，分析各安全指标因素之间的相对重要性水平，来构造出详细的判断矩阵内容；最终，通过运用相应的数学计算求出被评价对象安全因素的权重。该方法主要适用于多目标、多准则、多因素、难以整个量化的仓储安全评价，其局限性是当安全评价指标较多时，易造成评价专家判断的混乱。

（4）模糊综合评价法

模糊综合评价法是一种定量分析方法，运用模糊数学理论，选取隶属度理论分析被评价对象的相互关系，重点强调元素之间的实际联系。评价时，需要根据"互联网+"背景下智能仓储的内涵、特点确定评语集，然后确定安全评价指标权重，且以一个要素为基础，确定要素之间的影响关系，从而决定各要素从属的评语集，以此为依据来构造模糊关系矩阵，之后处理分析所得的全部数据信息。它在解决模糊且难以量化描述的评价变量时，能够充分发挥其优势，但其依旧凭借专家评价来获得各评价元素相对于模糊关系的从属性不够客观，具有一定的主观性。

G-ANP 方法可以在对安全指标评价时，能够对已有的白化信息充分利用，从而减少人为误差。G-ANP 方法不但可以用于评定、评价研究对象的等级，还能根据其灰色综合评价值进行排序选优。同时，运用 G-ANP 方法能够使研究者在利用评价研究对象的已知信息的基础上来构建白化函数，从而客观反映复杂系统之间的内在结构，评价结果的可信度更高。

10.1.2　智能仓储系统安全品质评价方法的选取

每种智能仓储系统安全评价方法都有其优点和不足，在安全评价领域较多采用层次分析法和模糊综合评价法对仓储安全进行评价。但层次分析法在处理复杂问题时存在局限性，它要求各评价元素之间必须相互独立，这限制了它的适用范围。而模糊综合评价法的计算过程过于简单，导致其在运算过程中，丢失了有效的信息，最终让评价结论的可靠性不佳。中外运的智能仓储建设相对不完善，基础资料较匮乏，而在"互联网+"的背景下智能仓储系统愈发复杂，所以在选择安全评价指标时，不宜采取定量分析的方法。网络分析法能综合考虑被评价系统元素之间的相互关系，相对于层次分析法而言，它能够更加客观地描述被研究的问题。

在"互联网+"背景下，以移动互联网、大数据、物联网等为代表的新思维、新技术、新模式被运用到智能仓储中，虽促进了仓储业蓬勃发展但也使智能仓储系统安全评价过程变得十分复杂。首先，需要在大量的调查、分析、研究评价对象的基础上，充分知晓智能仓储的特点，且对其进行详细具体的分析，选择恰当的评价方法。

同时，智能仓储安全评价是一个多层次、多目标的评价问题。在对智能仓储进行安全评价时,会受到评价者个人的知识结构、相关经验和对智能仓储认识程度等主观因素影响,这些主观因素使智能仓储安全评价呈现出不确定性这一灰色特征。灰色系统理论着重研究了具有不确定性、小样本、贫信息特性的评价对象,对于智能仓储系统安全评价的研究具有较好的匹配度。

因此,本章提出用 G-ANP 方法,对智能仓储系统安全品质进行评价。

10.2 基于 G-ANP 的智能仓储安全评价模型

(1)构建评价指标集

确定智能仓储安全品质一级评价指标集,将其分为 N 个子集,第 i 个子集为 $U_i = \{U_{i1}, U_{i2}, \cdots, U_{in}\}, (i = 1, 2, \cdots, N)$

(2)确定评语集

评语集是评价专家对各安全评价指标给出的评语集合,在构建评语集时,需要确定评价等级域 $V = (V_1, V_2, \cdots, V_q)$。其中,$V_1$ 表示第 1 个评价级别;q 表示评价等级数。

(3)构建智能仓储的 G-ANP 模型

根据第 7 章确定的智能安全评价指标体系,构建智能仓储安全评价模型。在模型中,评价目标为控制层,网络层为智能管理、信息技术、安全防护、安全素质、作业设备 5 个元素集,如图 10-1 所示。

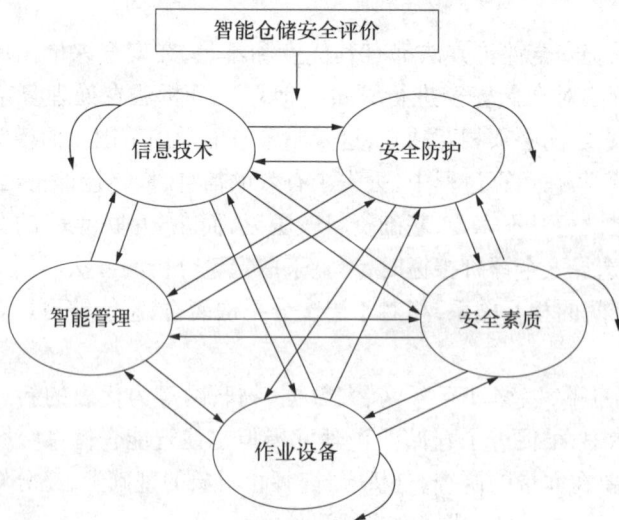

图 10-1　智能仓储安全评价的 G-ANP 结构模型

在安全评价模型构建之后,首先,需要对各级安全评价指标之间的相互关系进行判断,确定具有相互影响关系的安全评价指标,然后,计算智能仓储安全评价指标权重。通过构建如表10-1所示的安全评价因素影响关系表,逐个分析指标影响因素同被影响因素之间的相互关系,并对其进行标注。

表 10-1　智能仓储安全评价因素影响关系表

被影响因素			智能管理							信息技术					...
			入库智能管理能力	库位智能管理能力	出库智能管理能力	库存智能管理能力	货损货差自动报警能力	设备设施日常维护保养能力	应急事故智慧调度管理能力	计算机信息技术	数据通信技术	控制技术	物联网技术	仓储管理信息系统	...
影响因素			U_{11}	U_{12}	U_{13}	U_{14}	U_{15}	U_{16}	U_{17}	U_{21}	U_{22}	U_{23}	U_{24}	U_{25}	
智慧管理	入库智能管理能力	U_{11}													
	库位智能管理能力	U_{12}													
	出库智能管理能力	U_{13}													
	库存智能管理能力	U_{14}													
	货损货差自动报警能力	U_{15}													
	设备设施日常维护保养能力	U_{16}													
	应急事故智慧调度管理能力	U_{17}													
信息技术	计算机信息技术	U_{21}													
	数据通信技术	U_{22}													
	控制技术	U_{23}													
	物联网技术	U_{24}													
	仓储管理信息系统	U_{25}													
...															
说明			若元素间存在相互影响关系,则在相应的空格打"√"												

（4）G-ANP 方法确定权重

采用 G-ANP 方法确定安全评价指标权重,按照两两比较原理,判断评价元素之间的相互影响程度,以此构造判断矩阵,并分析、处理所得矩阵,得到无权重的超矩阵网。指标集 U_i 中的元素 $U_{jl}\{l=1,2,\cdots,n\}$ 确定为次准则,U_i 中的各元素对 U_{jl} 的影响程度来确定相应评价数值,即可得如表 10-2 所示的判断矩阵。

表 10-2　判断矩阵

U_{jl}	U_{i1}	U_{i2}	$\cdots$	归一化特征向量
U_{i1}				$W_{i1}^{(jl)}$
U_{i2}				$W_{i2}^{(jl)}$
$\vdots$				$\vdots$
U_{ini}				$W_{in_i}^{(jl)}$

并计算归一化的特征向量（ $W_{i1}^{(jl)}$, $W_{i3}^{(jl)}$ $\cdots$, $W_{in_i}^{(jl)}$ ）。 记 W_{ij} 为:

$$W_{ij}\begin{bmatrix} W_{i1}^{(j1)} & \cdots & W_{i1}^{(jn)_j} \\ \vdots & \ddots & \vdots \\ W_{in_i}^{(j1)} & \cdots & W_{in_i}^{(jn)_j} \end{bmatrix}$$

矩阵 W_{ij} 是列向量 U_j 中元素的影响程度安排序向量。如果 U_j 中元素不受 U_j 中元素影响,则 $W_{ij}=0$。然后获得超矩阵 W。

$$W=\begin{matrix} & 1 \cdots n_1 \ 1 \cdots n_2 \ 1 \cdots n_N \\ \begin{matrix}1\\\vdots\\n_1\\1\\\vdots\\n_2\\1\\\vdots\\n_N\end{matrix} & \begin{bmatrix} W_{11} & W_{12} & \cdots & W_{1N} \\ W_{22} & W_{22} & \cdots & W_{2N} \\ \vdots & \vdots & \vdots & \vdots \\ W_{N1} & W_{N2} & \cdots & W_{NN} \end{bmatrix}\end{matrix}$$

由于 W 为非负矩阵,且其子矩阵 W_{ij} 中是列归一化的向量,而 W 却并不具有该特性,因此,归一化处理 W 中的各列向量,比较 U_i 对评价准则 $U_i(j=1,2,\cdots,N)$ 的重要性,如表 10-3 所示。

表 10-3　超矩阵的列归一化

$C_j C_1$	C_2	C_2	$\cdots$	C_N	归一化的特征向量（排序向量）
C_1					a_{ij}
C_2		$j=1,\cdots,N$			a_{2j}
$\vdots$					$\vdots$
C_N					a_{Nj}

与 U_j 无关的元素族相对应排序向量分值归为零,可得加权矩阵 A。

$$A = \begin{bmatrix} a_{11} & \cdots & a_{1N} \\ \vdots & \ddots & \vdots \\ a_{N1} & \cdots & a_{NN} \end{bmatrix}$$

对超矩阵 W 的元素加权,即 $\overline{W}_{ij} = a_{ij}W_{ij}(i = 1,\cdots,N;j = 1,\cdots,N)$,便能得到超矩阵 $\overline{W} = (\overline{W}_{ij})$。 其列和均为 1,是列随机矩阵。

$\overline{W}_{ij}$ 即为经过加权处理的超矩阵 $\overline{W}_{ij}$ 中的元素,$\overline{W}_{ij}$ 大小反映了元素 i 对元素 j 的优势程度。同时,通过 $\sum\limits_{K=1}^{N} \overline{W}_{ik}\overline{W}_{ki}$ 可以求得 i 对 j 的间接优势度。

当 $\overline{W}^{\infty} = \lim\limits_{t \to \infty} \overline{W}\overline{W}^{\infty} = \lim\limits_{t \to \infty} \overline{W}'$ 存在时,$\overline{W}^{\infty}$ 的第 j 列即为网络层中各元素相对元素 j 的极限排序向量,且列的特征值都为 1 对应的归一化特征向量。

因此,对于内部互相影响的网络结构模型,若其对应的超矩阵极限值存在时,则可以对 $\overline{W}$ 进行多次乘积。若计算求解 $\overline{W}^{\infty}$ 时的每一列值都相当近似,可认为其列向量为特征值 1 所对应的特征向量,便可得各评价指标的相对权重向量。

(5)确定灰色评价矩阵

可以采用以下几个步骤来确立灰色评价矩阵。

①确定评价样本矩阵。

通常,需要由若干位专家组成的评判组来确定评价样本。设有 m 位专家参与了安全评价,可得评价样本矩阵 C:

$$C = \begin{bmatrix} c_{11} & \cdots & c_{1n} \\ \vdots & \ddots & \vdots \\ c_{m1} & \cdots & c_{mn} \end{bmatrix}$$

②确定评价白化函数。

各专家的评价值即为智能仓储安全评价的白化值,为了更直观地反映评价指标所属某类的程度,确定评价灰类的等级数、灰数和白化权函数。

若智能仓储安全评价灰类 t,则 $f(C_{ki})$ 为 t 所对应的白化函数,$f(C_{ki})$ 为评价指标 C_{ki} 在灰类 t 下的白化函数。通常白化函数分为以下 3 种。

a. 上类形态灰数函数,即 $\widehat{\otimes} \in [c1, +oo]$。其定义如下:

$$f_1(C_{ki}) = \begin{cases} \dfrac{C_{ki}}{C_1}, & C_{ki} \in [0, c_1] \\ 1, & C_{ki} \in [C_1, +\infty] \\ 0, & C_{ki} \in [-\infty, 0] \end{cases}$$

b. 中类形态灰数函数,即 $\widehat{\otimes} \in [0, c_1, 2c_1]$。其定义如下:

$$f_2(C_{ki}) = \begin{cases} \dfrac{C_{ki}}{C_1}, & C_{ki} \in [0, C_1] \\ 2 - \dfrac{C_{ki}}{C_1}, & C_{ki} \in [c_1, 2C_1] \\ 0, & C_{ki} \notin [0, 2C_1] \end{cases}$$

c. 下类形态灰数函数，即 $\otimes \in [0, c_1, 2c_1]$。其定义如下：

$$f_3(C_{ki}) = \begin{cases} 1, & C_{ki} \in [0, C_1] \\ \dfrac{C_2 - C_{ki}}{C_2 - C_1} & C_{ki} \in [c_1, 2C_1] \\ 0, & C_{ki} \notin [0, 2C_1] \end{cases}$$

③确定灰色评价矩阵。

采用灰色统计方法，将 C_{ki} 代入白化函数，求得 C_{ki} 从属第 t 类评价等级的权值 $f_t(c_{ki})$。并由此计算得出评价矩阵的灰色统计数 n_{ij} 和总灰色统计数 n_i，如下所示：

$$n_{ij} = \sum_{k=1}^{m} f_i(C_{ki})$$

$$n_i = \sum_{j=1}^{q} n_{ij}$$

由上可得，灰色评价权值 $m_{ij} = \dfrac{n_{ij}}{n_i}$。其中，$m_{ij}$ 表示 m 位专家对第 i 个评价指标属于第 j 个评价级别的认可程度。对灰色评价权值 m_{ij} 进行整理，可得灰色评价矩阵 $\boldsymbol{M}$：

$$\boldsymbol{M} = \begin{bmatrix} M_1 \\ M_2 \\ \cdots \\ M_3 \end{bmatrix} = \begin{bmatrix} m_{11} & m_{12} & \cdots & m_{1q} \\ m_{22} & m_{22} & \cdots & m_{2q} \\ \vdots & \vdots & \vdots & \vdots \\ m_{n1} & m_{n2} & \cdots & m_{nq} \end{bmatrix}$$

（6）综合评价

由 $B_i = W_i * M_i$ 可得，U_i 的灰色评价权向量 B_i。为了计算各位专家对研究对象的智能仓储安全评价指标的打分情况，则需要求出 B_i 之后，对 Z_i 的值进行求解，其中 $Z_i = B_i * V^{\mathrm{T}}$，求得智能仓储安全总体状况的得分值，最后分析评价结果。

此外，若同时存在 m 个被评价项目，可以依据安全评价值 Z 的大小对被评仓储的安全情况进行排序。

10.3　本章小结

本章在分析一般方法的智能仓储安全水平评价基础上，依据智能仓储安全评价指标的相互关联、量化不足及缺乏基础资料等特点，同时，根据智能仓储评价过程呈现出的灰色特征，选取 G-ANP 方法构建了智能仓储安全评价模型，然后详细说明了模型的求解过程。

第 11 章　物流信息平台详细设计与实现

11.1　系统设计策略

本物流信息平台应满足如下设计约束。

①应该保证系统不仅能在局域网上而且能在互联网上运行。

②应该保证系统具有较高的可扩展性,将来可扩展为具有多国语言显示,成为具有处理多国业务能力的系统。

从以上设计约束可以推导出系统在设计时应遵循可复用性和可扩展性原则。其中,可复用性是指系统整体的框架是可复用的,可提供框架级的复用,并且通过抽象出相对公共的业务逻辑,提供构件级的复用;可扩展性是指系统整体的架构是可扩展的,将来可方便地添加其他国家或地区的应用。

11.2　系统技术架构

本物流信息平台的开发环境为:Windows 2000 AdvancedServer 作为操作系统, Sqlserver 2000 作为后台数据库,Tomcat 5.0 作为 Web 应用服务器,JSP 作为客户端。系统的开发平台是 J2EE 平台,所选用的是 J2EE 相关技术 Struts+Service。下面对系统架构的设计进行介绍。

系统基于 J2EE 的多层应用体系框架进行构建,包括客户层、表示层、应用层、持久层和数据层。下面分别对各层进行介绍。

整个物流平台包含用户管理、物流信息发布、物流交易管理、物流企业管理、物流客户管理、行业信息发布、平台管理等 7 个子系统。系统把地区松散的物流企业、运输企业、制造企业集成在一个公共信息平台中,并把优势的、专业的专线运输进行了编码统一,集成在一个数据库中。通过统一的资源库建设,可以实现快速物流查询、物流匹配。

11.2.1 用户管理子系统

(1)系统概述

用户管理子系统具有为使用物流信息平台的单位和个人用户提供注册用户名和填写、修改用户信息的功能。系统实现的具体功能包括以下两方面。

①单位或个人信息注册:用户填写注册信息,注册成为网站的会员。

②会员中心:提供注册的用户修改注册信息、修改密码、发布货源和车源信息、查看和咨询他人发布的各类信息。

(2)数据库分析与设计

根据系统功能设计的要求和功能模块的划分,需要存储在数据库中的信息如下。

①用户注册信息:包括用户名、密码、联系人、联系电话、用户类型、简介等。

②用户发布和咨询他人发布的信息(这部分数据库信息在物流信息发布中详细阐述)。

根据各功能的要求在 SQL Server 2000 里创建数据库,建立如表 11-1 和表 11-2 所示的数据表。

表 11-1　客户信息表

字段名	数据类型	说明
ID	Nvarchar	用户注册 ID
NAME	Nvarchar	用户名
PASSWORD	Nvarchar	密码(加密)
TYPENO	Nvarchar	用户类型
STARTLIN	Nvarchar	运输起始地
ENDLIN	Nvarchar	运输目的地
PROVINCE	Nvarchar	所在省
CITY	Nvarchar	所在市
ADDRESS	Nvarchar	用户地址
POSTCODE	Nvarchar	邮政编码
CONTACTMAN	Nvarchar	联系人
MOBILETET	Nvarchar	手机
OFFICETEL	Nvarchar	办公电话
OFFICEFAX	Nvarchar	传真
EMAIL	Nvarchar	电子邮件

表 11-2　客户类型表

字段名	数据类型	说明
ID	Nvarchar	对应用户 ID
TYPE	Nvarchar	业务类型编码

11.2.2　物流信息发布子系统

(1)系统概述

用户发布物流信息时种类繁多,我们对这些物流信息的管理首先设置信息目录管理,针对不同的物流信息发布在不同的目录中。同时,本平台还将物流信息统一分成供应和需求两大类。物流信息发布子系统主要实现的功能如下。

①物流信息目录管理:由平台管理员对平台中物流信息种类进行维护和修改。平台默认的物流信息目录包括货源供应、货源需求、车辆供应、车辆需求、海运供应、海运需求等。

②平台注册用户物流信息发布:注册用户可以针对信息目录发布物流信息。

③物流信息管理:管理员可以对平台中发布的所有物流信息进行管理。

④物流信息检索查询:用户通过该功能可以查询自己需要的物流信息。

(2)数据库分析与设计

物流信息发布子系统功能中涉及的物流信息种类繁多,相应的、不同种类的物流信息保存在不同的数据库表中。通过发布系统可以为不同企业发布服务信息,集成在一个信息资源库中,实现信息共享和信息利用,并规范信息内容和统一编码。比如,运输企业车辆主要发布内容有车辆的车主、牌号、驾驶员、营运证、行驶证、主要专线、吨位、长、高、宽、车辆类型等。制造企业货源主要发布内容有货物名称、吨(体)、发运起始地、收货目的地、收货单位、收货地址、联系人、到达日期、是否到付、随车单据等。

我们以车源供应信息和货物供应信息为例,列出相应的数据库表结构设计,如表 11-3 和表 11-4 所示。

表 11-3　车源供应信息

字段名	数据类型	说明
ID	Nvarchar	发布注册 ID
PUBTIME	Nvarchar	发布日期
TITLE	Nvarchar	标题
CARNO	Nvarchar	车牌号码
CARTYPE	Nvarchar	车辆类型
CARSIZE	Nvarchar	车辆尺寸

续表

字段名	数据类型	说明
CARWEIGHT	Nvarchar	车辆载重
REFFEE	Nvarchar	运输报价
STARLIN	Nvarchar	发车起始地
ENDLIN	Nvarchar	目的地
CONTACTMAN	Nvarchar	联系人
TEL	Nvarchar	联系电话
LIMITDATE	Nvarchar	有效期
REMARK	Nvarchar	备注
FCDATE	Nvarchar	发车起始地
ARRIVEDATE	Nvarchar	目的地

表 11-4　货物供应信息

字段名	数据类型	说明
ID	Nvarchar	发布注册 ID
PUBTIME	Nvarchar	发布日期
CARGONAME	Nvarchar	货物名称
WRAP	Nvarchar	货物包装
QTY	Nvarchar	数量
REFFEE	Nvarchar	报价
STARLIN	Nvarchar	货物起始地
ENDLIN	Nvarchar	货物目的地
CONTACTMAN	Nvarchar	联系人
TEL	Nvarchar	联系电话
LIMITDATE	Nvarchar	有效期
REMARK	Nvarchar	备注
UPLOADDDATE	Nvarchar	装货日期
ARRIVEDATE	Nvarchar	要求送达日期

11.2.3　物流交易管理子系统

物流交易管理中所涉及的需要保存的数据是用户在物流平台咨询和回复的交互信息，因此，数据库表的设计应包括物流信息的询价记录和询价回复记录表。

①物流信息的询价记录：保存平台用户对平台中发布的物流信息的咨询信息。

②询价回复记录表：对用户的询价信息，物流信息的发布人可以回复用户的咨询信息，回复信息保存到询价回复记录表中。相应的数据库表结构如表 11-5 和表 11-6 所示。

表 11-5　询价记录表

字段名	数据类型	说明
USERID	Nvarchar	查询人 ID
INFONO	Nvarchar	询价信息对应的物流信息数据库 NO
REQDATE	Nvarchar	询价日期
CONTENT	Nvarchar	询价内容
BJ	Nvarchar	标记

表 11-6　询价回复记录表

字段名	数据类型	说明
USERID	Nvarchar	询价回复人 ID
BACKDATE	Nvarchar	回对应的询价记录
REQDATE	Nvarchar	回复日期
CONTENT	Nvarchar	回复内容
BJ	Nvarchar	标记

11.2.4　物流企业管理子系统

物流企业管理中需要保存的信息包括物流企业的基本信息以及概要信息，企业的合作单位信息，车辆调度信息（信息发布和信息交易的功能在上文中已经有所涉及）。根据以上数据库信息需求，设计的数据表结构如表 11-7—表 11-11 所示。

表 11-7　物流企业信息

字段名	数据类型	说明
CUSTEMNAME	Nvarchar	物流企业名称
CUSTEMPROSN	Nvarchar	企业法人
CONTENTMEN	Nvarchar	联系人
TEL	Nvarchar	联系电话
MOBILE	Nvarchar	手机
MANAGELIN	Nvarchar	运营路线
MPHM	Nvarchar	门牌号码
JC	Nvarchar	企业简称

表 11-8 物流企业操作用户

字段名	数据类型	说明
USERID	Nvarchar	用户 ID
CUSTEMNAME	Nvarchar	用户名称
BUSINESSNO	Nvarchar	对应物流企业 NO
PASSWD	Nvarchar	密码

表 11-9 物流企业概况

字段名	数据类型	说明
BUSINESSNO	Nvarchar	对应物流企业 NO
MESSAGE	Nvarchar	概况信息
ZT	Nvarchar	启用状态

表 11-10 配车调度车辆信息

字段名	数据类型	说明
DDDH	Nvarchar	调度单位
CH	Nvarchar	车号
JSY	Nvarchar	驾驶员
LXDH	Nvarchar	联系电话
DDRQ	Nvarchar	调度日期
FCRQ	Nvarchar	发车日期
YJDDRQ	Nvarchar	预计到达日期
YF	Nvarchar	运费
STARTLIN	Nvarchar	起始地
ENDLIN	Nvarchar	目的地

表 11-11 配车调度货物信息

字段名	数据类型	说明
HWMC	Nvarchar	货物名称
HWSJ	Nvarchar	货物数量
HWLX	Nvarchar	类型
HWSTARTLIN	Nvarchar	起始地
HWENDLIN	Nvarchar	目的地

字段名	数据类型	说明
HWZYSJ	Nvarchar	装运时间
GZSM	Nvarchar	追踪说明
GZSJ	Nvarchar	追踪时间

11.2.5 物流客户管理子系统

（1）系统概述

物流客户管理通过企业站点来实现，物流客户管理子系统主要有以下功能。

①管理企业概况，企业招商、招标信息：显示和维护企业的基本信息，以及企业的招商、招标信息。

②企业合作单位维护：维护与企业有合作关系的物流企业。

③信息发布：发布货主企业货源信息。

④信息交易：咨询和回复其他企业发布的车源和货源信息以及其他企业的咨询信息。

（2）数据库分析和设计

物流客户管理中货主企业的信息结构与物流企业管理子系统中物流企业信息结构相同，同样保存在客户信息表（sysuser）中。其发布的信息和物流企业发布的功能信息一致，所以与物流企业共用数据库表。

11.2.6 行业信息发布子系统

（1）系统概述

行业信息发布子系统允许平台管理员发布行业新闻，物流知识，物流政策法规、平台公告等信息。

（2）数据库分析和设计

行业信息发布子系统中要保存的数据主要是平台发布的信息，这些信息的结构是一致的，所以在数据库表设计时将这些信息保存在同一个表中，用行业信息类型标记来区分，如表 11-12 所示。

表 11-12　平台行业信息

字段名	数据类型	说明
TYPENO	Nvarchar	信息类型标记

续表

字段名	数据类型	说明
TITLE	Nvarchar	标题
PUBTIME	Nvarchar	发布时间
PUBLISHER	Nvarchar	发布人
KEYS	Nvarchar	关键字
MESSAGE	Nvarchar	信息主体内容

11.3　本章小结

　　本章主要介绍了物流信息平台的设计过程,首先,介绍了整个系统的软件架构,重点介绍了设计策略、技术架构,然后,分析介绍了用户管理子系统、物流信息发布子系统、物流交易管理子系统、物流企业管理子系统、物流客户管理子系统、行业信息发布子系统、平台管理子系统等子系统的数据库设计、详细功能设计和实现结果。

第 12 章　利益协同

12.1　企业利益分配协同必要性分析

合理分配企业利益为维持和巩固企业合作提供了基本保障,同时,也成为子公司间协作的动力,更能在提高运力效率的基础上提升绩效。当然,利益分配协同有其不同的特点。

①源于华北总部公司的主导。华北总部公司拥有核心运力条件或者具有一定的竞争优势,它的重要作用不仅表现在影响各子公司之间的关系,甚至还能影响协同发展的长期性以及稳定性,它不仅是信息交换中心,更是利益分配和解决冲突的协调中心。

②协同链上企业服务的定价为主要实现方式,其他方式为辅。协同链上子公司间价格的协商是协同机制稳定发展的前提,子公司间的利益分配就是相邻链上的企业在最大化自身利益基础上,协商服务定价,直至双方都满意的过程。同时,公共成本的存在使得每个子公司承担的额外支出不相同,因此,获得的额外利益也并不成正比,这就需要通过其他方式给予补偿。

③具有复杂性。子公司发展阶段的经营规模、企业文化、管理制度和理念等方面都是协同链上企业间利益分配必须要考虑的影响因素,而要分析和评估这些因素是件复杂的事情,因此,使得利益分配具备了复杂性的特征。

12.2　利益分配的合作博弈与非合作博弈比较分析

博弈依据是否允许存在具有约束力的协议可以分为合作博弈和非合作博弈两大类。目前,各公司间反映的是非合作博弈理论,它强调个人理性,并不关注集体理性,因此,往往产生"搭便车"的想法,导致博弈结果低效率甚至无效率。关于二者的比较如表 12-1 所示。

表 12-1　合作博弈和非合作博弈的比较分析

	判断依据	思考角度	侧重点	结果	典型案例	二者关系
合作博弈	达成具有约束力的协议	宏观	集体理性	效率、合作、公平、公正	智猪博弈	密不可分
非合作博弈	无法达成具有约束力的协议	微观	个人理性	低效率甚至无效率	囚徒困境、公地悲剧	

　　合作博弈侧重于讨论可行的结构以及博弈偏好,注重集体理性,而且,其解通常具有帕累托有效性,因此,一个能维系大联盟的分配方案才是合作博弈的结果。合作博弈的存在需要满足一定的基本条件:第一,对联盟而言,合作的整体收益大于每个成员单独经营时的收益之和;第二,对联盟内部而言,每个参与成员获得的收益要比不参与时多。

　　子公司间关系的主旋律是竞争与合作。从竞争角度看,子公司各成员进行非合作博弈就是为了实现自身利益最大化的目标,但是,由于非合作博弈结果的低效率甚至无效率,使得供应链很难达到合作时的利益水平。从合作角度看,合作使得子公司之间的活动具有高效率,能达到非合作博弈下难以实现的利益水平,得到供应链成员期望的均衡结果。然而,如果这种合作失去了具有约束力的协议,就会使成员之间的关系脆弱,导致合作在短时间内破裂。合作博弈依赖这份协议,合理分配供应链的利益,充分调动供应链成员的积极性。

12.2.1　利益分配合作博弈的必要性分析

　　以华北总部公司和河北公司为例,假如,二者要从自身利益出发进行非合作博弈,那么博弈结果可以通过收益矩阵说明,作以下假设。

　　1 代表华北总部公司,2 代表河北公司;

　　R_1、R_2 分别代表合作时华北总部公司和河北公司的收益,即共同合作所得;

　　P_1、P_2 分别代表不合作时华北总部公司和河北公司的收益,即共同背叛所得;

　　S_1、S_2 分别代表对方不合作时自己合作所得的收益,即被单独背叛所得;

　　T_1、T_2 分别代表对方合作时自己不合作所得的收益,即单独背叛成功所得;

　　F_1、F_2 分别代表单独背叛时缴纳的罚金。

　　由此可以得出,单独背叛成功所得必然大于被单独背叛所得,即 $S_1 < T_2$,$S_2 < T_1$。则收益矩阵如表 12-2 所示。

表 12-2　华北总部公司与河北公司在非合作博弈下的收益矩阵

		河北公司	
		合作	不合作
华北总部公司	合作	(R_1,R_2)	(S_1,T_2)
	不合作	(T_1,S_2)	(P_1,P_2)

在非合作博弈条件下,双方都会从自身利益出发,选择利于自身的决策。而双方都害怕承担获取 S1、S2 单位收益的风险,所以,都会选择获得 P1、P2 单位的收益,即(不合作,不合作),非合作博弈中囚徒困境再现,这种状况是低效或者无效的。为了避免这种情况的发生,就需要博弈双方通过充分的沟通,建立相互信任机制,订立完备的契约,从而走出囚徒困境,实现帕累托最优,这也验证了合作博弈的必要性。

因此,上游企业和中间企业应当从签订协议、培养信任入手,选择合作策略。如果违反合作协议而采取非合作战略,那么,此方将承担高额违约金。假设上游企业的罚金为 F1 单位,中间企业的违约金为 F2 单位。此时收益矩阵如表 12-3 所示。

表 12-3　华北总部公司与河北公司在合作博弈下的收益矩阵

		河北公司	
		合作	不合作
华北总部公司	合作	(R1,R2)	(S1,T2-F2)
	不合作	(T1-F1,S2)	(P1,P2)

当然,如果要让违约金真正发挥作用,那么就应当具有威胁力度,则 T1-F1<S2 且 T2-F2<S1,即对上游企业和中间企业要有超过 T1-S2 和 T2-S1 单位的惩罚。这样,都不用担心对方违约,都会选择使自己收益最大的策略合作。

由此可以看出,如果在协同链上实施违约金策略,那么各子公司将选择合作,即在合作状态下,可以维持协同链上子公司间长期的合作关系,使总体收益水平得到提高。

12.3　基于 Shapley 值法的利益分配协同决策

12.3.1　Shapley 值法的理论分析

设由 n 个子公司合作形成的一个合作链 N,给定子公司集合 $N=\{1,2,\cdots,n\}$。

如果对于 N 中的任一子集 S 都对应一个实函数 G,其中 $G(S1)$ 表示合作链 S。

整体获得的利益,满足 $G(S1 \cup S2) \geqslant G(S1)+G(S2)$ 这个条件,其中 $S1,S2 \in \mathbf{N}$,$S1 \cap S2 =0$,则称 (N,G) 为 n 人合作博弈,G 为合作博弈的特征函数。

用 $\Phi(G)=[\Phi1(G),\Phi2(G),\cdots,\Phi n(G)]$ 表示合作后利益增值的分配,其中,Φi 是第 i 个合作者应分配的利益。这一模型有如下假设:①局中人为有限个,即 N 为有限集。②可交换性,即存在一种可衡量的标准,在局中人之间没有障碍和数量限制的交换。③可加性,即对于任意两个合作对策 $G(S1)$ 和 $G(S2)$,如果存在一个合作对策 $G(S1+S2)$,则如公式(1)所示,体现了合作对策的加和性。

$$\Phi i[G(S1+S2)]=\Phi i[G(S1)]+\Phi i[G(S2)] \tag{1}$$

同时,若满足以下公理:对称性即局中人的地位是平等的,有效性即合作利益增值在 n 个参与人之间完全分配,则称 $\Phi(G)=[\Phi1(G),\Phi2(G),\cdots,\Phi n(G)]$ 为 n 人合作博弈的利益分配 Shapley 值,且 Shapley 证明了对任意 n 人合作博弈存在唯一的 Shapley 值。

$$\Phi i(G)=\sum iW(|S|)[G(S)-G(S/i)],i=1,\cdots,n \qquad (2)$$

其中,$W(|S|)=[(n-|S|)!(|S|-1)!]/n! \qquad (3)$

公式(2)中的 $G(S)-G(S/i)$ 表示子公司 i 在合作过程中产生的价值增值,也是对联盟的贡献,公式(3)中 $W(|S|)$ 表示企业 i 以随机方式参与联盟 S 的概率。Shapley 值法考虑了各合作公司对联盟所作的贡献。如果贡献大,则所分配的收益多,反之则少。这既体现了多劳多得、少劳少得的分配原则,也反映了个体在集体中的重要程度。

12.3.2　算例分析

为了更加清晰地描述利益分配协同对链上公司进行利益分配的原理,下文将给出算例进行论证。

举例在合作链上的企业有 3 家公司:华北总部 1 河北公司,2 天津公司,3 河南公司,记集合 $N=\{1,2,3\}$。假设:

①若各单位单干,则每个子公司各能获利 3 单位,即 $G(\{1\})=G(\{2\})=G(\{3\})=3$。

②若 1 和 2 合作,则能获利 8 单位;1 和 3 合作,则能获利 7 单位;2 和 3 合作,则能获利 9 单位;1、2 和 3 合作,获利 15 单位。即 $G(\{1,2\})=8,G(\{1,3\})=7,G(\{2,3\})=9,G(\{1,2,3\})=15$。现在研究 3 个公司协同时应如何分配这 15 单位的利益。根据 Shapley 值法的计算公式,上游企业 1 通过协同得到的利益如表 12-4 所示。

表 12-4　华北总部 1 分配的利益

S	$\{1\}$	$\{1,2\}$	$\{1,3\}$	$\{1,2,3\}$
$G(S)$	3	8	7	15
$G(S\backslash\{1\})$	0	3	3	9
$[G(S)-G(S\backslash\{1\})]$	3	5	4	6
$|S|$	1	2	2	3
$W(|S|)$	1/3	1/6	1/6	1/3
$W(|S|)[G(S)-G(S\backslash1)]$	1	5/6	2/3	2
$\Phi1(G)$	4.5			

同理可得天津公司 2 和河南公司 3 应分得的利益为:$\Phi2(G)=5.5,\Phi3(G)=5$。同时 $\Phi1(G)+\Phi2(G)+\Phi3(G)=15$,并且 $\Phi i(G)>G(\{i\})$,验证了一般子公司在协同时得到的收益要大于各自单独经营时的收益,并且为利益如何分配提供了方法。

12.4　利益分配协同模型的构建

从上述合作博弈分析和 Shapley 值法算例分析可以看出,中外运的各子公司如果能够在各合作方地位平等的基础上,依据合作过程中产生经济效益增加值的增加程度,采用一定的方法合理分配合作利益,就能促进合作利益的最大化以及利益分配协同的持续进行。基于此,合作上各公司可以通过以下方式实现利益分配协同,如图 12-1 所示。

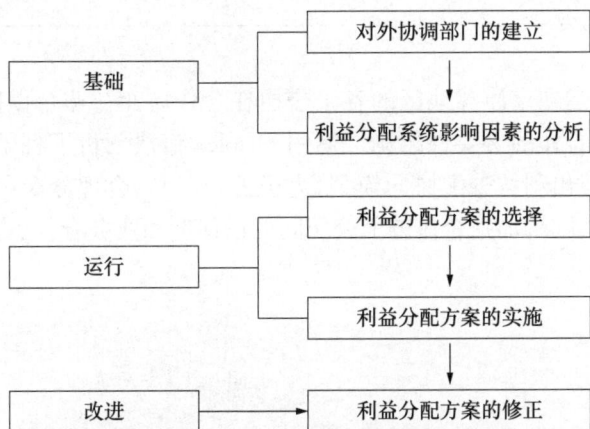

图 12-1　利益分配协同模型的构建

12.4.1　利益分配协同的基础

利益分配协同的基础主要包括两个方面:对外协调部门的建立和利益分配协同影响因素的分析。对外协调部门是指为了应对合作链上公司交流或冲突的部门,其主要职责是为了便于合作链上公司间的沟通,解决不同部门间的利益冲突。对利益分配协同影响因素的分析是化解利益分配冲突的一个重要途径。只有全方位地考虑其影响因素,比如贡献度、努力水平、合作链上企业处于供应链的位置等,考虑是否为此受到不公平对待,才能使得利益分配协同进行下去。

12.4.2　利益分配协同的运行

奠定了利益分配协同的基础,下一步就要考虑如何运行。首先,要制定利益分配方案,在多个利益分配方案中由对外协调部门依据利益分配方法,例如 Shapley 值法,确定最优的方案,然后实施。在实施的过程中,要考虑利益分配的原则,即双赢原则、贡献补偿原则和协同决策原则等。

12.4.3　利益分配协同的改进

经过初次的利益分配后,由于复杂的实际情况或者模型的不完善,或者由于其他突发事件,导致利益分配不是特别公平,这就需要对外协调部门进行沟通和方案的改进。尽量促使合作链上企业利益分配的合理性与公平性,促使利益分配协同的顺利进行。

12.5　本章小结

本章研究了中外运在京津冀地区的各子公司在合作博弈与非合作博弈下的收益矩阵,得出了在运输中企业合作的必要性结论。运用 Shapley 值法剖析了各子公司在利益分配方面的协同,并据此构建出利益分配协同模型,为子公司公平、合理分配利益提供了依据。减少公司利益分配中的冲突,加强合作链上公司间的信任度和业务合作,有利于信息协同的稳定和持续发展。

案例 1 如何对多类型差异化的仓库进行科学评价？

（1）引言

中外运是中国最具规模的合同物流业务公司之一，致力于打造中国第一、世界一流的合同物流平台企业。公司运营的仓储面积达 400 余万 m^2，覆盖全国大部分区域及港澳地区，涉及的业务领域包括汽车产品、消费品、科技电子、医疗产品、工程物流等。中外运为不同的行业服务，所以建设的仓库各不相同，不仅是地理位置的不同，而且仓库条件、仓库设施也不相同，与客户签订的条款、运作要求亦不一样，所以，目前已有的仓库 KPI 评价体系不能用来衡量所有的仓库，不能准确地评判某一仓库的真实运作水平，对仓库的管理造成一定的困难，如果不能及时改进现有的仓库评价指标体系，恐怕会影响到公司在激烈的市场竞争中继续保持领先地位。中外运合同物流业务领域见下表。

业务领域	核心服务
汽车产品	供应链设计、产前物流、全程供应链物流服务
消费品	仓储管理服务、运输管理服务、以新技术为支持的增值服务
科技电子	成品物流、备品备件物流、逆向物流、促销品物流空运代理、中间港物流、增值服务
医疗产品	供应链执行方案设计、产前/入场物流、场内生产物流、普通/特种运输 & 设备吊装就位、国际供应链物流
冷链物流	多元的进出口配套业务、先进的冷链仓储管理、广泛的全国物流运输、精准的区域城市配送
化工物流	主要服务于精细化工行业客户，为客户提供供应链解决方案及物流服务，主要包括危险品及普通包装化工品的仓储、运输配送、国际货代和多式联运等
国际供应链（买方集运）	出口全程供应链定制、进口全程供应链定制、控制塔/供应链集成管理、离岸物流中心

（2）案例背景

中外运在北京、沈阳、西安、成都、武汉、广州等地都设有仓库，仓库性质包括自建仓、外租仓、代管仓，仓库类型包括立体库、平库，仓库用途包括常温库、冷库、危险品库等。目前，仓库已有的 KPI 指标包括经营考核指标、运作指标、财务指标等，如日均使用面积、月堆存量、月操作量、仓储营业收入、项目仓库毛利等，综合考虑这些指标来对仓库进行评判。但是，因为仓库众多，不同行业客户对仓库条件、设施、运作要求各不相同，很难找到一把尺子来衡量所有的仓库，如何才能改变这种现状？仓库 KPI 指标权重到底应该怎么设置？公司的领导徐总陷入了深深的困惑之中。

（3）如何科学地评价多样的仓库

徐总是一个行动力极强的人，心中既然有了想法就要付诸行动，所以他叫来助理小关，让他通知相关部门负责人到会议室开会。10分钟后，所有人都赶到了会议室。徐总直截了当地说："大家都清楚，随着公司业务的不断拓展，我们公司上千个仓库分布在不同的地方，服务不同的客户，对仓库的运营管理水平进行科学的考核评价，才能有的放矢地采取有效措施提升公司运营服务能力，切实做到提质增效。当然我们也做了一些尝试，但从效果来看并不理想，在评价过程中也出现很多的问题，比如有的毛利水平高的仓库，是由于占据得天独厚的资源优势，在商务方面比较强势，但并不是经营、管理能力所带来的。所以今天召集大家开会就是想听听大家的意见，商讨一下未来仓库的KPI评价方案，希望大家畅所欲言。""我们公司呈现多元化的发展，涉足的领域很多，仓库也有一千多个，同一个项目不同城市的仓库也有所不同，更不用说不同项目、不同类型的仓库更是有所差异，这对仓库的管理来说增加了很多困难。而且我们既有自建仓，也有外租仓，还有代管仓，我们该如何对这一千多个仓库设计一套指标进行评估？怎么客观、合理地评价仓库的运作水平？有可能用一把尺子来衡量所有的仓库吗？"徐总对会议目的做出了阐述。

"要想用一把尺子来评估所有的仓库，需要从多维度、全视角出发。我们公司的业务涉及汽车产品、消费品、科技电子、化工等行业，种类较多，产品特性不同导致不同行业对仓库作业的要求不同，操作难度不同。仓库类型有自建仓、外租仓、代管仓，导致仓库成本不同。除运作指标，还要考虑经营考核指标，因为仓库中的所有活动都会产生经济影响，都会产生收入和成本，财务表现也是衡量仓库经营能力的重要方面。将这些维度综合考虑，需要建设的是一个多层级的指标，统一成一把尺子并非易事啊！"杨经理说道。

旁边的张经理提出了相同的看法："用一把尺子来衡量所有的仓库确实是有难度的，这么多的仓库很难找到一个平衡点，很难用一套标准对它们进行评估，这更多的是一个逐步优化、逐步反馈的过程，我们可以根据阶段性目标来设计指标及权重，反复试验，反复修改，逐步优化，或者是根据货物种类或仓库的类型分为几个大类来设计仓库的KPI，可能难度小一点，也更符合实际。"

"这是一个很好的提议，按阶段性的目标来设计，但我们还是希望用一套最理想的KPI来评估所有仓库。我在这个行业从事了很多年，也咨询过这方面的专家，设计KPI指标并不难，现在问题的关键是指标权重如何设置，以此来评估仓库是否处于一个好的运作水平之中，如果权重设置不恰当，对仓库的评估会产生很大的影响。"沉默后的刘经理分析道，"仓库并不像硬币只有两面性，评估仓库是多维度的，那么，怎么评判一个仓库是好还是不好呢？"

徐总解释道："评判一个仓库的好与不好，可以根据指标权重相加得到的平均值来评估，根据仓库类型的不同，评判标准也有差异，例如，对于A仓库来说，平均分为80分即认定为一个好的仓库，而对于B仓库来说，平均分为90分可能才能认为它是一个好的仓库，不能一概而论，所以，就像刘经理所说的，指标权重的设置很重要。"

"其实，我们设计这些指标，我认为设置权重最根本的目的是一个对标问题，综合考虑多种因素，设计仓库KPI体系来评估仓库，最终是否能够提高单位面积堆存能力、项目仓储毛利率、单位面积营业收入，是否加快了库存周转率，人均创利是否增加。从目前情况来看，我们改进的 KPI 体系也取得了一定的成果。在沈阳、西安、成都、武汉、广州这些地方的库存准确率(盘点无差异箱数/盘点总箱数)基本达到 100% ,库存的残损率(当月仓库中产生的破损箱数/当月平均库存箱数)小于 0.015% ,达到了预期目标,而且大部分地区的客户投诉都为 0,这些都是一个好现象。那么,我们用一把尺子来衡量所有的仓库,设计的 KPI 方案最终能否达到这样一个效果,我们希望的不仅是建设仓库所在的单个城市达到预期目标,而且在华东、华南、华北、华中、东北这些区域也能整体达到预期目标,增加收入,提高整体库存利用率。"徐总补充道。

经过一番激烈的讨论后,徐总突然点到助理小关,询问他对此事的看法。小关也知道这次会议的重要性,讨论的问题公司领导都很重视。

"听了您和各位经理的讨论,我认为用一把尺子来衡量一千多个仓库确实有难度,但是我们可以尝试一下,可以通过一个方法或者把一些指标经过硬性、弹性相结合得到一套评价体系。我还有一个小小的建议,我们目前的绩效考核并没有考虑本身的仓库类型,比如立体库、恒温库等,仓库的类型也会影响指标权重,也是统一管理仓库的一大难点,我们是不是可以考虑进去。"小关从容地说道。

徐总听了非常满意:"小关说的正合我意,我们可以尝试着去做一下,不行动永远不会有结果。关于他说的仓库类型的问题,也是值得考虑的,因为随着公司的发展,市场环境的不断变化,这是迟早要考虑的因素,如果可以借这个机会主动改进,将这个因素考虑进去,对公司发展也大有好处。"

(4)尾声

虽然这次会议抛出了一个难题,但是会议的内容对解决公司目前的困境,对仓库的管理都有一定的帮助。虽然"是否可以用一把尺子来衡量所有的仓库"还没有成熟方案,但是到底要怎么做才能解决会议中所提到的问题,拿出一个对仓库合理的、客观的评价方案,对此,每个人都陷入了深思中。

问题:

建立通用的仓库 KPI 评价方案,综合考虑各种因素(如经营考核标准、运作指标、财务数据等),通过一个方法或者把一些指标经过硬性、弹性相结合得到一套评价体系,来客观、公正地评判中外运的所有仓库的运作水平。

案例2　京津冀一体化下如何提高运力资源效率？

"小王，通知下去，今天下午2点召集各部门主管开会，议题主要是围绕公司城配业务的运力配置问题。"刘总经理正在一丝不苟地批阅手中的文件，随后抬头对秘书小王吩咐道。

"好的，刘总，那我先去准备下午开会要用的材料，到会议时间我再来通知您。"秘书小王一边答应着一边离开了总经理办公室。

下午2点，中外运物流华北公司大楼的18A会议室正在召开讨论会。

（1）案例背景

会议刚开始，刘总率先发言："根据QZ产业研究院发布的《2018—2023年中国城市配送行业市场前瞻与投资战略规划分析报告》显示，到2020年城市配送市场规模将超过2万亿元。如今，城配行业的发展水平也已成为衡量一个国家、地区或城市经济发展水平和综合竞争能力的重要指标。起初中外运物流华北公司的城配业务主要集中在北京地区，随着'京津冀一体化'的提出，公司的城配业务也逐步拓展到了天津以及河南地区。但在此过程中，我们发现了一个明显的弊端——运力资源浪费严重。这主要是因为属地公司的城配业务都是各自为战，对每个城市进行单独配送，比如，有一批货物从天津运往北京之后，又空车返回天津，我们公司现有的物流运输网络由大量分散的'点—点'运输线路构成，这种运输结构是导致目前运输组织化程度低、总体效率不高、物流成本居高不下等问题的重要原因之一。所以，今天的这个会议，就是想和大家商讨一下在京津冀这个更大的区域内，公司如何突破城域的限制，实现统一运营与调度，减少运力资源的浪费，低成本高效率地发展城配业务。"

京津冀仓库资源分布如下页图所示。

"刘总说得不错，据中国道路运输协会对70万家货运企业的最新调查显示，平均每家货运企业仅拥有1.6辆车，国内从事运营的约有1 100万辆重卡，但每辆车的平均吨位只有5吨。我国物流长期面临多、散、小、乱等问题，真正在运营的车辆只有约60%，空驶率达40%以上，车辆停车配货的间隔时间平均长达72 h左右，造成了资源的极大浪费和无效益的尾气排放。'车辆空驶'不仅是我们公司面临的问题，甚至已经成为运输行业的一个顽疾，空驶率越高，说明运输成本越高，企业的利润随之减少。我们公司意识到应提高运力资源应对风险的能力，高效地整合运力资源，实现统一管理，统一调度和调配，可以保障物流运输全速运转，使得物资能够高效、及时、安全地送至客户手中。所以，我们公司发展城配业务的当务之急并不是单纯地忙于建设物流中心、配送中心和现代化仓库，更重要的是盘活现有运力资源，尽量避免运力资源的闲置与浪费。"常务副总经理说道。

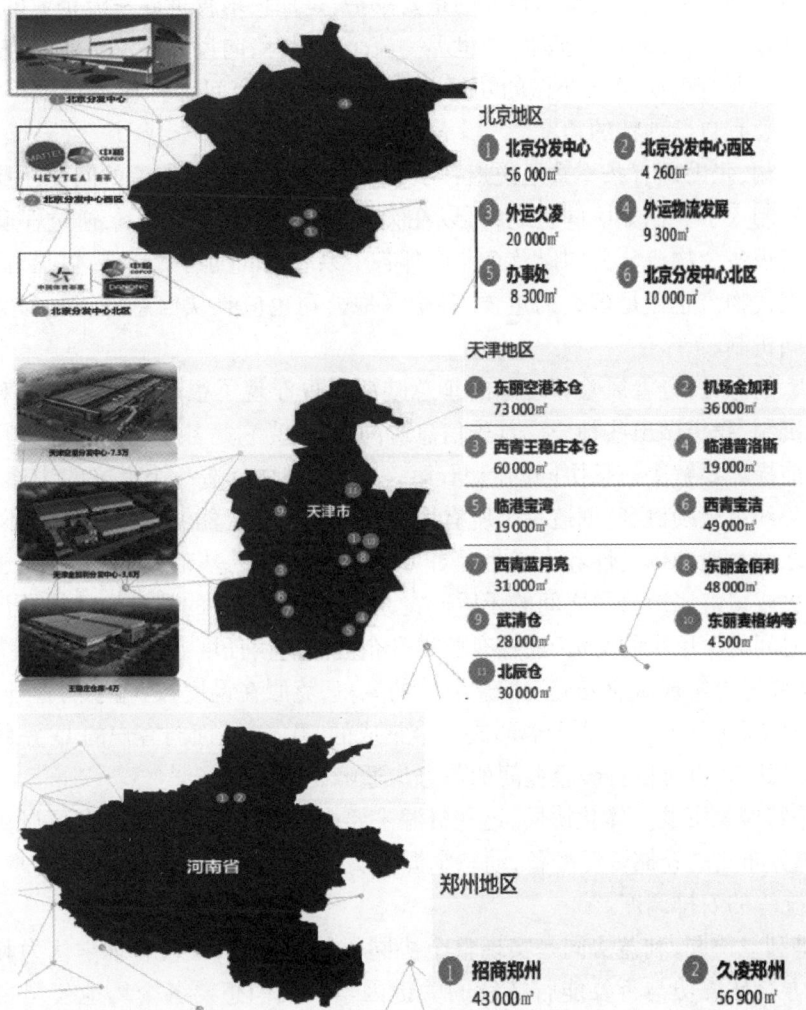

北京地区

① 北京分发中心	② 北京分发中心西区
56 000㎡	4 260㎡
③ 外运久凌	④ 外运物流发展
20 000㎡	9 300㎡
⑤ 办事处	⑥ 北京分发中心北区
8 300㎡	10 000㎡

天津地区

① 东丽空港本仓	② 机场金加利
73 000㎡	36 000㎡
③ 西青王稳庄本仓	④ 临港普洛斯
60 000㎡	19 000㎡
⑤ 临港宝湾	⑥ 西青宝洁
19 000㎡	49 000㎡
⑦ 西青蓝月亮	⑧ 东丽金佰利
31 000㎡	48 000㎡
⑨ 武清仓	⑩ 东丽麦格纳等
28 000㎡	4 500㎡
⑪ 北辰仓	
30 000㎡	

郑州地区

| ① 招商郑州 | ② 久凌郑州 |
| 43 000㎡ | 56 900㎡ |

(2)问题分析

"我认为,针对上述问题关键应从管理方面入手,首先就是对我们公司组织架构的现状进行认真剖析,找出问题所在,并深入分析问题产生的原因。对标国内外城配领域优秀的公司,研究其组织架构设置的基本情况,分析我们公司可以学习和借鉴的地方。并在此基础上,针对我们公司存在的问题进行深入思考,是否这些问题导致各子公司难以实现业务间的协同,并提出组织架构的优化方案,以求最大限度地解决问题,使组织内部运行更为顺畅,内部管理更加有序、高效,在应对行业竞争中立于不败之地。在这方面,我觉得某物流公司做得不错,以往他们公司集中在每年年初进行组织架构的优化,但在2018年打破常规,在年初和年底两次调整架构,引入全新的架构理念,这样可以盘活资源,充分发挥组织的活力。"运营中心的孙总经理助理也发表了自己的意见。

"孙总经理助理提出对标国内外优秀公司,优化组织架构的想法很好。开展对标行动,是贯彻落实习近平总书记重要指示精神的重要举措,是加快培育世界一流企业的重要支撑,是实现提质增效、稳增长的重要抓手,与世界一流企业对标,向世界一流企业看齐,是央企在迈向世界一流企业行列所必须要做的功课。小张,你对这个问题有什么看法?"刘总问道。张助理看问题总有自己独特的角度。

思考了片刻,张助理有条不紊地说道:"我认为解决运力资源浪费的问题还应该从企业管理的各项机制入手。比如协同机制,可以在突发、多变的外部环境下,通过一套完备的管理协同机制实现各个物流分公司以及企业内部各个系统之间的有效运转,可见,高效的管理协同机制对现代物流企业是多么的重要,各个属地公司也应当从信息、资源、利益3个方面建立运力协同机制。"

听完大家的意见,分管风险管理部的车总脑海中也浮现了很多的想法:"针对刚刚张助理说的协同机制,我想做出些补充。首先信息协同,我认为它是各个属地公司进行运力资源优化的首要前提。要解决信息协同的问题,第一,我们必须创造一个良好的沟通平台,这个平台通过相关约束激励机制,创造一个所有属地公司愿意并且能够共享信息的环境,因为保障合作伙伴之间沟通的畅通性和有效性是建立企业间信任的基础,通过信任的建立也就能够有效地解决或缓解属地公司之间的矛盾冲突,通过畅通、有效的信息沟通体系帮助属地公司进行相互之间的深层次的交流,能够有效提升企业间的信任度。第二,为了解决信息孤岛问题,我们需要努力实现对业务应用信息数据的共享,克服在调度、运输上的管理障碍,并且重新设计业务流程,从而在企业内部形成一个集成的、开放的、面向客户的IT系统。属地公司之间的信息共享,也可以打破企业间的信息沟通障碍。"

"其次是跨城域资源一体化协同,这些资源主要指的是物流资源,比如,可以协同管理仓储资源,形成分布式的仓储资源配备,动态掌握各属地公司的库存情况,针对客户需求数量、类型等进行统一的安排调度。"

"最后是利益协同,利益协同是实现整个协同机制的保障,现代管理学认为利益分配机制决定着多方合作成功与否及能否持续的关键因素。我们想要各个属地公司之间加强合作,统一调度,统一运营,那最后的收益又该如何科学合理地分配呢?这也是我们公司迫切需要突破的难题。"

(3)尾声

"各位同事提出的意见都非常有针对性,也从根本上回答了我们公司如何突破城域限制,减少运力资源浪费这一问题。时间也不早了,大家今天辛苦了,散会!"刘总对此次会议讨论出的成果十分满意。

"小张啊,刚刚各个领导提出的建议和看法都很重要啊,你都记录下来了吗?"刘总对身旁正在收拾资料的张助理询问道。

"是的,刘总!您放心,问题都已详细记录!"张助理回答道。

"非常好,那我就把这个重要任务交给你了,会后你再针对大家提出的各个问题和意见,去调研收集一下相关资料,做出一份详细的分析报告给我!"刘总说道。

"好的,没问题,刘总。"张助理胸有成竹地说道。

会后,张助理整理了会议记录,考虑了许久,最后他准备从两大方向去着手。

问题：

1. 中外运如何在京津冀地区建立有效的协同机制，以此提高地区的运力资源效率，减少空载率？

2. 在提高京津冀地区运力资源效率的过程中，应如何进行信息协同，并分析面临的挑战以及提出解决方案？

3. 综合考虑机制、信息、组织架构等多方面因素，应如何有效提高京津冀地区运力资源效率？

4. 分析影响运力资源效率的其他因素，思考中外运在哪些方面还有提高的空间？（如能否进行同行合作）

案例3　老瓶装新酒——车辆配载调度问题

2020年6月的一天,北京烈日炎炎,酷暑难耐。创新研发部门刚刚结束了半天的会议,张组长抱着一堆资料急匆匆地回到自己的座位上。办公桌上的一堆资料都是中外运商超项目的相关介绍与数据,这也正是此次会议上部门经理给他安排的项目。这是当组长以来第一次独立负责的重点项目,张组长想要做到尽善尽美,于是,他立即召开了小组讨论会,希望大家集思广益,商讨出解决方案。

(1)案例背景

讨论会上,张组长首先发言:"上午的会议中,部长给我们小组安排了新的任务——优化北京市内的商超配送。这是我们A组第一次负责完整的项目,希望大家能够畅所欲言,积极表达自己的想法。中外运某公司负责北京市内多个商超类型客户的运输配送业务,涉及米面粮油、日用百货等商品。考虑到部分客户的仓库距离较近,并且配送范围都在北京及周边地区,所以我们公司采用多客户共同配送的模式来整合运力资源。"

"我们公司开展共同配送,有以下几个优势。首先,配送成本方面,我们公司有较高的配送网点密度,因此,能让平均运输路线变短,成本更低。其次,库存水平方面,可以提供存储、分拣、配送服务,能够协调多个企业实现缺货风险共担,相当于实现一些有关联的上下游企业库存的实时共享与调拨,有利于降低总库存水平。最后一点是分拣水平方面,有专业人员不断对业务流程进行分析,并且有专业信息技术公司配合实现各种流程优化方案,使分拣作业成本越来越低。"

"但这种新的模式对调度环节提出了更高要求,需要考虑不同客户的特殊配送需求,以及提货仓库和配送点的匹配关系。针对该复杂场景,公司希望我们部门通过智能调度算法来实现自动化和更优化的排单调度,以减轻调度员的工作压力,同时,提升业务运作的数字化程度,实现降本增效。"

小王十分赞同张组长说的"降本增效",紧接着补充道:"对于我们公司物流中心的实际作业而言,货物的装箱方式以及车辆路径的选择是最重要的组成部分。所以,如何经济高效地求解装载和路径问题,是企业节省成本、提高配送效率的关键。"

(2)车辆配载问题

有句老话是"线路赚不赚钱,很大程度靠配载",那么什么是装车配载? 简而言之,配载就是充分利用运输工具的运载质量和容积,采用先进的装载方法,合理安排货物装载,在保证货物质量与数量完好的前提下,尽可能提高车辆的装载率,节省运力,降低配送成本。总体来说,货物配载最重要的是遵循以下几点。

①轻重搭配优化装载

在一个有限的车厢内如何保障饱和度成为关键。重货、泡(轻)货是指重量和体积的比例,一般泡重比按1∶3来算,比如1立方体积的货物,如果其重量等于333.3 kg,即为重泡货,如果其重量超过333.3 kg,则为重货,反之为泡货。

计算公式为:体积重量＝(长 cm×宽 cm×高 cm)除以 3 000 cm³/kg。

实际重量小于体积重量,即为重货,反之,即为泡货。

体积重量是运输行业内的一项统一收费标准。重泡比的存在意义是,如果是泡货,则按体积来计费,反之则按重量来计费,即择大计费;配载员也能根据货物密度的近似值,推出较为合理的泡重货配载比例,让利润最大化。

②车型的选择

货运车辆主要车型如下图所示。

中外运在北京区域的自有货运车辆主要车型为标准厢式货车(4.2 m、5.2 m、6.8 m、7.7 m、9.6 m)和部分非标小型厢式货车。飞翼车型分为单厢飞翼和双厢飞翼等尺寸。

同时,为响应北京市城市配送发展调整要求、北京市政府和北京市交委对货运行业的整体规划,为适应新模式、新业态,北京公司陆续更换新能源车型(主要为福特全顺江铃和金杯面包车两种车型),形成安全、高效、智慧、绿色城市物流服务保障体系。

新能源主要车型如下图所示。

"车型的选择可是门大学问,是决定装载量、单车毛利率的关键。根据我们以往的经验,5.2 m 及以下的车型,一次出车最大能去的客户站点数只有 7 个。同时,北京市内不同区域对车型的限制也不一样,在四环以内,能进的最大车型为 5.2 m,四环到五环之间最大的车型为 7.7 m,五环外的最大车型可达到 9.6 m。同时,我也了解到中外运配载装车主要依赖于配载员对货源结构的了解和装车经验,大部分情况下,我们公司都是提前将预配载清单整理好,之后根据清单装车配载。但有经验不代表万无一失,也不代表配载利润的最大化;此外,如果是以人工计算的方式,计算耗时较长,而更艰难的是,有时预配载清单需随订单变化动态调整,这对于人工而言几乎是'万里长征'。据了解,以 9.6 m 车型为例,装一整车货,一个有经验的师傅大约要 1.5 h,然而,现实是这样的:由于某些短线时间紧急,货物来得也急,通常来了什么就装什么,这时,合理搭配便成了一句空话;今天的很多企业大都没有实施甩挂运输,基本就是来了就装导致经常出现尴尬一幕,吨位到了,车没有满载或是车子满载了,但是吨位不足,导致利润下滑。"小孙是实习生,物流专业的他十分熟悉车辆配载问题。

张组长听完,露出了满意的微笑:"小孙虽然刚来创新研发部不久,但是对我们公司车辆配载存在的弊端了解得非常清楚,看来是之前做过不少功课的。我们希望能处理原本依靠人工解决的配载装车问题,通过人工智能的算法,筛选出成本最小的装车配载的最优方案,这不仅能给公司带来更多利润,也能使操作员快速成长为专业的配载师傅,既节省了时间又提高了效率,企业在低管理成本下也能快速实现规模化管理。"

(3)路径合理规划

"想要降本增效,研究车辆路径优化问题也是非常有必要的。运输资源利用率不足,最明显的特征就是存在一些迂回运输路径且车辆的空驶率较高。国务院办公厅提出的《关于进一步推进物流降本增效促进实体经济发展意见》中也将减少迂回、空驶运输和物流资源闲置列为重点工作目标与任务。现在大部分对车辆调度与路径优化的问题都集中在对算法的研究,因为随着客户的增多,算法的计算时间也随着问题规模增长呈指数化增加。研究出能高效解决路径优化问题的算法也是摆在我们面前的一大难题。"小刘说道。

小王听完补充道:"而且随着社会经济的不断发展,客户对物流配送提出了越来越高的要求。我们公司服务的客户基本都是要求硬时间窗,如果未在规定的时限内送达,那么服务将会被拒绝。此外,北京的限行政策也越来越严格,限行区域也越来越多,在城区内配送的货车会有限号和限时段、路段通行管理。面对限行,如何降低运营成本、提高资源利用率及送达时效,一直是物流企业头疼却又一时无解的问题。而且,北京作为首都,重大活动频繁,临时的交通政策和管制比较多,这都将给车辆的路径优化带来挑战。"

"小王说得不错,除此之外,道路拥堵问题也是非常棘手。众所周知,北京的道路交通情况复杂多变,配送车辆在日常行驶过程中,行驶时间会因为部分路段拥堵延长,导致服务开始时间大幅延后,造成客户的不满意。如果我们能及时准确地在客户预期的时间内提供服务,能有效提高客户服务体验,那对我们公司树立良好的企业形象是大有裨益的。目前,公司的配送计划大多数是提前规划好的,不利于适应配送过程中的交通状况的变化。如果未来我们能及时获取当前交通状况,调整配送计划,必将大大提高物流配送效率。"小孙及时补充道。

(4)监督路线的问题

"还有一个令人头疼的问题,虽然管理人员辛辛苦苦耗费时间将车辆调度表规划出来,但是一些送货师傅不会按照规划的线路走,他们更多的是凭借自己多年的经验来规划送货的安排。这样我们就算将路线规划得再完美都没有任何意义。"小刘十分感慨,他算是小组里的老员工了,对基层师傅的情况摸得一清二楚。

"对对对,你说的情况普遍存在,我之前也思考过这个问题,如果我们能设计出一款App,它能根据我们每天的调度路线自动地进行导航,并且还能记录送货师傅的运送路线,起到监督的作用,那这个问题不就迎刃而解了!"小王激动地说,为自己想到一个好点子而兴奋不已。

　　"大家的讨论十分积极,提出的意见也非常好,戳中了我们公司在进行车辆配载和路径规划过程中的诸多痛点,希望大家会后再仔细思考,根据我们公司面临的实际问题,设计出合适的算法来解决,以此实现降本增效的目标。此外,刚刚 App 的想法也十分新颖,或许我们可以尝试设计出来。最后,希望经过我们 A 组的共同努力,尽快将此项目落地!"张组长以一段话结束了会议。

》》》参考文献

[1] 约翰·伊特韦尔,默里·米尔盖特,彼得·纽曼. 新帕尔格雷夫经济学大辞典[M]. 北京:经济科学出版社,1992.

[2] 高建,姜彦福,李习保,等. 全球创业观察中国报告:基于 2005 年数据的分析[M]. 北京:清华大学出版社,2006.

[3] 卢现祥,朱巧玲. 新制度经济学[M]. 2 版. 北京:北京大学出版社,2012.

[4] 张玉利,李新春. 创业管理[M]. 北京:清华大学出版社,2006.

[5] 徐阳. 市场调查与市场预测[M]. 3 版. 北京:高等教育出版社,2016.

[6] 姚裕群,孔冬. 团队管理[M]. 长沙:湖南师范大学出版社,2007.

[7] 薛国献,邢鸽. 职业指导与创业教育[M]. 北京:清华大学出版社,2007.

[8] 马莹. 就业指导与创业教育[M]. 上海:立信会计出版社,2006.

[9] 李莉丽,等. 我国大学生创业教育运行机制研究[M]. 济南:山东大学出版社,2009.

[10] 胡堪志. 就业指导与创业教育[M]. 北京:北京理工大学出版社,2009.

[11] 陈又星. 创业基础[M]. 北京:高等教育出版社,2016.

[12] 赵敏,刘立民. 电子商务实务模拟[M]. 2 版. 北京:科学出版社,2016.

[13] 郭晓兰. 市场调查在新产品开发与推广中的作用[J]. 商业研究,1999(4):70-71.

[14] 张兰娣. 浅谈企业如何做好产品开发的市场调查[J]. 正德学院学报,2007,5(2):65-67.

[15] 李东,王翔,张晓玲,等. 基于规则的商业模式研究:功能、结构与构建方法[J]. 中国工业经济,2010(9):101-111.

[16] 梁晓雅,陆雄文. 中国民营企业的商业模式创新:基于权变资源观的理论框架与案例分析[J]. 市场营销导刊,2009(3):67-73.

[17] 原磊. 国外商业模式理论研究评介[J]. 外国经济与管理,2007,29(10):17-25.

[18] 郭天超. 商业模式与战略的关系[J]. 企业导报,2011(8):39-42.